Waarom eet je te veel?

Deepak Chopra

WAAROM EET JE TE VEEL?

De Chopra-oplossing
voor gewichtsverlies en een lichter leven

servire

servire

Servire: nieuwe wegen naar wijsheid, inspiratie en spiritualiteit

Servire maakt deel uit van Kosmos Uitgevers, Utrecht/Antwerpen
Oorspronkelijke titel: *What Are You Hungry For?*
Deze vertaling is tot stand gekomen in samenwerking met Harmony Books, een imprint van Crown Publishing Group, onderdeel van Random House LLC

Vertaling: Jörgen van Drunen
Omslagontwerp: ssss & orchestra
Vormgeving: Julius de Goede
ISBN 978 90 215 5650 5
ISBN e-book 978 90 215 5651 2
NUR 728/443

Inhoud

OVERZICHT:
BEWUSTZIJN EN AFVALLEN

Waarom dit voor jou werkt

Er is momenteel sprake van een vloedgolf die het leven van veel mensen verandert. Uit krantenkoppen wordt de aanwezigheid van deze vloedgolf duidelijk. Een voormalig president, die geschokt was door het feit dat hij op relatief jonge leeftijd een hartaanval had gehad, kondigt aan dat hij veganist is geworden. Dat is een verbazingwekkende uitspraak. En om zijn bekering kracht bij te zetten, vertelt Bill Clinton iedereen hoe goed hij zich voelt en hoe goed hij eruitziet. Op een ander front wijst een uitgebreid Spaans onderzoek uit dat een mediterraan dieet dat rijk is aan vis, noten en olijfolie, het aantal hartaanvallen met een derde kan verminderen. Dit is het belangrijkste onderzoeksresultaat met betrekking tot voeding in jaren. Iedereen die langzaam maar zeker rood vlees uit zijn dieet heeft geschrapt, blijkt het medisch gezien bij het rechte eind te hebben.

De vloedgolf werkt ook op andere fronten door. De toxinen die in bewerkte en niet-biologische voedselproducten zitten, worden in steeds mindere mate geaccepteerd. 'Biologisch' is uitgegroeid tot een alledaags woord. Steeds meer mensen worden vegetariër en kiezen voor een levensstijl waarvan de voordelen al lange tijd bekend zijn. (Uit een peiling bleek dat de helft van de Britse vrouwen zich in principe als vegetariër ziet.) In een duurzame wereld is geen ruimte voor het vervuilende effect van pesticiden en herbiciden. Mensen worden zich bewust van een nieuwe werkelijkheid en in sneltreinvaart is er een volledig nieuwe manier van eten ontstaan.

Zelf werd ik ongeveer vijf jaar geleden door de vloedgolf meegesleept. Ik was al een 'goede' eter. Ik at niet veel rood vlees en had mijn consumptie van alcohol en tabak al lang daarvoor tot een minimum beperkt. Ik genoot van wat ik at en ik at waarvan ik genoot. Maar in de medische literatuur waren dagelijks nieuwe onderzoeksresultaten te vinden. Er werden allerlei verbanden gelegd tussen suiker en zwaarlijvigheid, alcohol en een verstoord slaapritme, enkelvoudige koolhydraten en diabetes, en een groot aantal van deze bevindingen werd geassocieerd met overgewicht.

Het bewijs stapelde zich op en wees maar in één richting. Ik moest het ideale dieet zien te vinden, want daar had ik alle reden toe. Alleen mijn gewoonten en veronachtzaming weerhielden me ervan de connectie tussen voeding, lichaam en geest te optimaliseren.

Om nog maar te zwijgen van het feit dat ik een kilo of tien te zwaar was.

Ondanks mijn 'goede' eetgewoonten was ik een statistisch gegeven geworden en behoorde ik tot de enorme groep Amerikanen (twee derde van de bevolking) die te zwaar is of aan obesitas lijdt. Ik was een statistisch gegeven geworden, ondanks het feit dat ik een medische opleiding had genoten, gemotiveerd was, redelijk goede leefgewoonten had, geen toxinen binnenkreeg die zeer schadelijk zijn voor de mens en alle voedselproducten kon kopen die ik wilde hebben. Ik wist ook dat het volgen van een dieet vergeefse moeite zou zijn. Onderzoek na onderzoek wijst uit dat het jojo-effect ervoor zorgt dat je de verloren kilo's er weer bij krijgt en soms zelfs 2 tot 5 kilo zwaarder wordt dan voorheen. In de vorm van die overtollige kilo's zegt je lichaam: honger me niet uit; stop daarmee.

Mijn oplossing was het ideale dieet te volgen en dat deed ik min of meer van de ene op de andere dag. Gezien alle medische onderzoeksresultaten was er geen reden om dit niet te doen.

Ik at en dronk geen bewerkte voedingsmiddelen meer.
Ik at de zuiverste natuurlijke producten, zo veel mogelijk biologisch.
Ik dronk al niet, maar ik schrapte ook alle gefermenteerde voedingsmiddelen uit mijn dieet, zoals kaas.
Ik consumeerde geen geraffineerde witte suiker meer.
Ik gebruikte veel minder zout.
Ik at geen rood vlees meer en at voornamelijk kip en vis, maar ik ging al richting vegetarisme.
Ik dronk zuiver water.
Ik zorgde ervoor dat ik voldoende slaap kreeg.

Aangezien alles met elkaar is verbonden, was het krijgen van voldoende slaap onderdeel van mijn nieuwe manier van eten. Slaaptekort verstoort het evenwicht tussen twee hormonen (leptine en ghreline) die verantwoordelijk zijn voor het hongergevoel en het verzadigingsgevoel. Mensen die niet goed slapen hebben de neiging te veel te eten als hun lichaam de juiste hormonale boodschappen niet meer verstuurt. Buikvet heeft ook een verstorende werking op deze hormonen. Uiteindelijk ontstaat zo een zichzelf in stand houdende cyclus die niet alleen ongezond, maar in potentie ook zeer gevaarlijk is.

Ik maakte me geen zorgen over de vraag of ik een purist aan het worden was. Niets in mijn nieuwe manier van eten was me opgelegd. Ik werd niet gedreven door bezorgdheid of angst. Het is eenvoudig een feit dat het 'normale' Amerikaanse eetpatroon zo extreem is geworden dat het niet meer gezond is. De gemiddelde Amerikaan consumeert bijna 70 kilo suiker per jaar. Dit is een buitensporige hoeveelheid lege calorieën die een schadelijk effect heeft op het insulineniveau en de bloedsuikerspiegel. Wat betreft onze verslaving aan bewerkte voedingsmiddelen, goed voor 70 procent van wat Amerikanen eten, kun je eens een kijkje nemen in je plaatselijke supermarkt. Hele gangpaden zijn gereserveerd voor koekjes, crackers, andere snacks, frisdrank, diepvriespizza's en ijs. Economische overwegingen bepalen alles en als deze voedingsmiddelen niet zo goed werden verkocht, zouden ze nog niet half zoveel schapruimte krijgen.

Wat *niet* extreem is, is op een natuurlijke wijze eten en dit baseren op de beste medische kennis die je ter beschikking hebt. Dat is de kern van de vloedgolf. We moeten bewuster gaan eten want lange tijd heeft onze maatschappij geen aandacht geschonken aan ons onnatuurlijke eetpatroon.

Ik verdiepte me in het 'bewust eten'. Alle stappen die ik zette zorgden ervoor dat ik me erg goed voelde. Mijn lichaam voelde lichter, zelfs voordat ik bijna 9 kilo was kwijtgeraakt, wat overigens vanzelf ging. Ik stopte ermee dingen onbewust te doen, zoals het beantwoorden van telefoontjes tijdens de maaltijd, want waarom zou je niet ten volle genieten van wat je aan het eten bent? Ik heb me ook niet al te veel ontzegd. Elke maaltijd was bevredigend omdat mijn manier van eten was afgestemd op mijn lichaam. Dit beïnvloedde ook mijn gemoedstoestand in positieve zin. Hoewel ik altijd al energiek ben geweest, was ik energieker en opgewekter dan ooit tevoren.

Maar het meest bevredigend was de reactie van andere mensen. Als ik het over bewust eten had, knikten ze. De meesten van hen volgden dezelfde weg die ik was ingeslagen. De vloedgolf bestond echt en nam in omvang toe. Vanaf een afstand zag ik dat er een omslagpunt was bereikt. Het collectieve bewustzijn had de boodschap begrepen.

Toen ik dit boek ging schrijven was ik ervan overtuigd dat nog veel meer mensen deze nieuwe weg wilden inslaan. Ze hoefden niet te worden bekeerd tot een nieuw geloof, want gezond eten is al hun doel. Desondanks worden ze nog door bepaalde dingen belemmerd.

Slechte gewoonten en conditionering vanuit het verleden.
Angst voor verandering en de druk van familie om niets te veranderen.
Een hardnekkige overtuiging dat het volgende dieet wél werkt.
Een ontmoedigd gevoel over het feit dat ze te zwaar zijn.
De ervaring dat ze moeilijk kunnen afvallen.
Een sterk verlangen naar zout, zoet en vet voedsel.
Tijdsdruk, die vaak tot gevolg heeft dat mensen naar bewerkte voedingsmiddelen en snacks grijpen en snel even naar McDonald's gaan.

Een schrikbarende lijst. Dit zijn enorme obstakels in het leven van miljoenen mensen. Sterker nog, het is verbazingwekkend dat een nieuwe manier van eten erin is geslaagd zo populair te worden. Kijk maar naar de tv-reclame, waarin modekreten als 'natuurlijk', 'light' en 'voedzaam' worden gebruikt om vrijwel alleen bewerkte levensmiddelen te verkopen terwijl je veel minder reclame ziet voor verse groenten en fruit, onbewerkte granen en biologische producten.

Om de hindernissen te overwinnen die tot jouw gewichtstoename hebben geleid, of die nu klein is of groot, ga ik niet hetzelfde advies over gezond eten herhalen dat al tientallen jaren bestaat. Dat advies is goed. Wat ontbreekt, is het antwoord op de vraag hoe je moet veranderen. De sleutel is bewustwording, want we zijn allemaal geconditioneerd om ons lichaam op de volgende manieren schade toe te brengen.

Onbewust eten, je niet druk maken over wat er in je voedsel zit.
De controle over je eetlust verliezen.
Kiezen voor steeds grotere porties.
Eten om emotionele redenen, bijvoorbeeld om de stress van het dagelijks leven te verminderen.
Naar voedselproducten grijpen die je zo snel mogelijk bevredigen.

Al deze obstakels vinden hun oorsprong in de geest. Het lichaam is een fysieke weerspiegeling van de keuzen die je tijdens je leven maakt. Kennis is belangrijk, maar het geven van nóg meer goede raad is niet de oplossing die leidt tot een gezond eetpatroon. De oplossing is het transformeren van je bewustzijn.

Ik besloot mensen te laten zien hoe transformerend bewustzijn werkt, hoe ze het kunnen bereiken en waarom. Anders heeft ook het beste advies, zelfs al leidt het tot een beter eetpatroon, tot gevolg dat we vast blijven zitten in een beperkte kijk op ons lichaam. Het is ook niet leuk een rigide 'goede' eter te zijn die trouw een aantal regels volgt en daar nooit van afwijkt. Maar met een getransformeerd bewustzijn kan je ingebakken zelfdestructieve gedrag eenvoudig worden gewijzigd. Je kunt niet iets onder controle houden waarvan je je niet bewust bent. Als er een steen in je schoen zat, zou je die onmiddellijk verwijderen. De pijnsignalen geven meteen aan dat er iets mis is. Een slecht eetpatroon kun je hier niet mee vergelijken. Het gaat meestal niet gepaard met pijnsignalen en de schadelijke effecten vinden vaak ongemerkt en geleidelijk plaats. Je moet een nieuw bewustzijnsniveau verwerven om te kunnen opmerken wat er mis is in je binnenste. Alleen dan kun je het veranderen.

Als je dus met overgewicht kampt of je futloos voelt, of als je weinig energie hebt of ontevreden bent over je lichaam en je je daarbij herinnert hoeveel beter je eruitzag en je je voelde toen je jonger was, dan is dit een boek voor jou. Je zult worden verrast en dingen ontdekken, onder andere dat je ideale gewicht de meest natuurlijke toestand is waarin je kunt verkeren. Je lichaam kan je bondgenoot worden bij het vinden van een betere levensstijl die verder reikt dan gewichtsverlies. Bewustzijn brengt talloze onverwachte oplossingen aan het licht. Ik noem dit 'toegepaste wijsheid'.

Laten we aan de slag gaan. Het is een opwindende reis en je kunt vol enthousiasme met de vloedgolf meegaan, in de wetenschap dat je er veel beter uit gaat zien en je veel beter gaat voelen.

Eten, gewicht en honger

Als je weer op je oude gewicht wilt komen, kom je voor een keuze te staan. Je kunt een dieet gaan volgen of iets anders doen. Dit boek gaat over iets anders doen. Het volgen van een dieet gebeurt vanuit de verkeerde soort motivatie waardoor het zelden leidt tot het gewenste doel. Je kiest dan voor de weg van zelfverloochening en ontzegging. Elke dieetdag worstel je met je hongergevoel en vecht je voor zelfcontrole. Bestaat er een leefwijze die nog minder bevrediging geeft?

Gewichtsverlies wordt alleen echt een succes als het je voldoening geeft. Dat is het 'iets anders' dat werkt wanneer een dieet is mislukt. Als je de hongersignalen van het lichaam weer in balans brengt, verandert je drang om te eten van een vijand in een bondgenoot. Als je erop vertrouwt dat je lichaam weet wat je nodig hebt, zal het voor je zorgen in plaats van terugvechten. Het gaat erom dat je de boodschappen die tussen lichaam en geest heen en weer worden gestuurd weer op orde krijgt.

Vanuit mijn medische opleiding ben ik getraind om een hongergevoel te analyseren in termen van hormoonschommelingen. Honger is een van de krachtigste chemische boodschappen die het lichaam naar de hersenen stuurt. Het zou niet moeten gebeuren dat iemand vlak na het eten van een maaltijd nog steeds honger heeft of dat een snack in de middag leidt tot een tweede of derde snack. Maar net als miljoenen andere mensen heb ook ik deze dingen ervaren. Dit betekent dat je een *hongergevoel* kunt hebben terwijl je lichaam geen voedsel nodig heeft.

Als je merkt dat je vaak te veel eet, moet je iets met dit hongergevoel doen. Het verlangen naar bepaalde voedselproducten en valse honger is iets heel anders dan je lichaam de brandstof geven die het nodig heeft. Je kunt je lichaam niet vergelijken met een benzine slurpende auto. Je lichaam is de fysieke uitdrukking van duizenden boodschappen die vanuit en naar de hersenen worden verstuurd. Als je eet, gaat het ook om je zelfbeeld, gewoonten, conditionering en herinneringen.

De geest is de sleutel tot gewichtsverlies en als de geest voldaan is, verlangt het lichaam niet meer naar te veel voedsel.

Een mind/body-benadering werkt omdat die slechts één ding van je vraagt: datgene vinden wat je voldoening schenkt. Voldaan zijn kan niet alleen door voedsel worden bewerkstelligd. Je moet de volgende dingen voeden:

- het lichaam met gezonde voeding;
- het hart met vreugde, compassie en liefde;
- de geest met kennis;
- de ziel met gelijkmoedigheid en zelfbewustzijn.

Met behulp van bewustzijn worden al deze dingen mogelijk. Maar als je ze veronachtzaamt, worden ze steeds moeilijker bereikbaar. Het klinkt als een paradox, maar om gewicht te verliezen moet je jezelf 'vullen'. Als je jezelf vult met andere vormen van voldoening vormt voedsel geen probleem meer. Dat is ook nooit de bedoeling geweest. Eten is een natuurlijke manier om je gelukkig te voelen. Overeten is dat niet. De mens gebruikt al eeuwenlang feestmalen om het leven te vieren en sommige van deze feestelijke banketten, zoals tijdens bruiloften of ter gelegenheid van iemands pensionering, kunnen het hoogtepunt van iemands leven zijn. Welk kind leeft niet op als de verjaardagstaart op tafel wordt gezet? Maar het genot dat voedsel ons geeft, maakt van overeten een eigenaardig en uniek probleem. Je gelukkig voelen, wat goed voor je is, verandert in iets wat slecht voor je is.

Op dit moment bevind je je ergens op de glijdende schaal die voedsel verbindt met geluk:

normaal eten → *te veel eten* → *onbedwingbare trek* → *eetverslaving*

Normaal eten voelt goed.
Te veel eten voelt op het moment dat het gebeurt goed, maar heeft op de lange termijn nadelige gevolgen.

Toegeven aan een onbedwingbare trek voelt helemaal niet goed. Spijt, schuldgevoel en frustratie steken vrijwel onmiddellijk de kop op.

Een voedselverslaving zorgt voor leed, een verslechterende gezondheid en een totaal gebrek aan zelfwaardering.

Het hellend vlak naar overgewicht begint met iets wat eigenlijk heel positief is: de positieve waarde van voedsel. (Dat kun je niet over drugs en alcohol zeggen; die kunnen ook toxisch zijn als je er niet aan verslaafd bent.) Voedsel voedt ons. Wanneer het met ons eetpatroon de verkeerde kant op gaat, slingeren we heen en weer tussen bevrediging op de korte termijn (zoals een heerlijke hap chocolade-ijs) en pijn op de lange termijn (de vele nadelen van jarenlang achter elkaar te zwaar zijn).

Waarom verandert normaal eten nu in overeten? Het eenvoudige antwoord luidt: gebrek aan voldaanheid. Je gaat te veel eten ter compensatie van een gebrek aan iets anders. Terugkijkend op mijn klinische opleidingsperiode, toen ik nog in de twintig was, zie ik hoe slechte eetgewoonten ongemerkt kunnen ontstaan. Ik kwam regelmatig thuis na een slopende dienst in het ziekenhuis en was dan erg gestrest. Mijn hoofd zat nog steeds vol met tientallen patiënten. Sommigen van hen verkeerden nog steeds in levensgevaar. Thuis wachtte mij een liefhebbende vrouw en een zelfbereide maaltijd.

Wat betreft het binnenkrijgen van voldoende calorieën voldeed het avondeten aan alle eisen. Om de onderliggende problemen te achterhalen moet je kijken naar de situatie waarin iemand verkeert. Tijdens het werk liep ik regelmatig even naar het koffiezetapparaat en pakte ik op weg van de ene naar de andere patiënt vaak even een snack. Als gevolg van slaapgebrek lette ik niet echt op wat ik at. Zo gauw ik thuis was, nam ik meestal een drankje en er lag altijd wel ergens een halfopgerookt pakje sigaretten.

In de jaren '70 van de vorige eeuw was ik een normale werkende man met dezelfde gewoonten als de andere jongere artsen die ik kende. Ik prees mezelf zeer gelukkig met zo'n liefhebbende vrouw en twee prachtige kinderen. Maar de vraatzuchtige manier waarop ik aanviel op een voedzame, zelfbereide avondmaaltijd, gecombineerd met alle andere signalen van gestrest eten, gaf blijk van een patroon dat helemaal niet klopte. Ironisch genoeg vond ik mezelf in die tijd best bewust.

Een nog veel grotere bewustwording, de oplossing die ik in dit boek naar voren breng, bracht het omslagpunt. Ongeacht hoezeer het lichaam wordt misbruikt, het kan altijd het evenwicht herstellen. De eerste regel is stoppen met het tegenwerken van de natuur. In zijn natuurlijke toestand regelt het brein het hongergevoel automatisch. Als je bloedsuikerspiegel onder een bepaald niveau komt, worden er signalen gestuurd naar een hersengebied dat zo groot is als een amandel en de hypothalamus wordt genoemd. De hypothalamus is verantwoordelijk voor het reguleren van het hongergevoel. Als hij de boodschap ontvangt dat het bloedsuikerniveau is verlaagd, scheidt de hypothalamus hormonen uit die een hongergevoel veroorzaken; heb je genoeg gegeten, dan wordt de hormonenafgifte omgedraaid en heb je geen honger meer. Deze terugkoppellus tussen het bloed en de hersenen verloopt automatisch en dat is al miljoenen jaren zo. Alle gewervelde dieren hebben een hypothalamus; dit is logisch omdat honger zo primair is.

Bij de mens kan dit proces echter vrij gemakkelijk worden verstoord. Onze emotionele staat kan ons vraatzuchtig maken of ervoor zorgen dat we helemaal niet kunnen eten. We kunnen worden afgeleid en vergeten dan om te eten, of we kunnen geobsedeerd zijn door voeding en er de hele dag aan denken. Maar we zijn altijd op zoek naar bevrediging. Er zijn talloze dingen die je naast voedsel kunt gebruiken om jezelf te (ver)vullen. Verlangens ontstaan uit behoeften, te beginnen met de basisbehoeften:

iedereen wil zich veilig voelen;
iedereen wil zich gevoed voelen;
iedereen wil zich geliefd en gewaardeerd voelen;
iedereen wil het gevoel hebben dat zijn of haar leven relevant en zinvol is.

Als aan deze behoeften tegemoet is gekomen, is voedsel gewoon een van de vele geneugten van het leven. Maar talloze mensen eten te veel ter compensatie van wat ze werkelijk willen en vaak zien ze niet eens dat dit gebeurt. Bevind jij je ook in deze situatie? Hieronder staan enkele signalen die daarop zouden kunnen wijzen.

Je voelt je niet veilig, tenzij je versuft bent door te veel eten. Een versuft gevoel zorgt voor een soort rust die enige tijd aanhoudt.

Je voelt je niet gevoed, behalve wanneer je smaakpapillen overmatig door suiker, zout en vet worden gestimuleerd.

Je voelt je niet geliefd en gewaardeerd, dus gebruik je eten om jezelf 'liefde geven'.

Je leven is niet zinvol, maar als je eet voel je die innerlijke leegte tenminste een tijdje niet.

Als je niet zo de nadruk legt op lijnen en calorieën, zie je dat het probleem van overgewicht een kwestie is van een gebrek aan vervulling of voldaanheid. We hebben de beschikking over de beste voedingsmiddelen ter wereld maar we schrokken de slechtste producten naar binnen. We hebben fantastische mogelijkheden om te groeien en ons te ontwikkelen maar we voelen ons leeg.

Ik heb als doel je naar een toestand van vervulling te begeleiden. Als dat proces in gang wordt gezet, zul je niet langer eten om de verkeerde redenen. De oplossing is eenvoudig maar tegelijkertijd verregaand: om af te vallen moet elke stap die je daartoe zet bevredigend zijn. Je hoeft je niet aan een psychoanalytisch onderzoek te onderwerpen; je kunt stoppen met het piekeren over je lichaam en het blijven hangen in teleurstelling en frustratie. Er is slechts één principe van toepassing: *in het leven gaat het om vervulling en voldaanheid*. Als je geen vervulling en voldaanheid ervaart, kan je maag je nooit voorzien van wat er ontbreekt.

'Waar hunker ik naar?'

Ieder mens heeft een complex levensverhaal en de beste bedoelingen leiden vaak tot niets, omdat mensen het moeilijk vinden om te veranderen. Slechte gewoonten blijven net als slechte herinneringen hardnekkig aanwezig als we willen dat ze weggaan. Maar je hebt een sterke motivatie waarvan je gebruik kunt maken, namelijk je verlangen om gelukkig te zijn. Ik definieer geluk als de toestand van vervulling. Iedereen wil vervuld zijn en een voldaan gevoel hebben. Als je dit in gedachten houdt, je meest primaire motivatie, komen de keuzen die je maakt neer op de volgende vraag: waar hunker ik naar? Je ware verlangen leidt je in de juiste richting. Valse verlangens leiden je de verkeerde kant op. Met behulp van een eenvoudige test kun je dit aan jezelf bewijzen: de volgende keer dat je naar de koelkast loopt om iets te eten te pakken, moet je even wachten. Waarom wil je iets eten? Er zijn slechts twee antwoorden op deze vraag.

1 Je hebt honger en moet iets eten.
2 Je probeert een gat op te vullen en eten is de snelste manier geworden om dat te doen.

De moderne geneeskunde bezit veel kennis over de factoren die bij de impuls om te gaan eten een rol spelen. Je lichaam maakt hormonen en enzymen aan die het hongercentrum in je brein verbinden met de maag en het spijsverteringskanaal. Als baby was dit het enige signaal waarop je reageerde. Je huilde omdat je honger had. Nu zou het omgekeerde weleens het geval kunnen zijn: als je het gevoel hebt dat je wilt huilen, krijg je honger.

Tijdens ons leven creëren we nieuwe signalen waarop een baby nooit zou kunnen anticiperen. Depressie is een bekende veroorzaker van overeten. Hetzelfde geldt voor stress, het plotselinge verlies van een dierbare, verdriet, onderdrukte boosheid enzovoort. Voor welke van deze factoren ben jij het meest gevoelig? Waarschijnlijk heb je daar slechts een vaag idee van. De meeste mensen zijn zich er niet van bewust als hun eetgedrag wordt getriggerd omdat de oorzaak vaak onbewust is. Daarom is ze zo krachtig. Je reageert automatisch zonder na te denken.

Quiz
Wat zet jou aan tot te veel eten?

De meest voorkomende oorzaken van overeten vind je in de onderstaande checklists. Sommige zijn gemakkelijker te bestrijden dan andere. Bekijk de checklists en geef aan door welke oorzaken jij gaat eten *ook al heb je geen honger*. Kies alle oorzaken waarvan je denkt dat ze op jou van toepassing zijn.

Groep A: ik heb de neiging te veel te eten als
___ ik het op mijn werk druk heb of word afgeleid;
___ ik gehaast ben en voortdurend bezig ben;
___ ik moe ben; ik heb te weinig geslapen;
___ ik in het gezelschap ben van mensen die eten;
___ ik uit eten ga;
___ ik voor de tv of computer zit en mijn handen iets te doen moeten hebben;
___ ik een bord eten voor me heb staan en het gevoel heb dat ik mijn bord helemaal leeg moeten eten.

Groep B: ik heb de neiging te veel te eten als
___ ik depressief ben;
___ ik me eenzaam voel;
___ ik me onaantrekkelijk voel;
___ ik angstig of bezorgd ben;
___ ik negatieve gedachten over mijn lichaam heb;
___ ik gestrest ben;
___ ik getroost wil worden.

Beoordeling
Als alle of de meeste oorzaken die je hebt aangekruist staan in Groep A, zijn ze het gemakkelijkst te overwinnen. Je moet meer aandacht aan je eetgewoonten besteden, maar dat is relatief eenvoudig. Je kunt jezelf erop betrappen dat je eet als je geen honger hebt omdat je grootste probleem afleiding is. Als je je richt op één ding tegelijk, bijvoorbeeld de maaltijd die voor je staat, voorkom je dat je ongemerkt maar blijft dooreten.

Als alle of de meeste oorzaken die je hebt aangekruist in Groep B staan, hunker je behalve naar voedsel ook nog naar iets anders. Aan die dingen aandacht besteden is voor jou de beste manier om af te vallen. Jouw pad is geen pad van ontbering, maar van het vinden van bevrediging in andere dingen dan eten.

Actiepunt: merk op waardoor je wordt getriggerd voordat je gaat eten.

Nu je weet waardoor je getriggerd wordt, kun je daarop letten. Je hoeft niet tegen je honger te vechten, geef je hersenen gewoon voldoende tijd om een keuze te maken. In plaats van als een robot naar voedsel te grijpen, wat een automatische reactie is, probeer je een manier te vinden om te kiezen wat je echt wilt. In het begin vereist dit een moment van mindfulness, of zelfbewustzijn. Dat gaat als volgt.

Elke keer dat je op het punt staat om tussen maaltijden door iets te eten, doorloop je de volgende eenvoudige stappen:

1. Stop waarmee je bezig bent en haal diep adem.
2. Vraag je af of je honger wordt veroorzaakt door een bekend patroon, zoals verveling, rusteloosheid, somberheid of de behoefte aan afleiding. Je kent nu een aantal oorzaken van je neiging tot overeten, dus ga na of een van deze oorzaken van toepassing is.
3. Zodra je de oorzaak hebt vastgesteld, ga je na of je het echt nodig hebt om te eten. Misschien kun je een alternatieve activiteit bedenken, een activiteit die je reactie op datgene waardoor je wordt getriggerd uitstelt, zoals:

   een huishoudelijke taak;
   een vriend of vriendin opbellen;
   je e-mail checken en bewaarde e-mails beantwoorden;
   een boek lezen;
   een glas water drinken.

Elke onschuldige afleiding is hiervoor geschikt. Je doel is je automatische reactie voor te zijn. Als je nog steeds honger hebt, kun je iets eten. Maar wen je aan om alert te zijn op de dingen die als trigger fungeren. Dat is een fundamentele stap op weg naar het doorbreken van je patronen en het verwerven van meer keuzevrijheid.

Voordat ik met het probleem van overeten aan de slag ging, heb ik mezelf één ding beloofd: de oplossing moet werken *in het hier en nu.* Een van de grote tekortkomingen van diëten is dat je jezelf vandaag ongelukkig maakt vanuit de belofte dat je je morgen gelukkiger zult voelen. Maar met verlangens werkt het niet zo. 'Waar hunker ik naar?' bestaat in het huidige moment. De impuls die je voelt, kan worden vereenvoudigd tot een aantal basiscategorieën.

je hebt gewoon voedsel nodig;
je wilt een emotioneel gat opvullen;
je wilt een geestelijke leegte opvullen (zoals een gebrek aan eigenwaarde, een negatief lichaamsbeeld of een gevoel van mislukking en frustratie).
Hier zou ik nog een vierde impuls aan toe willen voegen die spiritueel van aard is: *je wilt een leegte in je ziel opvullen.*

Dit zijn sterke motivaties die worden gevoed door verlangens. Zodra je je verlangen in de juiste richting kanaliseert, kun je echt transformeren. Iedereen volgt elke dag het pad van verlangen. De impuls om meer uit het leven te halen is natuurlijk en diepgeworteld. In dit boek gaan we op zoek naar datgene waarnaar jij hunkert. Als je dat eenmaal weet, is de weg duidelijk en zinvol wat betreft je geest, lichaam en ziel. Je transformatie vindt plaats op de volgende manieren.

Je eet alleen als je echt voedsel nodig hebt.

Je eet niet als datgene waarnaar je hunkert emotioneel van aard is, zoals de behoefte aan troost, veiligheid, liefde, verbondenheid met anderen of een geluksgevoel.

Je eet niet als datgene waarnaar je hunkert een relevant en zinvol leven is waarin je een doel hebt en slaagt in datgene wat je nastreeft. Dat zijn behoeften van de geest.

Je eet niet als datgene waarnaar je hunkert spiritueel van aard is, zoals een bepaalde lichtheid of een hogere visie op de ziel.

Het volgen van een dieet: een bedrieglijk vluchtmiddel

Sommige lezers zullen tegen zichzelf zeggen: dat klinkt allemaal heel mooi, maar eerlijk gezegd wil ik gewoon weten wat ik wel en niet moet eten. Ik weet precies hoe dat gaat. Crashdiëten bieden de ultieme verleiding, een snelle oplossing. Maar kijk eens naar wat er werkelijk gebeurt.

Karen is een aantrekkelijke vrouw van middelbare leeftijd die voor de spiegel staat en met een fronsende blik naar haar spiegelbeeld kijkt. Ze wil 5 kilo afvallen voor de bruiloft van haar dochter, die over twee weken plaatsvindt, maar Karen laat zich niet uit het veld slaan. Toen ze 20 was, kon ze in een weekend ruim 2 kilo afvallen door een sapkuur te volgen. Als dat toen werkte, zal het dat nu ook wel doen.

En het werkt ook, bijna. Op de trouwdag van haar dochter is Karen ruim 3 kilo lichter. Ze heeft zich bijna uitgehongerd om dat te bereiken maar nu kan ze het vieren. Wat ze niet beseft, is dat ze in een val is getrapt. Haar oude eetgewoonten zullen al snel weer terugkeren. Hetzelfde geldt voor de extra kilo's. De dag na de bruiloft kun je haar bij haar koelkast zien staan terwijl ze tegen haar lichaam en geest zegt:

Goddank is de bruiloft voorbij. Ik kan me weer ontspannen. Ik heb ontzettend hard mijn best gedaan. Nu mag ik mezelf best verwennen.
Kijk toch eens naar al die restjes.
Ik kan me niet eeuwig blijven uithongeren.
Ik kan dit goede eten toch niet zomaar weggooien.

Als ze door dit soort boodschappen wordt aangespoord is de kans klein dat Karen zichzelf ervan kan weerhouden een lekker stuk van de overgebleven bruidstaart op te peuzelen. Elke keer als je besluit om te veel te eten komen er allerlei excuses in je op. Het feit dat Karen in een twee weken durende sprint naar de finish afviel, betekent weinig in vergelijking met levenslange eetgewoonten die ervoor zorgen dat er overtollige kilo's bij blijven komen.

In Amerika zijn diëten zeer populair. We willen allemaal graag een wondermiddel dat ervoor zorgt dat we al jaren bestaande slechte gewoonten kunnen doorbreken. Dit heeft geleid tot een bipolaire situatie. Aan de ene kant hebben we McDonald's als de belichaming van vet, calorierijk fastfood. Elf procent van alle maaltijden wordt genuttigd bij dit soort fastfoodketens. Aan de andere kant is het halve land ofwel op dieet, ofwel tegen een dieet aan het zondigen. Het volgen van een crashdieet behelst een vrijwillige vorm van geheugenverlies. Je vergeet wat gisteren niet werkte om aan de zoveelste gimmickachtige rage mee te doen.

Als je dit van een afstandje bekijkt, is het heel vreemd dat mensen precies het tegenovergestelde doen van wat ze weten dat goed voor hen is. Maar je ziet het overal. Iemand zegt bijvoorbeeld: 'Ik probeer 5 kilo af te vallen,' maar een uur later pakt hij in een restaurant zo gauw hij zit een stukje brood met boter en sluit hij de maaltijd 'alleen voor deze ene keer' af met een warme brownie à la mode. Uit een rapport uit 2013 van de Centers for Disease Control blijkt dat schoolkinderen iets minder calorieën binnenkrijgen (tussen de 4 en 7 procent), maar dat er geen sprake is van gewichtsverlies. Dit werd geweten aan verminderde lichaamsbeweging. Hoewel de consumptie van fastfood in Amerika de afgelopen tien jaar met 2 procent is afgenomen, zijn de mensen die werden geclassificeerd als lijdend aan obesitas in diezelfde periode zelfs aangekomen. Een grote onlinesteungroep voor mensen die vele kilo's zijn afgevallen hanteert dezelfde 'blok aan het been'-benadering als de Anonieme Alcoholisten. Overeten is een stoornis die altijd op de loer ligt. Als je eenmaal weet dat je neigt tot overeten, moet je je neerleggen bij het feit dat je vaak een onbedwingbare trek zult hebben. Bovendien moet je voortdurend waakzaam zijn om te voorkomen dat je bezwijkt. Elke calorie moet elke dag worden geteld en als je terugvalt, is dat een voorteken van een naderend controleverlies. Ik veroordeel deze benadering niet, maar het is mijn bedoeling een alternatief te vinden voor dit 'blok aan het been'.

Wat voor mij heeft gewerkt is me constant focussen: mijn blik bleef gericht op wat ik echt wilde. Eerst en vooral wilde ik terug naar een normaal en gezond eetpatroon en *nooit meer terugvallen*. We weten allemaal dat dit laatste het echte probleem is. Artsen noemen het 'therapieontrouw'. De patiënt wordt verteld wat hij of zij moet doen: zich houden aan een uitgebalanceerd dieet met veel fruit en groenten, minder rood vlees eten, regelmatig bewegen en stoppen met roken en overmatig alcoholgebruik. Maar na een paar dagen, weken of maanden zitten de oude gewoonten weer in het zadel. Goed advies met betrekking tot gewichtsverlies is overal te vinden, maar 70 procent van de volwassen bevolking is te zwaar of lijdt zelfs aan obesitas.

Mensen brengen zichzelf niet opzettelijk schade toe. We leggen goed advies naast ons neer omdat overeten beter voelt dan ons iets ontzeggen of het doen van inspannende activiteiten. Een emmertje popcorn activeert krachtige, primitieve mechanismen in het brein; het vooruitzicht van 5 kilometer joggen niet. Samen met je vrienden in een gezellig restaurant van het dessert genieten voelt gezellig en opbeurend; in je eentje rennen op een loopband in de sportschool niet.

Mensen die een dieet volgen blijven meer doen van wat sowieso al nooit heeft gewerkt.

De slogan 'Diëten werken niet' kennen we al tientallen jaren en hij is volkomen waar. Elke langdurige studie heeft aangetoond dat minder dan 2 procent van de mensen die lijnen erin slaagt een aanzienlijk gewicht (10 kilo of meer) kwijt te raken en twee jaar op het nieuwe gewicht te blijven zitten. De westerse mens ontbreekt het niet aan wilskracht. Mislukking zit gewoon in het lijnen ingebakken. Wat is de eerste impuls van de gemiddelde persoon die een dieet volgt? Zich uithongeren. Mensen die lijnen gaan ineens veel minder calorieën consumeren. Ze vechten tegen hun onbedwingbare trek en zweren dat ze een week lang alleen zullen leven op producten als tarwegrassap. Maar dit soort ontberingen creëert weer een ander gat. Voelde je je eerst verdrietig of eenzaam of ongeliefd, nu voel je je verdrietig, eenzaam, ongeliefd *en hongerig tegelijk*.

Ik begrijp volkomen waarom mensen zich tijdens het afvallen zoveel ontzeggen. Een fysiek probleem vereist een fysieke oplossing. De overtollige kilo's zijn elke keer dat je in de spiegel kijkt zichtbaar maar de onzichtbare leegten niet. Daar komt nog iets bij: betekent overeten dat je een gebrek aan zelfbeheersing hebt, je dingen ontzeggen getuigt juist van een enorme zelfbeheersing. 'Ik haat broccoli met citroensap maar ik heb mezelf gedwongen het op te eten.' Extra ellende maakt het probleem echter alleen maar groter. Denk maar aan de klassieke scène uit de film *The Producers*, waarin Zero Mostel het niet voor elkaar krijgt een hijgende, paniekerige Gene Wilder te kalmeren.

'Ik ben hysterisch! Als dat eenmaal begint, kan ik het niet meer stoppen!' roept Wilder.

Niet wetende wat te doen gooit Mostel een glas water in zijn gezicht. Dit zorgt ervoor dat Wilder stokstijf blijft staan.

'Ik ben hysterisch! En nu ben ik ook nog nat!' krijst hij.

Nog steeds niet wetend wat te doen slaat Mostel hem in zijn gezicht.

Wilder jammert: 'Het doet pijn! Ik ben nat! En ik ben nog steeds hysterisch!' Dit is een goed geheugensteuntje om je eraan te herinneren dat het nooit werkt als je iets doet waardoor je je slechter voelt. Volg gerust de volgende dieetrage. Dat kun je zelfs doen tijdens het lezen van dit boek want zodra je inziet dat voldoening beter is dan ontzegging, zul je niet meer door crashdiëten worden verleid. Het feit dat gewichtsverlies kan worden gekoppeld aan een toenemend geluksgevoel is het geheim achter het succes van mijn aanpak.

De connectie tussen lichaam en geest

Om erachter te komen waarnaar jij hunkert, moet je de connectie tussen lichaam en geest herstellen en verder kijken dan het breincircuit dat via de hypothalamus de hongerimpuls regelt. Doordat je eenvoudige signalen van je lichaam teniet kunt doen, gaat zoiets fundamenteels als eetlust in het gehele brein een rol spelen. Het natuurlijke proces dat onze eetlust reguleert is niet bij iedereen verstoord. We kennen allemaal wel iemand wiens gewicht sinds het einde van de tienertijd vrijwel onveranderd is gebleven. Zo iemand zegt dingen als:

> Mijn lichaam vertelt me wat het wil.
> Ik voel me ongemakkelijk als ik een kilo aankom.
> Ik beweeg omdat ik me dan lekker voel.

Dit soort uitspraken stoelt op een goed werkende connectie tussen lichaam en geest. Helaas is het zo dat als deze connectie niet goed functioneert, er kortsluiting plaatsvindt en slechte gewoonten het lichaam vertellen wat het moet doen. Dan worden de verkeerde signalen verzonden en terwijl het lichaam reageert door vetter, minder evenwichtig en uiteindelijk ziek te worden, negeert de geest deze signalen die aangeven dat er iets aan de hand is. Laten we eens kijken waarom dit gebeurt.

Stel je voor dat drie telefoongesprekken op een verbindingspunt samenkomen. In werkelijkheid is dit de samenkomst van drie hersengebieden. Elk gebied heeft iets te vertellen en ze versturen alle drie tegelijkertijd neurale boodschappen. Elk gebied is op zoek naar een ander soort voldoening. Het **lagere brein** is tevreden als je je fysiek goed voelt, het **limbische systeem** als je je emotioneel goed voelt en het **hogere brein** als je goede beslissingen voor jezelf neemt.

Het wonder van het menselijk brein is dat deze drie lijnen samengevoegd kunnen worden en kunnen samenwerken. Het lagere brein kan de boodschap ‘ik heb honger’’ versturen, die door het emotionele brein wordt geaccepteerd omdat 'ik van eten een goed humeur krijg' zodat het hogere brein kan zeggen: 'laten we eten'. Deze balanceeract is natuurlijk en werkt in het voordeel van alle drie de hersengebieden. Geen ervan hoeft zijn boodschap erdoor te drukken en zijn best te doen de andere boodschappen te verdringen.

Je brein is zo gestructureerd dat het op elk niveau geluk kan vinden. Voor een baby, die vrijwel volledig functioneert door middel van de basisinstincten van het lagere brein, betekent geluk eten als hij honger heeft, slapen als hij moe is en vastgehouden worden als hij het koud heeft. Maar de zaak wordt ingewikkelder als de andere hersengebieden, het limbische systeem en het hogere brein, zich gaan ontwikkelen. Hun versie van geluk is veel complexer.

Als jonge arts was ik op medisch vlak van deze dingen op de hoogte maar persoonlijk besteedde ik er geen aandacht aan. Als ik nu terugkijk op de eettafel, dan zie ik een gefrustreerde jongeman (met een geduldige jonge vrouw) wiens brein was gevuld met zoveel technische informatie (het hogere brein) dat de innerlijke stem, die riep: 'Ik ben ongelukkig en ontevreden' (het limbische systeem) werd onderdrukt. Tegelijkertijd voegde de meest primitieve stem in mijn hoofd, die bang was te mislukken en onder de druk te bezwijken (het reptielenbrein), er de nodige verstorende achtergrondgeluiden aan toe. Geen wonder dat de maaltijden als in een waas voorbijvlogen en slechts voor een kort moment van voldaanheid zorgden. (Ik had het geluk dat ik door liefhebbende ouders ben opgevoed, want mijn nieuwe gezin viel in ieder geval niet uit elkaar, zoals met de gezinnen van veel jonge artsen die ik kende wel gebeurde. Ik kende de waarde van het geven en ontvangen van liefde.)

Je kunt niet ontsnappen aan de drie gesprekken die voortdurend in je hoofd gaande zijn. Dagelijks worden honderden keuzen door het hogere brein gefilterd en elke keuze is emotioneel gekleurd. Dit is uniek voor de mens. Als je een voedselbolletje voor een laboratoriumrat neerzet, eet hij het automatisch op en wordt het genotcentrum in zijn brein al net zo automatisch geactiveerd. Maar als je voedsel voor een persoon neerzet, is elke denkbare reactie mogelijk. Hoe vaak zeggen mensen niet dingen als:

Ik ben te zeer van streek om te eten.
Ik wil deze vis niet. Ik houd alleen van vlees met aardappelen.
Ik heb het nu te druk.

Ons brein heeft net als het brein van een laboratoriumrat een genotcentrum voor voedsel, maar ons innerlijk leven is ontzettend ingewikkeld. Emoties kunnen onze eetlust onderdrukken of juist onnatuurlijk sterk maken. Verwrongen overtuigingen, die in het hogere brein ontstaan, kunnen onze emoties en eetlust verstoren. Vandaar dat er zoveel tieners met anorexia zijn die een uitgemergeld lichaam in de spiegel zien en zichzelf 'te dik' vinden als gevolg van een verwrongen mentaal beeld (ik verwijs hiermee naar slechts één aspect van een complexe psychische en genetische aandoening).

Als je te veel eet, kan het lijken of het lagere brein op hol geslagen is en je dwingt tot een onbedwingbare eetlust. Maar het probleem is eigenlijk systemisch van aard. Meestal is het een combinatie van impulsbeheersing (lagere brein), het zoeken van troost (emotionele brein) en het maken van verkeerde keuzen (hogere brein). Alle drie zijn ze erbij betrokken en ze vormen een ononderbroken dans. Deze dans beweegt zich in een vicieuze cirkel, zoals hieronder wordt weergegeven:

Impuls

Emotie **Keuze**

Impuls: je lagere brein vertelt je of je honger hebt, bang bent, je bedreigd voelt of opgewonden bent.

Emotie: je limbische systeem vertelt je iets over hoe goed- of slechtgehumeurd je bent en over je emotionele reactie in het hier en nu.

Keuze: je hogere brein vertelt je dat je een keuze moet maken die tot een handeling leidt.

In strijd met zichzelf

Ik zal aan de hand van een persoonlijk verhaal toelichten hoe dit alles werkt. Tracy worstelt al sinds haar tienertijd met haar gewicht. Ze verviel destijds in verschillende vormen van zelfvernietigend gedrag. Ze reageerde defensief als haar ouders met haar over haar gewicht probeerden te praten. Ze ontwikkelde een dominante persoonlijkheid en dacht dat als ze zelfverzekerd en bazig overkwam, niemand zou zien hoe kwetsbaar ze zich vanbinnen voelde. Toen het moment aanbrak dat ze met jongens wilde daten werd ze al snel seksueel actief, want dat was wat de jongens wilden en zij voelde zich daardoor gewild. Maar hoe losbandiger ze was, hoe slechter ze zich voelde dus uiteindelijk volgden ook drugs en alcohol.

Tracy heeft dit nu allemaal achter de rug. Ze is 50 jaar oud en gelukkig getrouwd. Over het algemeen heeft ze een goed gevoel over zichzelf. Maar ze kan niet om het feit heen dat ze 35 tot 50 kilo boven haar ideale gewicht zit. Ze is niet een van mijn patiënten, maar wel een persoonlijke vriendin en als we elkaar tijdens een sociale gelegenheid ontmoeten, is dat meestal in een restaurant. Ik veroordeel haar manier van eten niet en geef haar ook geen advies, maar tijdens de meeste etentjes zijn me een paar dingen opgevallen:

Als ze gaat zitten, is haar eerste opmerking meestal dat ze geen honger heeft maar wel iets zal eten.

Terwijl we op de eerste gang zitten te wachten, praat ze en eet intussen diverse stukjes brood. Ze smeert er boter op zonder te kijken wat ze precies doet.

Zo gauw de bediening vraagt wat ze wil hebben, bestelt ze twee gangen, een voorgerecht en een hoofdgerecht.

Ze eet haar bord altijd helemaal leeg.

Ze bestelt nooit een dessert maar eet wel altijd mee van het mijne, meestal minstens de helft.

Als ik zo naar haar eetgewoonten kijk, valt het me op dat Tracy zich er niet van bewust is. Ze besteedt aandacht aan mij en ons gesprek maar niet aan wat haar handen aan het doen zijn. Ze heeft geleerd blind te zijn voor wat ze niet wil zien. Je hebt vast wel in de gaten wat hier aan de hand is: drie hersengebieden voeren een stille strijd, elk met zijn eigen boodschap.

Tracy's lagere brein blijft zeggen: 'Ik heb honger. Meer voedsel. Ik ben nog steeds uitgehongerd.'

Haar emotionele brein blijft zeggen: 'Ik heb geen goed gevoel over mezelf. Meer voedsel. Ik voel me nog steeds slecht.'

Haar hogere brein blijft zeggen: 'Ik weet dat ik niet zo zou moeten eten. Meer voedsel. Waarom zou ik er weerstand tegen bieden? Het maakt allemaal niets uit, want de impuls om te eten komt toch terug.'

Het zou prachtig zijn als iemand een momentopname van deze snelle dialoog in het brein zou kunnen maken en die aan Tracy zou kunnen laten zien; ze zou dan inzicht kunnen krijgen in wat er gaande is. Misschien wordt dat met behulp van geavanceerde hersenscans ooit mogelijk. Maar zelfs al wordt zo'n perfecte momentopname gemaakt, het brein staat nooit stil. Het probleem van Tracy verschuift voortdurend. Het ene moment gehoorzaamt ze het ene deel van haar brein, het andere moment heeft een ander deel de touwtjes in handen. Daarom kan ze tijdens een en dezelfde maaltijd van haar eten genieten, een hekel aan zichzelf hebben omdat ze zoveel eet, beloven het voortaan anders te doen en de hele boel negeren. Haar gedrag is voortdurend tegenstrijdig.

Dit is de innerlijke strijd die wordt uitgevochten door iedereen die worstelt met zijn gewicht. Ik zal je iets verklappen: *deze strijd zul je nooit winnen*. Als dat mogelijk was, zou dat allang zijn gebeurd. Zolang je met jezelf blijft vechten, blijf je op het niveau van het probleem vastzitten. Je moet het probleem overstijgen en op het niveau van de oplossing zien te komen.

Tracy volgt een typisch en betreurenswaardig patroon. Elk uur van de dag is ze obsessief met eten bezig waarbij ze haar eetgedrag onder controle probeert te houden en te zwaar is. Ze zit vast op het niveau van het probleem. Wat is er nodig om haar naar het niveau van de oplossing te tillen?

Ik verzekerde haar dat er een oplossing is. 'De oplossing zit in je,' zei ik. 'Als je zo obsessief bezig bent en je voortdurend druk maakt, geef je je hersenen de verkeerde opdracht. Je zegt tegen het brein dat het negatieve boodschappen naar elke cel in je lichaam moet sturen. Je kunt ervoor kiezen daarmee te stoppen.'

'Maar ik voel me slecht,' protesteerde ze. 'Ik heb geen positieve boodschappen die ik kan versturen.'

'Nee, niet als je zo angstig en ongelukkig met jezelf bent,' stemde ik in. 'Maar er is één positieve boodschap die je over het hoofd hebt gezien. Als je in alle rust aandacht schenkt aan hoe je lichaam voelt, is dat op zichzelf al een krachtige boodschap. Bewustzijn is niet luidruchtig of emotioneel van aard. Bewustzijn kijkt in alle rust toe en dat is de beste staat waarin je lichaam kan verkeren als het weer in evenwicht probeert te komen.'

Tracy keek een beetje verbijsterd maar ze glimlachte, omdat een deel van haar begreep wat ik bedoelde. Ze was opgelucht over het feit dat er een manier was om uit het dal te komen. Als iemand in bepaalde gewoonten, conditionering vanuit het verleden en eetbuien verstrikt zit, moet hij of zij zich daarvan bewust worden op een kalme manier, zonder oordeel, vanuit een gemoedstoestand die de voortdurende innerlijke dialoog die de geest vult tot rust brengt. Bewustzijn brengt je van het niveau van het probleem naar het niveau van de oplossing.

Actiepunt: de grondbeginselen van bewustzijn

Hoe vergroot je je bewustzijn? Je meer bewust worden is niet zo moeilijk en kan met behulp van drie basistechnieken op elk moment van de dag worden bewerkstelligd. Deze technieken brengen de drie hoofdgebieden van je brein op een natuurlijke manier en moeiteloos met elkaar in evenwicht.

Word je **bewust van je lichaam**. Keer je naar binnen en stem je af op de fysieke sensaties die je ervaart, ongeacht welke sensaties dit zijn. Ervaar wat je lichaam ervaart.

Word je **bewust van je emoties**. Sluit je ogen, richt je aandacht op je hart en ga na hoe je je emotioneel voelt. Zonder er betrokken bij te raken blijf je in je centrum en observeer je deze gevoelens.

Word je **bewust van je keuzen**. Kies een moment waarop je rustig bent, bijvoorbeeld 's morgens vroeg als je net wakker bent of tijdens een ontspannen douche en ga na wat de beste manier is om de keuzen te maken waarmee je wordt geconfronteerd. De beste keuzen worden gemaakt vanuit een innerlijke staat van kalme alertheid.

Ik ervoer een ware transformatie toen ik deze basistechnieken ging toepassen. Het mooie is dat ze niet veel tijd in beslag nemen. Ik had me één fundamenteel aspect met betrekking tot mijn geest niet gerealiseerd. De geest is een *perpetuum mobile.* Als je hem de kans geeft, is hij voortdurend in de weer en stapelt hij de ene gedachte en emotie op de andere. Ik gaf mijn geest niet de tijd om enkele belangrijke dingen te doen. Ik moest rustig worden, reflecteren op het hier en nu, nagaan hoe ik me voelde en mijn lichaam vragen hoe het zich voelde. 'Hoe gaat het met ons?' is een zeer eenvoudige vraag waarbij 'ons' het lichaam, de emoties en het intellect omvat, maar de meeste mensen stellen die vraag niet vaak genoeg. Aan een vriend vragen 'Hoe gaat het met je?' heeft iets geruststellends. Je verdient hetzelfde als je wilt dat je lichaam je vriend is.

Probeer deze technieken maar eens uit, zonder verwachting of vooroordeel. Het is niet zo moeilijk om in harmonie te zijn, maar veel mensen met overgewicht zijn het contact met hun lichaam kwijtgeraakt omdat ze zichzelf niet meer zo leuk vinden. Ze kijken niet graag naar hun emoties omdat ze bang zijn voor wat ze dan zouden kunnen tegenkomen. Ze voelen zich gevangen door slechte keuzen die ze in het verleden hebben gemaakt, waardoor het moeilijker is met een frisse blik naar nieuwe mogelijkheden te kijken. Dit alles kan worden opgelost door je brein langzaam maar zeker uit deze conditionering te bevrijden. Dit hoeft geen worsteling te zijn. Maak er simpelweg een gewoonte van deze technieken toe te passen en laat verandering komen op een natuurlijke wijze.

Een succesverhaal

Het succesverhaal van Dana illustreert hoe effectief de mind/body-benadering is en wat ik bedoel met moeiteloos kilo's kwijtraken. Vooral de manier waarop ze haar omslagpunt bereikte is van belang. Dit is haar verhaal.

'Ik bleef jarenlang op het gewicht dat ik tijdens mijn studie had,' vertelt Dana. 'Toen ik in de 30 was, veranderde ik van baan en kwam terecht bij een bedrijf dat maaltijden bij mensen thuis bezorgde. Ik ging steeds vaker even naar beneden om te lunchen en tijdens het eten dacht ik meestal na over mijn werk of praatte ik met een collega. Ik ging niet vaak genoeg naar buiten en als iets er in de kantine erg lekker uitzag, at ik het zonder erbij na te denken op.'

Zonder dat ze het doorhad, kwam Dana in één winter bijna 7 kilo aan. Hier schrok ze enorm van. Ze volgde een dieet om de overtollige kilo's kwijt te raken maar vond het moeilijk om gemotiveerd te blijven. Ze ging ervan uit dat ze gewoon meer wilskracht nodig had en bleef zichzelf beloven dat ze de controle over haar eetlust zou terugkrijgen, maar op de een of andere manier kwam dat moment nooit. Ze ervoer alleen maar meer stress.

'Ik zegde mijn baan op en richtte zelf een klein bedrijfje op, maar dat was precies ten tijde van de economische crisis. Het bedrijf liep niet en op een gegeven moment kwam ik geld tekort. Toen ging ik iets doen wat ik nog nooit eerder had gedaan. Elke middag spoelde ik een Snickers weg met een half blikje frisdrank light. Eerlijk gezegd dacht ik niet eens aan mijn gewicht. Ik was de hele tijd veel te angstig.'

Uiteindelijk werden haar zakelijke problemen opgelost, wat natuurlijk goed nieuws was. Maar haar oude kleren pasten niet meer en als Dana in de spiegel keek, voelde ze zich gefrustreerd en was ze teleurgesteld in zichzelf.

Een crashdieet zorgde ervoor dat ze ongeveer de helft van het gewenste aantal kilo's kwijtraakte maar toen ik Dana weer eens zag, zat het grootste deel daarvan er alweer aan. Ironisch genoeg voedde het feit dat ze nieuwe klanten in haar consultingbedrijfje kreeg haar probleem alleen maar. Ze ging vaker lunchen met cliënten, ze zat langer aan de telefoon en ze kwam vaker na 6 uur 's avonds oververmoeid thuis van haar werk.

De mind/body-benadering zorgde ervoor dat deze negatieve tendens veranderde. Ik stelde voor dat ze de drie dingen zou gaan doen die ik hierboven heb genoemd: haar lichaam voelen, haar emoties observeren en meer bewuste keuzen maken.

Het was mijn doel Dana zover te krijgen dat ze zich op deze dingen ging afstemmen, omdat haar verhaal wordt gekenmerkt door het verlies van de connectie tussen lichaam, geest en emoties. Ze vond deze nieuwe aanpak erg intrigerend, vooral toen ik haar ervan verzekerde dat het haar geen moeite zou kosten; de enige eis die aan haar werd gesteld was dat ze op de betreffende momenten bewust aanwezig was. Qua tijd was dit geen enkel probleem voor haar.

'In het begin was het vreemd om naar mezelf te kijken,' zei ze. 'Ik betrapte me erop dat ik in restaurants zonder erbij na te denken boter op een stukje brood zat te smeren, dus stopte ik daarmee, richtte mijn aandacht op wat ik voelde en kwam erachter dat ik helemaal geen honger had. De boodschap bevond zich recht voor mijn neus. Ik hoefde haar alleen maar te voelen.'

Nu, een jaar later, zit ze weer op het gewicht dat ze tijdens haar studie had, maar het is belangrijk dat Dana de kracht heeft ontdekt van het bewust in het moment aanwezig zijn. Als je je hebt aangeleerd om op elk willekeurig moment de natuurlijke signalen van het lichaam op te merken, is bewustzijn de sleutel tot gewichtsverlies. Het kost tijd en oefening om een disbalans die er jaren is geweest te herstellen, maar dat zal je wel lukken. Jij bent degene die de keuzen maakt en de gewenste verandering tot stand kan brengen.

Het perspectief van een arts

Net als elke andere jonge arts in de jaren '70 van de vorige eeuw leerde ik tijdens mijn opleiding absoluut niets over de connectie tussen lichaam en geest. Mijn medisch specialisme was endocrinologie, het werkveld dat zich bezighoudt met hormonen. Als beginnend arts was ik gefascineerd door het feit dat de geringste uitscheiding van bepaalde stoffen iemand binnen enkele seconden bang, moedig, boos, seksueel opgewonden of hongerig kan maken. Het geheim achter dr. Jekyll die mr. Hyde wordt zit in een molecule! Die ontdekking sprak tot mijn verbeelding en aanvankelijk dacht ik dat ik tevreden zou zijn met het werken in een laboratorium om het effect van hormonen te onderzoeken, omdat hun werking en interacties verbazingwekkend complex zijn.

Maar toen ik een privépraktijk startte, zag ik het verwoestende effect van hormonen met mijn eigen ogen. Stresshormonen waren de oorzaak van stoornissen die het leven van mensen in sociaal opzicht vaak op een nogal wrede manier verzieken. ‘Hij is lui en sloom’ is het stigma dat maar al te vaak wordt gekoppeld aan een verstoorde schildklierfunctie. Soldaten vragen zich al eeuwenlang bezorgd af of ze soms als lafaards worden gezien, maar het hormoon adrenaline leidt net zozeer tot vluchtgedrag als tot vechtgedrag. Bovendien is het zo dat als de adrenaline is uitgewerkt, het lichaam fysiek uitgeput is. Als je een soldaat maar vaak genoeg blootstelt aan situaties waarin de vecht- of vluchtreactie wordt geactiveerd, dan is *shellshock* het gevolg. Talloze strijders in oorlogen hebben zichzelf bestempeld als lafaard (en werden als zodanig gestigmatiseerd door medesoldaten) omdat ze in hormonaal opzicht uitgeput waren. Dit stigma werd pas minder sterk toen men zich realiseerde dat elke soldaat last krijgt van shellshock als hij maar lang genoeg aan het front vecht. Hier is totaal geen sprake van moreel falen, het stigma was totaal onterecht.

Mijn ervaring in mijn privépraktijk was meer alledaags, maar er was evenzeer sprake van stigma’s. Een groot deel van mijn patiënten, en dat waren er letterlijk duizenden, bestond uit vrouwen met overgewicht die zich schaamden en hoopten dat ze een ‘klierprobleem’ hadden in plaats van een tekortkoming. Het was nogal ontmoedigend tegen 99 procent van hen te moeten zeggen dat er niets mis was met hun hormonen. Ze gingen verdrietig, ontmoedigd en soms zonder enige hoop weer weg. Een groot aantal van hen vocht tegen de schaamte en het schuldgevoel dat ze ervoeren omdat ze een arts om hulp vroegen. Wat ik hun meegaf, was erger dan waarmee ze waren gekomen. Dat was onacceptabel voor me en ik ging op zoek naar een ontbrekende schakel. Ik begon aan het einde van de jaren ’80 van de vorige eeuw en zag in dat een lichamelijk probleem eigenlijk een lichamelijk én geestelijk probleem was en het duurde niet lang of er kwam nog een andere dimensie bij. Mijn patiënten (en talloze andere mensen) hadden een probleem waarbij niet alleen hun lichaam en geest betrokken waren, maar ook hun ziel.

Het zien van medische problemen als problemen van lichaam, geest en ziel was voor mij opwindend en stimulerend. Ik leerde hoe goed het voelde om ontspannen en bij mijn kern te blijven, om me prettig te voelen in mezelf. Je waardeert iets meer als je weet dat je het kunt bereiken. Onbetekenende dromen zijn rustgevend, maar als je eenmaal inziet dat het concept 'lichaam/geest/ziel' reëel is, is niets zo verleidelijk als dat. Eindelijk krijg je de kans om je diepste verlangens in vervulling te laten gaan. Het geheim is onthuld: *in het leven gaat het om vervulling*.

Als dit geheim eenmaal is ontsluierd, verandert alles. Plotseling zie je kristalhelder dat een heleboel zaken je geen voldoening geven. Sommige dingen zorgen voor afleiding, zoals het om 5 uur 's middags drinken van een Martini of het verslaafd raken aan videospelletjes. Andere dingen zijn obstakels, zoals het negeren van je negatieve gevoelens zodat ze aan je blijven knagen. Het voelt goed als je denkt dat je geen problemen hebt met betrekking tot boosheid, angst, schuldgevoel en schaamte, maar je kunt je lichaam niet voor de gek houden. Je lichaam voelt alles wat je wanhopig probeert te vermijden.

Ik wilde niets liever dan anderen laten zien hoe ze zichzelf konden bevrijden. Er moest iets veranderen aan het naar huis sturen van ontmoedigde en gefrustreerde patiënten. Voor mensen die worstelen met hun gewicht is het lichaam dat ze in de spiegel zien een masker. Achter dit masker schuilen slechte gewoonten, verwrongen overtuigingen, lage verwachtingen en elke denkbare variatie op ontmoediging. De wreedste vorm van uithongering is iemand vastbinden en een feestmaal voor hem neerzetten waar hij net niet bij kan. Vervulling is zo'n feestmaal en voor talloze mensen wordt het net buiten hun bereik gehouden. Ze hunkeren naar vervulling en begrijpen niet waarom ze er niet bij kunnen komen.

Het creëren van een leven dat je voldoening geeft, is minder gemakkelijk dan kijken naar een voetbalwedstrijd uit de Champions League met een bak chips op je schoot of dan genieten van een lekkere lunch met een vriend terwijl de bediening een extra dessertvork komt brengen 'voor het geval dat'. Maar neem maar van mij aan dat de weg naar vervulling en voldoening het meest opwindende project is dat je kunt ondernemen. Laten we elkaars metgezellen zijn in de geest van hoop, vertrouwen en vreugde.

Persoonlijke invulling: een afspraak tussen jou en mij

Op de komende bladzijden valt er nog veel meer te zeggen maar nu weet je waar onze reis heen leidt, namelijk naar een holistische oplossing. Ik zou hier graag even stil bij blijven staan en een afspraak met je willen maken. Dat is jouw kant van een stilzwijgende overeenkomst tussen ons.

Jouw kant: je stemt ermee in om het mind/body-programma dat op de komende bladzijden wordt beschreven gedurende dertig dagen te volgen. Je hoeft geen dieet te volgen. Je zult niet toegeven aan negatieve oordelen over je lichaam. Je zult leven in het hier en nu en geen aandacht besteden aan de conditionering die alleen maar voor frustratie en teleurstelling heeft gezorgd. Met een open geest richt je je op het bewandelen van het pad van vervulling.

Mijn kant: ik stem ermee in om je te begeleiden naar een holistische verandering, waarbij ik je beproefde principes en actiepunten aan de hand doe die in het Chopra Center al jarenlang hun effectiviteit hebben bewezen. Samen zorgen we ervoor dat de boodschappen van je brein weer in evenwicht komen door je te geven wat je werkelijk wilt. Vervulling moet aanwezig zijn op fysiek, emotioneel en mentaal niveau. Je komt te weten hoe je je succes op elk van deze vlakken kunt meten.

Lichaam: je lichaam voelt lichter, energieker en steeds vitaler.

Emoties: je voelt je gelukkiger, vrolijker en steeds positiever.

Geest: je beslissingen en keuzen voegen iets toe aan je visie van een beter leven en zorgen ervoor dat deze visie werkelijkheid wordt.

Het is de bedoeling dat je brein voor je zorgt. Daarvoor is de verbluffende complexiteit ervan ontworpen. De mind/body-benadering vult een pijnlijke leegte op die andere afvalmethoden kenmerkt. De kwijtgeraakte kilo's zitten er binnen de kortste keren weer aan omdat datgene wat moest veranderen, namelijk de persoon die voedsel gebruikt om onzichtbare leegten op te vullen, hetzelfde blijft. Dit is je kans om jezelf te transformeren. Als dat gebeurt, zul je niet alleen een verandering opmerken in je uiterlijk maar ook in je functioneren op je werk, in de manier waarop je naar je omgeving kijkt en in de manier waarop je de mensen in je leven liefhebt, inclusief jezelf.

DEEL EEN
DE CHOPRA-METHODE

Verander je verhaal, verander je lichaam

Kernpunten

- Je schrijft je eigen levensverhaal. Je lichaam is een fysieke projectie van je verhaal.
- Je verhaal bestaat uit je ervaringen en hoe je die verwerkt, zowel op fysiek als op mentaal vlak.
- Als je te zwaar bent, weerspiegelt je verhaal waarschijnlijk negatieve thema's met betrekking tot voeding, eten en je lichaamsbeeld.
- Voordat je je verhaal verandert, moet je enkele feiten kennen met betrekking tot de connectie tussen lichaam en geest. Kennis is macht.
- Om de connectie tussen lichaam en geest te activeren, beschrijf je voor jezelf je bewuste doelen. Dat is de krachtigste boodschap die je naar je lichaam kunt sturen.

Hoewel we elkaar niet kennen, doen jij en ik op dit moment hetzelfde. We leven ons levensverhaal. Het belangrijkste deel van ieders verhaal zou als titel kunnen hebben: 'Hoe ik mezelf gelukkig maak'. Elk verhaal bevat hetzelfde doel, want zelfs als persoon A een profvoetballer is die graag een keer op het WK wil schitteren, persoon B elke dag van en naar zijn werk forenst en persoon C thuis twee kleine kinderen opvoedt, zijn die verschillen secundair ten opzichte van ieders hoofddoel om zo gelukkig mogelijk te zijn.

Je kunt je verhaal zodanig veranderen dat een van de hoofdstukken als titel heeft: Hoe ik alle kilo's kwijtraakte die ik kwijt wilde raken (en op mijn nieuwe gewicht bleef!). Elk verhaal heeft thema's en op dit moment zijn jouw thema's rond voedsel en eten waarschijnlijk negatief. Als ik met te zware patiënten praat, komen dezelfde thema's vaak decennialang terug. Komt dit je bekend voor?

- 'Ik heb alles al geprobeerd en alle dieetboeken gelezen, maar niets heeft gewerkt. Ik kan het net zo goed opgeven.'
- 'Mijn overgewicht moet wel erfelijk bepaald zijn.'
- 'Ik ben sowieso onaantrekkelijk. Ik voel me ellendig over mijn uiterlijk.'
- 'Ik ben te oud om opnieuw te beginnen.'
- 'Dit is mijn lichaam en daar moet ik het mee doen.'
- 'Ik weet dat ik meer moet bewegen, maar ik blijf nooit gemotiveerd genoeg.'
- 'Ik weet wel wat ik moet eten, maar ik geef toe aan verleidingen en een haast onbedwingbare trek.'
- 'Het is gewoon te moeilijk allemaal.'

Voor de meeste artsen geldt dat ze bij het horen van dit soort opmerkingen niet kijken naar de psychische implicaties. De arts probeert altijd een fysieke klacht te isoleren. De meeste artsen, inclusief ikzelf, hebben tijdens hun opleiding niets geleerd over voeding, alleen maar basiskennis opgedaan met betrekking tot het gewicht (dit kwam tijdens colleges endocrinologie aan de orde). Ze hebben zich vrijwel geen van allen verdiept in het effect dat lijnen op mensen heeft. Voor emoties moet je naar een psychiater of andere therapeut. Emoties maken geen deel uit van de gemiddelde functiebeschrijving van een arts.

Als er niet wordt gekeken naar de connectie tussen lichaam en geest, wordt er een onvolledige vorm van geneeskunde beoefend. In ieders verhaal zijn de hoofdthema's niet incidenteel of irrelevant. Als je het brein voorziet van negatieve input, verandert het en conformeert het zich aan de boodschappen die het ontvangt. Het brein heeft zelf geen geest en kan niet kiezen tussen instructies die het wil opvolgen en instructies die het wil negeren. Jij hebt wel een geest en jij bent de schrijver van jouw verhaal. Dat betekent dat jij de meeste controle hebt. Je kunt je brein voeden met negatieve boodschappen of met positieve boodschappen. De keuze is aan jou.

Ik realiseer me dat het brein en de geest binnen de neurowetenschappen als een en hetzelfde worden gezien. Dat komt doordat de geest onzichtbaar is, terwijl het brein een halfvast object is dat aangeraakt en gemeten kan worden. Zo kijk ik er niet naar. Mijn visie staat dichter bij het echte leven. Het brein kan worden vergeleken met een radio die ontvangt wat de geest te zeggen heeft. Als je via de radio naar een concert luistert, denk je niet dat de radio Mozart is. Als iemand 'Ik hou van jou' in je oor fluistert, ben jij degene die verliefd wordt, niet je limbische systeem. De geest komt eerst omdat de persoon eerst komt.

Je lichaam vormt de fysieke manifestatie van je levensverhaal zoals je het tot nu toe hebt geleefd. Elke kilo staat voor een keuze om op een bepaalde manier te eten en elke hap wordt onmerkbaar beïnvloed door een aantal gewoonten, een lijst van dingen die je lekker vindt en niet lekker vindt en door de eetgewoonten van de mensen om je heen. Als je ontevreden bent over je gewicht zijn die overtollige kilo's waarschijnlijk gerelateerd aan onprettige ervaringen: momenten van frustratie, een hoge mate van stress, angst met betrekking tot een baan of een relatie. Als je lichaam een weerspiegeling is van je verhaal tot nu toe, dan is het veranderen van je verhaal de meest natuurlijke manier om je lichaam te veranderen.

In mijn ervaring is het zo dat als iemand te zwaar is, hij of zij herhaaldelijk negatieve dingen tegen zichzelf zegt. Vergeet niet dat je bij het veranderen van je interne boodschappen niet alleen tegen jezelf praat. Je schrijft dan nieuwe bladzijden in je levensboek. De sleutel is dat je de negatieve boodschappen moet veranderen zodat je je negatieve gedragspatronen niet langer in stand houdt en positieve gedragspatronen stimuleert.

Actiepunt:
verander de boodschappen

Als je geen vervuld of voldaan gevoel hebt, kun je niet net doen of je dat wel hebt. Maar je kunt wel verandering brengen in de negatieve boodschappen die je het gevoel geven dat je vastzit. Als je niets doet, blijf je je ongelukkig voelen. Het is heel gemakkelijk om je vandaag net zo te voelen als gisteren. Het brein ondersteunt dit nietsdoen, tenzij je het iets nieuws geeft om te verwerken.

Laten we daar dus maar eens mee beginnen. Telkens wanneer de bekende thema's die mensen met overgewicht noemen in je opkomen, neem je even de tijd om na te gaan wat je denkt. Vervang je gedachten vervolgens door een andere gedachte, een positief tegengif. Op deze manier maak je een begin met het herschrijven van je verhaal en zorg je ervoor dat er in je lichaam veranderingen kunnen plaatsvinden.

In de onderstaande lijst zijn de positieve boodschappen slechts suggesties. Voel je vrij om je eigen boodschappen te bedenken. Dat is de beste manier om echt de regie te krijgen over de input die je brein ontvangt.

1 *Negatief*: 'Ik heb alles al geprobeerd en allerlei dieetboeken gelezen, maar tot nu toe heeft niets gewerkt. Ik kan het net zo goed opgeven.'

Positief: 'Vandaag is weer een nieuwe dag. Wat er in het verleden is gebeurd is niet van belang. Er is altijd een oplossing.'

2 *Negatief*: 'Mijn overgewicht moet wel erfelijk bepaald zijn.'

Positief: 'Ik kan niets aan mijn genen veranderen, maar ik kan wel andere genen activeren die een normale eetlust reguleren. Ik weet hoe dan ook dat er mensen zijn die enorm veel kilo's zijn afgevallen. Hun genen hebben hen niet tegengehouden en mijn genen zullen mij ook niet tegenhouden.'

3 *Negatief*: 'Ik ben sowieso al onaantrekkelijk. Ik voel me ellendig over mijn uiterlijk.'

Positief: 'Het lelijke eendje voelde zich ook ellendig, tot het iedereen verbaasde door heel mooi te worden. Zo word ik ook. Ik heb al mooie eigenschappen die door anderen worden gewaardeerd. Ik ga die eigenschappen benadrukken met een bijpassend lichaam.'

4 *Negatief*: 'Ik ben te oud om opnieuw te beginnen.'

Positief: 'Leeftijd is niet belangrijk want als ik afval, ga ik terug in de tijd. Ik vertraag het verouderingsproces en ga weer terug naar waar mijn lichaam ooit is geweest en opnieuw wil zijn.'

5 *Negatief*: 'Dit is mijn lichaam en daar moet ik het mee doen.'

Positief: 'Elke cel in mijn lichaam wordt voortdurend vernieuwd. Vandaag heb ik niet hetzelfde lichaam als ik een jaar geleden had. Dus als ik mijn lichaam voortdurend vernieuw, kan ik er ook een beter lichaam van maken.'

6 *Negatief*: 'Ik weet dat ik meer moet bewegen, maar ik blijf nooit gemotiveerd genoeg.'

Positief: 'Ik hoef niet te fitnessen als dat op dit moment te moeilijk voor me is. Ik hoef alleen maar te bewegen en er zijn ontzettend veel manieren waarop ik dat kan doen. Sommige daarvan, zoals dansen of eenvoudige yogaoefeningen, vind ik zelfs leuk. Als ik eenmaal weer weet hoe goed het voelt om lekker te bewegen, zal motivatie geen probleem meer zijn.'

7 *Negatief*: 'Ik weet wel wat ik moet eten, maar ik geef toe aan verleidingen en een haast onbedwingbare trek.'

Positief: 'Een onbedwingbare trek betekent dat mijn lichaam naar bevrediging zoekt. Ik geef het wat het wil door me op mijn lichaam af te stemmen en naar mijn lichaam te luisteren. Ik wil me graag vervuld en voldaan voelen en eten is niet de enige manier om dat te bereiken. Hoe gelukkiger ik mezelf maak, hoe minder ik naar eten en drinken zal grijpen.'

8 *Negatief*: 'Het is gewoon te moeilijk allemaal.'

Positief: 'Het moeilijkste was dat ik me allerlei dingen moest ontzeggen, veel discipline moest opbrengen en moest vechten tegen het hongergevoel. Die dingen doe ik niet meer. Het is helemaal niet moeilijk om bevrediging te vinden en dat is mijn nieuwe weg.'

Het vervangen van oude gedachten door nieuwe is eigenlijk een soort hersentherapie, waarbij je gebruikmaakt van het vermogen van het hogere brein om overtuigingen te creëren. Denken is een complexe aangelegenheid, maar overtuigingen ontlenen hun kracht aan het feit dat ze zijn gekoppeld aan emoties. Tegenwoordig weten we dat we herinneringen voornamelijk bewaren doordat we er bepaalde emoties bij voelen. Allerlei dingen kunnen je jarenlang bijblijven, variërend van je eerste kus tot het krijgen van een standje van je juf in groep 1, terwijl gebeurtenissen die geen emotionele waarde voor je hebben snel vervagen. (Kun je je bijvoorbeeld de eerste keer herinneren dat je je tanden hebt gepoetst of je bed hebt opgemaakt? Herinner je je de eerste fles afwasmiddel die je ooit hebt gekocht of hoe vaak je vorige week je auto hebt geparkeerd?)

Het systeem van overtuigingen van mensen met overgewicht kan worden gekarakteriseerd met woorden die een emotionele lading hebben: *vet, mislukkeling, lui, gulzig, slordig, vraatzuchtig, lelijk* en ga zo maar door. We moeten deze beladen woorden vervangen door andere woorden die net zo emotioneel beladen maar positief zijn. Als je je goed wilt voelen, moet je brein chemische boodschappen sturen naar specifieke receptoren. Als deze receptoren op een positieve manier worden beladen krijg je van eten en drinken niet het bevredigende gevoel dat je er voorheen van kreeg. Dit kun je vergelijken met drugsverslaafden bij wie de receptoren voor pijn en genot zo zwaar belast zijn dat ze steeds meer van de drug nodig hebben om nog enige bevrediging te ervaren. Als je de hele dag blijft eten, wordt je breinrespons steeds zwakker. Het natuurlijke evenwicht tussen honger en verzadiging wordt erdoor verstoord. Je gooit dan als het ware vochtig hout op een vuur. Je gebruikt de juiste brandstof, maar die vat geen vlam.

Op elk niveau gevoed

De volgende woorden zijn positief gekleurd: licht, vitaal, succes, winnaar, bevredigd, stralend, vernieuwd, vrij. Als je die woorden in je brein prent, versterk je nieuwe neurale paden die elke cel in je lichaam beïnvloeden. Dankzij de connectie tussen lichaam en geest, die holistisch van aard is, beïnvloedt elk woord je als complete persoon. Elk niveau van ons leven wordt gevoed. 'Gevoed' is in feite het woord waarmee je de verandering van je levensverhaal het best kunt omschrijven.

Ongetwijfeld begrijp je wel waarom. Voedsel bevredigt onze behoefte om ons gevoed te voelen; het is het tegenovergestelde van ontzegging. Doordat we complexe wezens zijn, associëren we onze voeding met allerlei eraan gerelateerde ervaringen: ons thuis, onze moeder, onze kindertijd, onze familie, samenzijn, warmte, bescherming, overvloed, geven. Dit zijn krachtige labels voor diepgaande ervaringen. Als je ze vermengt met negatieve en even diepgaande ervaringen, raakt het positieve vervuild. Ik zeg niet dat je verhaal alleen het zoete mag beschrijven en geen zware elementen mag bevatten; het voeden van je brein met propaganda is niet goed en heeft ook geen zin. In ieders leven gaan die krachtige labels (moeder, thuis, familie, kindertijd) ook gepaard met herinneringen aan pijn en verdriet. Maar de realiteit vernieuwt zich voortdurend. Als je in je leven vooruit wilt komen, moet je kiezen voor nieuwe boodschappen. Er is geen enkele reden waarom je gevangen zou moeten blijven zitten in je oude conditionering en negatieve herinneringen.

Actiepunt: gevoed door 'licht'

Je kunt aan jezelf bewijzen hoe 'voedzaam' een nieuw woord kan zijn als je het als persoonlijk thema gaat gebruiken. Laten we het woord 'licht' nemen. Aangezien 'licht' het tegenovergestelde is van 'zwaar', is het een van de beste woorden die we voor onze doeleinden kunnen gebruiken. Hoe meer licht je in je leven brengt, hoe gemakkelijker het wordt om kilo's kwijt te raken. Waarom? Omdat licht zoveel positieve ervaringen bestrijkt. Kijk eens naar de volgende toepassingen van het woord 'licht':

verlicht
verlichting
lichthartig
het licht van god
het licht van de ziel
lichtvoetig
het licht van mijn leven

Als deze dingen allemaal deel zouden uitmaken van je leven zou je lichaam veel gemakkelijker licht kunnen zijn. Je geest zou dan boodschappen versturen die het tegenovergestelde zijn van zwaar, traag, log, moe, saai, donker, onverlicht. Bevrijd jezelf van de negatieve boodschappen en laat je lichaam zich richten naar lichtheid in al haar betekenissen.

Tegen deze achtergrond kun je licht op verschillende manieren gaan gebruiken, beginnend met de fysieke sensatie van licht zijn.

Oefening: vullen met licht

Ga alleen in een rustige ruimte zitten. Doe je ogen dicht en haal een paar keer diep adem tot je het gevoel hebt dat je lekker bij jezelf bent en klaar om de oefening te doen. (Je kunt beter rechtop zitten dan achteroverleunen in een stoel.)

Haal normaal adem en visualiseer bij elke inademing dat je borstkas met licht wordt gevuld. Het licht is zacht, warm en wit. Zie hoe je borstkas helemaal wordt overgoten met het licht. Adem nu op een normale manier uit, maar houd het licht in je vast.

Adem bij je volgende inademing meer licht in. Zie hoe het licht dat je borstkas vult zich ook over de rest van je lichaam verspreidt en naar je buik stroomt. Forceer de visualisatie niet en maak je geen zorgen als je het licht niet goed kunt zien; zelfs een vage indruk van wit licht is al voldoende.

Bij elke ademhaling laat je het licht je armen overgieten en vervolgens je handen, helemaal tot je vingertoppen. Laat het licht over je benen en voeten stromen tot aan de tenen. Stuur het licht ten slotte naar je hoofd en laat het je hoofd via de kruin verlaten als een bundel die heel hoog reikt.

Blijf nog enkele momenten met je aandacht bij het licht, til vervolgens je armen op en laat ze zweven alsof het licht ervoor zorgt dat ze naar boven bewegen. Je bent als een ballon die volledig met licht is gevuld. Geniet van dit gevoel en open vervolgens je ogen.

Dit is een goede oefening om gevoelens van traagheid, zwaarte, vermoeidheid en somberheid tegen te gaan. Het gevoel fysiek licht te zijn creëert in combinatie met de visualisatie van innerlijk licht een grote verandering in de manier waarop je naar je lichaam kijkt. Maar je kunt nog veel meer doen met het thema 'licht'.

- Kies lichter voedsel, hoe verser en natuurlijker hoe beter.
- Drink lichtere dranken; bronwater met een smaakje in plaats van frisdrank bijvoorbeeld, of alcoholvrij bier.
- Doe één keer per dag iets waarvan je een lichthartig gevoel krijgt.
- Wees aardiger voor jezelf en andere mensen, wees lichter van oordeel.
- Draag lichtere kleuren en lichtere stoffen.
- Voel je je gelukkig, laat je licht dan stralen zodat anderen het kunnen zien.
- Sta in het licht door met mensen om te gaan die je inspireren.
- Lees inspirerende poëzie en spirituele literatuur, zodat je ziel wordt gevoed.

Als je eenmaal doorhebt dat licht je op elk niveau voedt, is het een fantastisch thema om mee te spelen. Elke betekenis van een woord kan worden omgezet in talloze praktische handelingen. Een leven dat wordt geleid in het licht is het beste leven dat je je kunt wensen.

Elk levensverhaal is zo complex dat er behoefte is aan eenvoud, zodat je kunt veranderen zonder verdwaald te raken in het onkruid. En laten we eerlijk zijn, het alledaagse bestaan kan aardig overgroeid raken met onkruid door alle soorten afleiding, complicaties, ongelukken en obstakels die we tegenkomen. Iedereen kan baat hebben bij het gebruik van dit eenvoudige model van thema's of labels. Al kies je maar twee thema's uit het rijtje dat we hebben besproken, *licht* en *voedzaam*, je leven zal totaal worden getransformeerd.

Laat de boodschap binnenkomen

Laten we eens wat dieper ingaan op de connectie tussen lichaam en geest. De woorden in je hoofd volgen een circulaire route die functioneert als terugkoppelingsmechanisme.

Je hebt een gedachte.
De gedachte wordt in je brein geregistreerd.
Het brein stuurt chemische signalen naar elke cel in je lichaam.
De cellen reageren en sturen een boodschap terug naar het brein.

Terwijl via deze route terugkoppeling plaatsvindt, ervaar je een nieuwe sensatie, emotie of gedachte. Sommige aspecten merk je echter niet op. Dat is de reden waarom het enkele decennia heeft geduurd voordat de moderne geneeskunde ontdekte dat elke mentale gebeurtenis ook het lichaam beïnvloedt. Het onderzoek dat leidde tot de ontdekking van de microscopisch kleine neurotransmitters (die boodschappen overbrengen van cel naar cel) verliep zeer moeizaam.

Het veranderen van negatieve input naar positieve input maakt een wereld van verschil. Een aantal basisprincipes is op iedereen van toepassing (ervan uitgaande dat er geen sprake is van ernstige fysieke aandoeningen of psychische stoornissen). We hebben ze al besproken, maar het is goed om specifiek te zijn.

Principe 1: om je lichaam te veranderen moet je eerst het verhaal over jezelf veranderen.
Principe 2: elk verhaal heeft als thema hoe je gelukkig kunt zijn.
Principe 3: als je een manier vindt om gelukkig te zijn die beter is dan te veel eten, herstelt je lichaam zijn natuurlijk evenwicht.

Als je kampt met chronisch overgewicht verdienen een of meer van deze basisprincipes je aandacht. Je bent zelf de schrijver van je eigen verhaal. Ik zal je een voorbeeld geven van de manier waarop je de controle over de plot kwijt kunt raken, ook al is dat niet nodig.

Jerry is 45 jaar oud en heeft een vaste baan. Hij heeft dit jaar een moeilijke scheiding meegemaakt. We zijn nu tien maanden verder en kennelijk heeft Jerry troost gezocht in te veel eten want hij is flink aangekomen. Daar ligt hij echter niet wakker van; hij is nog niet op zoek naar een nieuwe relatie. Hij kan het zich veroorloven zich een beetje te laten gaan. Dat is een van de voordelen van het weer vrijgezel zijn.

Een maand later gaat Jerry naar de dokter voor de jaarlijkse controle. Hij vertelt de assistente dat ze een fout heeft gemaakt, omdat hij volgens haar bijna 10 kilo zwaarder weegt dan het jaar daarvoor. Maar de weegschaal liegt niet en Jerry's huisarts constateert een verhoogde bloeddruk en een bloedsuikerniveau dat hij 'prediabetisch' noemt. Er moet iets gebeuren. Jerry wordt meteen lid van een sportschool. Hij stopt met de pizza's die hij sinds de scheiding ontzettend veel at, maar doordat hij zo hard werkt kan hij maar twee keer per week naar de sportschool. Hij begint een relatie met een vrouw die volgens hem geen enkel probleem met zijn gewicht heeft. Zelf is ze de laatste tijd ook wat aangekomen en hoewel Jerry niet zo blij is met zijn medische staat van dienst, geniet het koppel met volle teugen van dure restaurantbezoekjes. Hij begint zijn situatie op allerlei manieren te rationaliseren.

> Voor mijn leeftijd zie ik er nog goed uit en ik voel me goed.
> Ik heb een moeilijke tijd gehad. Ik kan de teugels wel een beetje laten vieren.
> Ik heb het nooit leuk gevonden als andere mensen over mijn gewicht zaten te zeuren.
> Ik ben een volwassen kerel. Ik kan eten wat ik wil.
> Veel mensen zijn zwaarder dan ik.

Dit verhaal kent geen slechterik, maar bevat wel een gestage stroom van gedachten en gevoelens die geleidelijk leiden tot een slecht resultaat. En terwijl dit alles in Jerry's gedachten gaande was, lette de terugkoppellus tussen lichaam en geest heel goed op.
Je geest is enorm krachtig, dus als je je verhaal wilt gaan veranderen heb je enkele richtlijnen nodig.

1 Je bent je lichaam niet. Je bent de schepper van je lichaam.
2 Je hebt je huidige lichaam gecreëerd met behulp van bewuste en onbewuste gedachten.
3 Je kunt door middel van bewuste keuzen een nieuw lichaam creëren.
4 Je lichaam is een werkwoord (een proces), niet een zelfstandig naamwoord (een onveranderlijk object).
5 Je recyclet je materiële lichaam (bijna alles) één keer per jaar (je maagwand één keer in de vijf dagen, je huid één keer per maand, je

skelet één keer in de drie maanden, je lever en genetische materiaal één keer in de zes weken).

6 Je verandert constant de activiteit van je genen met behulp van de signalen die je door middel van je gedachten, emoties en gedrag verstuurt.

Doordat mensen zichzelf in de spiegel zien als een vast object dat geïsoleerd in de ruimte staat, begrijpen ze niet dat het lichaam helemaal geen ding is. Het is een constant verschuivend proces. Stel je een gebouw voor dat op alle andere gebouwen lijkt; maar als je dichterbij komt zie je dat de bakstenen voortdurend uit de constructie vliegen en door nieuwe bakstenen worden vervangen. Dat is je lichaam. Hoewel je skelet bijvoorbeeld een vaste vorm lijkt te hebben, wisselt het voortdurend calcium uit met de rest van het lichaam en terwijl deze atomen in beweging zijn, reageren hun vervangers op verandering. Het skelet van een marathonloper ziet er op celniveau totaal anders uit dan het skelet van iemand die een zittend leven leidt. Zelfs het dragen van een nieuw paar schoenen is voldoende om de vorm van de botten in je been te veranderen. Toen je twintig was, bestond je bovenbeen uit twee keer zoveel spierweefsel als vetweefsel. Als je weinig beweegt, heb je als je vijftig of zestig jaar oud bent twee keer zoveel vetweefsel als spierweefsel.

Hoewel je organen in principe altijd dezelfde vorm hebben, wisselen ze constant hun fundamentele bouwstenen uit. Daarom zeg ik altijd dat het lichaam een werkwoord is en geen zelfstandig naamwoord. Mensen zijn altijd verrast als ze ontdekken dat dit ook voor hun genen geldt. Je kunt de genen waarmee je bent geboren niet kwijtraken en er ook geen genen bij krijgen, maar genen zijn niet onveranderlijk; ze worden door een groot aantal factoren geactiveerd en gedeactiveerd. Dr. Dean Ornish en zijn collega's van de Universiteit van Harvard hebben aangetoond dat tot wel vijfhonderd genen hun output veranderen als iemand in zijn of haar levensstijl positieve veranderingen aanbrengt zoals een beter dieet, enige mate van lichaamsbeweging, meditatie en stressmanagement.

Het grootste obstakel: tegenstrijdige boodschappen

Als de geest zo sterk is, waarom voelen mensen zich dan zo machteloos als ze willen veranderen? Dat komt door de tegenstrijdige boodschappen die binnen de connectie tussen lichaam en geest worden verwerkt. Iedereen die te veel eet, weet hoe het voelt om tegen eetbuien te vechten en deze strijd te verliezen. Dat is een perfect voorbeeld van twee conflicterende boodschappen. De ene boodschap zegt: 'Ik moet er niet aan toegeven,' de andere boodschap zegt: 'Ik kan mezelf niet tegenhouden.'

Als je een momentopname van je geest zou kunnen maken wanneer je een verleidelijke snack pakt, zou je een goed inzicht krijgen in de keuze tussen 'eet hem op' en 'eet hem niet op'. Jouw verhaal dat bij dat moment past gaat als volgt: 'Ze had niet echt honger, dus at ze een wortel in plaats van een reep chocola.' De realiteit is echter niet altijd zo eenvoudig. Sterker nog, dat is zelden het geval. Allerlei mentale gebeurtenissen vinden tegelijkertijd plaats. Je zou het kunnen vergelijken met zes telegrammen die tegelijkertijd worden bezorgd, terwijl op die telegrammen het volgende te lezen is:

Ik heb haast, ik heb geen tijd voor een gewone maaltijd.
Ik ben rusteloos.
Suiker geeft me een goed gevoel.
Op dit moment heb ik even geen tijd om me met de voedzaamheid van wat ik eet bezig te houden.
De snoepautomaat staat vlakbij.
Kon ik mezelf maar tegenhouden.

Alle telegrammen komen tegelijkertijd op dezelfde plek aan. Vervolgens maak je een keuze. Welke keuze is dat? De meeste volwassenen weten wel wat de meest rationele keuze zou zijn als het gaat om gezondheid, gewicht, voedzaamheid en een algeheel gevoel van bevrediging, namelijk de snoepautomaat laten voor wat hij is. Maar vijf van de zes telegrammen proberen je zover te krijgen dat je gaat eten. Slechts één telegram is duidelijk en rationeel. De snackindustrie verdient goud geld door erop te vertrouwen dat je niet rationeel bent en toegeeft aan je impulsen, waarbij je vergeet wat goed voor je is en die chocoladereep oppeuzelt.

Het ironische van het feit dat miljoenen mensen niet-voedzame producten boordevol suiker in hun lichaam stoppen is dat jij de enige bent die controle heeft over de connectie tussen lichaam en geest. De woorden 'ja' en 'nee' zijn je niet onbekend en je weet hoe je de voor- en nadelen van de beslissingen die je neemt tegen elkaar moet afwegen. Je hele leven bestaat uit het maken van keuzen maar er is maar één reden waarom er iets misgaat in de connectie tussen lichaam en geest: de zes telegrammen bevatten tegenstrijdige boodschappen. Dit leidt tot een toestand die pas recentelijk door neurowetenschappers is ontdekt en *cross-inhibition* wordt genoemd. Dat is een wetenschappelijke term voor de tegenstrijdige boodschappen in ons hoofd. Iedereen die worstelt met zijn gewicht weet hoe de strijd meestal verloopt:

'Ik moet niet toegeven' tegenover 'Ik geef toch toe'.
'Dit is niet goed voor me' tegenover 'Maar het is zo lekker'.
'Ik mag mezelf niet op deze manier teleurstellen' tegenover 'Nou en? Dat doe je toch de hele tijd?'

Tegenstrijdige boodschappen: wie gaat er met de winst vandoor?

De boodschappen in ons hoofd doen meer dan alleen tegen ons praten. Ze proberen ook de andere boodschappen te verdringen. Dat gebeurt letterlijk, zoals uit geavanceerd hersenonderzoek blijkt. De groep neuronen die de ene boodschap verstuurt ('Pak dat ijsje nu niet') zendt chemische signalen uit om de tegenovergestelde boodschap te blokkeren die door een andere groep neuronen wordt verstuurd ('Ga gerust je gang. Eet dat ijsje maar lekker op'). In dit opzicht lijkt je brein op sommige bomen, zoals de Californische sequoia en de zwarte walnotenboom. De wortels van deze bomen scheiden stoffen uit die voorkomen dat andere bomen die in de buurt staan ontspruiten. Maar in het geval van *cross-inhibition* komt de aanval van chemische stoffen van beide kanten. Er moet echter een keuze worden gemaakt en je brein is zo geprogrammeerd dat één boodschap uiteindelijk zal zegevieren; anders zou je voortdurend besluiteloos zijn.

Cross-inhibition is prima als de winnende boodschap de juiste is. Je brein is ongelooflijk efficiënt in het vereenvoudigen van complexe beslissingen tot ja en nee. Denk maar eens aan alle factoren die betrokken zijn bij de keuze voor een universiteit of een levenspartner of het wel of niet krijgen van kinderen. Het zou ondraaglijk zijn als je voortdurend besluiteloos was. Je brein zit zo in elkaar dat je een keuze zult maken. Nog fascinerender is echter dat als 'ja' wint van 'nee', je het gevoel hebt dat je beslissing definitief is. Meestal voelt de beslissing ook goed en juist.

Soms hebben de slechte boodschappen echter de overhand en dan kom je in de problemen. Je hebt geen goed gevoel over je keuzen. Je voelt dan spijt ('Ik kan niet geloven dat ik die hele reep heb opgegeten'). Waardoor is de impuls om te veel te eten zoveel sterker dan de impuls om dat niet te doen? Dat heeft niet per se iets met honger te maken. De connectie tussen lichaam en geest vertelt een ander verhaal. Negatieve boodschappen kunnen de overhand krijgen doordat ze zo vaak worden herhaald. Hierdoor vinden er in het brein veranderingen plaats die ervoor zorgen dat je vaker toegeeft aan je trek.

Als de negatieve boodschappen winnen:

1. gewoonte;
2. een geschiedenis van verkeerde keuzen;
3. een gevoel van mislukking;
4. een gebrek aan impulsbeheersing;
5. druk vanuit de familie en de groep.

Wellicht herinner je je niet alle keren dat deze negatieve boodschappen het van de positieve boodschappen wonnen, maar je lichaam herinnert zich dat wel dankzij de ingesleten neurale paden in je brein.

De Anonieme Overeters en andere steungroepen proberen de weegschaal de andere kant op te duwen. Je kunt een persoonlijk begeleider of buddy opbellen en die persoon herhaalt de positieve boodschappen die door moeten komen. Die zijn tegenovergesteld aan de negatieve boodschap. Wat voelt als morele steun, is eigenlijk een tactiek om het brein te herprogrammeren.

Als de positieve boodschappen winnen:

1. vind je een manier om een slechte gewoonte te doorbreken;
2. creëer je een patroon van juiste keuzen;
3. voel je je succesvol;
4. heb je controle over je impulsen;
5. word je niet zodanig beïnvloed door je familie en groepsdruk dat je te veel eet om erbij te horen.

Deze twee lijsten wijzen op een waardevolle conclusie. We worden te dik doordat de boodschappen die ervoor zorgen dat we te veel eten het tot nu toe hebben gewonnen van de boodschappen die zeggen: 'Je hoeft dit niet op te eten'. (Als je jezelf zorgvuldig in de gaten houdt, blijkt deze conclusie juist. Als aan te zware mensen wordt gevraagd alles op te schrijven wat ze gedurende een dag eten, blijkt dat ze vrijwel allemaal meer calorieën binnenkrijgen dan ze denken.) Als de negatieve boodschappen maar vaak genoeg hebben gewonnen, is de 'eetboodschap' in het brein ingesleten en deze programmering zorgt ervoor dat in de toekomst onbedwingbare trek ook elke keer met de winst gaat strijken.

Als je echter voldoende overwinningen op de 'eetboodschappen' hebt behaald, wordt het evenwicht hersteld. Er worden nieuwe neurale paden in het brein gevormd. Als de hongerimpuls de kop opsteekt, is er sprake van een meer gelijke strijd en na verloop van tijd zal de trek verdwijnen. Als dat punt is bereikt is de connectie tussen lichaam en geest weer gezond. Je krijgt dan ook weer een gezond gewicht.

Er zijn twee dingen die je uit deze discussie over *cross-inhibition* moet onthouden.

1. Tegenstrijdige boodschappen proberen in het brein de overhand over elkaar te krijgen.
2. Hoe meer je naar de positieve boodschappen luistert, hoe gemakkelijker die de strijd van negatieve boodschappen kunnen winnen.

Actiepunt: kies voor een betere boodschap

Als je de drang voelt om tussen maaltijden door iets te eten, dan is dat het gevolg van een boodschap van je brein. Dergelijke impulsen zijn snelle en krachtige boodschappen. Vandaar dat het vrijwel onmogelijk is ze meteen in bedwang te houden. In plaats van weerstand te bieden tegen de drang om iets te eten, kun je beter wachten tot de rest van je brein heeft kunnen reageren. Het deel dat bij besluitvorming betrokken is reageert langzamer maar als je je brein herprogrammeert, wordt het steeds gemakkelijker om goede keuzen te maken terwijl de impulsen weer in evenwicht worden gebracht.

De volgende keer dat je een haast onbedwingbare trek hebt, kun je de S-T-O-P-techniek gebruiken:

S = Stop waar je mee bezig bent.

T = Neem een adempauze van een minuut. Tel rustig je in- en uitademing gedurende twintig seconden en doe dat als volgt: 1 op de inademing, 2 op de uitademing, 3 op de inademing enzovoort.

O = Observeer de lichamelijke sensatie van het hongergevoel. Geef het gevoel een cijfer van 1 tot 5, waarbij 5 staat voor 'totaal uitgehongerd' en 1 voor 'niet echt honger'.

P = Pak de draad weer op met bewuste aandacht.

Het doel van deze techniek is je zover te krijgen dat je de draad weer oppakt met bewuste aandacht omdat dit erop wijst dat je hogere brein nu deelneemt aan je innerlijke gesprek. Met bewuste aandacht de draad weer oppakken betekent dat jij beslist wat je volgende stap is, wat veel beter is dan als een robot de impuls van je lagere brein gehoorzamen als je de controle erover bent kwijtgeraakt.

Welke bewuste keuzen kun je nu maken? Hieronder staan enkele suggesties.

- Drink een vol glas water. Hierdoor bevredig je het verlangen naar een vol gevoel en water onderdrukt de eetlust.
- Eet tien amandelen of een sneetje volkorenbrood of vijf crackertjes. Een bescheiden inname van 100 tot 200 calorieën zorgt ervoor dat het hongergevoel één à twee uur wordt onderdrukt (uit een onderzoek waarin universitaire studenten werd gevraagd voor elke maaltijd een sneetje volkorenbrood te eten, bleek dat ze zonder er iets anders voor te doen een aanzienlijk gewicht kwijtraakten).
- Lees gedurende tien minuten een interessant boek of een interessant artikel en ga vervolgens na of je nog steeds honger hebt.

Zelf eet ik tien noten als ik trek heb. Deze truc is voor mij bijzonder effectief. Soms behaal je met de eenvoudigste keuzen de beste resultaten.

Maak je een keuze die ertoe leidt dat je niet toegeeft aan je trek, vier dat overwinninkje dan even. 'Ik heb de juiste keuze gemaakt, wat goed van mij' is een krachtige boodschap als ze gedurende een aantal weken en maanden talloze keren wordt herhaald; ze bevestigt immers telkens dat het maken van eigen keuzen beter is dan toegeven aan een onbedwingbare trek.

Dit actiepunt maakt je bewust van wat je doet en afvallen heeft alles te maken met bewuste keuzen. Net als bij rokers die hun nicotineverslaving hebben overwonnen, is herhaling de sleutel. Hoe vaker je probeert te stoppen, hoe groter de kans op succes. Dat is de reden waarom mensen die erin zijn geslaagd te stoppen met roken degenen zijn die dat al heel vaak hebben geprobeerd, net zo vaak als ze er weer mee begonnen. Uiteindelijk wint de beslissing om niet toe te geven aan de hunkering naar een sigaret. Herhaling maakt je stap voor stap sterker. Hetzelfde geldt voor de beslissing om niet meer te veel te eten.

Persoonlijke invulling: thema's voor de week

In dit hoofdstuk ben je manieren tegengekomen om het verhaal over jezelf te herschrijven en heb je onder andere kennisgemaakt met de thema's 'licht' en 'voeden'. Andere thema's werken net zo goed. Als deze aanpak je aanspreekt, kun je op elke dag van de week een ander thema nemen. Er zijn talloze manieren waarop je een oud thema kunt vervangen door een nieuw dat positiever is en lichaam en geest stimuleert.

Maandag: verander *passief* in *actief*.

Dinsdag: verander *saai* in *levendig*.

Woensdag: verander *routinematig* in *verrassend*.

Donderdag: verander *muf* in *fris*.

Vrijdag: verander *pessimistisch* in *optimistisch*.

Zaterdag: verander *werk* in *ontspanning*.

Zondag: verander *gewoontjes* in *inspirerend*.

Hieronder staan specifieke suggesties om je op weg te helpen. Als je eenmaal bent begonnen, komen er wel andere mogelijkheden in je op.

Maandag: verander *passief* in *actief*.

Kies een passieve activiteit die overdag plaatsvindt. Tv-kijken zal bij de meeste mensen boven aan hun lijstje staan. Vervang deze activiteit bijvoorbeeld door een wandeling. In plaats van de lift, kun je de trap nemen. In plaats van voortdurend anderen aan het woord te laten, kun je het gesprek een richting geven die jou interesseert. Terwijl je dit soort dingen doet, herhaal je in gedachten de volgende boodschap: 'Nu ben ik actief.'

Dinsdag: verander *saai* in *levendig*.

Geef je eigen definitie aan het woord 'levendig': een heldere kleur, een pittige smaak, een sprankelend gesprek. Breng vandaag levendigheid in de normale gang van zaken. Draag een helderdere kleur, eet een pittiger of kleurrijker maaltijd. Kijk op YouTube naar regenbogen of naar een fontein in de zon. Terwijl je dit soort dingen doet, herhaal je in gedachten de volgende boodschap: 'Nu ben ik levendig.'

Woensdag: verander *routinematig* in *verrassend*.

Je kunt het leven comfortabel maken door een vaste routine te volgen maar zonder enige vorm van opwinding zou het bestaan maar saai zijn. Vandaag verander je iets aan je dagelijkse routine. Ga naar een leuk nieuw restaurant of ga op zoek naar een leuke nieuwe winkel. Als je met de trein naar je werk gaat, lees je niet de krant maar iets wat je inspireert. Maak iemand van wie je houdt blij met een kaartje waarmee je uitdrukt dat je hem of haar fantastisch vindt. In je intieme relatie kun je iets spannends in bed voorstellen. Je kunt bijvoorbeeld een van jouw fantasieën delen met je partner of iets nieuws uitproberen waardoor je enorm wordt geprikkeld. Terwijl je dit soort dingen doet, herhaal je in gedachten de volgende boodschap: 'Nu ben ik verrassend en spannend.'

Donderdag: verander *muf* in *fris*.

Elk thema heeft een brede betekenis. Met het woord 'fris' kun je vele kanten op. Gooi vandaag al het oude brood weg en koop vers fruit en verse groenten. Zet verse bloemen op tafel. Ontdek iets nieuws aan een oude vriendin en zeg tegen haar dat je dat in haar bewondert. Terwijl je dit soort dingen doet, herhaal je in gedachten de volgende boodschap: 'Nu breng ik wat frisheid in mijn leven.'

Vrijdag: verander *pessimistisch* in *optimistisch*.

Er is niet veel voor nodig om terecht te komen in een sleur waarin we klagen over de toestand waarin de wereld verkeert. Vandaag ga je eens kijken hoe je een pessimistische geesteshouding kunt ombuigen tot een positief gezichtspunt. Denk in termen van hoop, nieuwe mogelijkheden, de goedheid van de mens, de helende kracht van tijd. Probeer een manier te vinden om met mensen die lijden mee te voelen in plaats van henzelf de schuld te geven van de situatie waarin ze verkeren. Kijk op dezelfde manier naar je eigen toekomst en zeg tegen jezelf dat er ongetwijfeld verbetering komt in de dingen die niet zo goed gaan. Terwijl je dit soort dingen doet, herhaal je in gedachten de volgende boodschap: 'Nu ben ik optimistisch.'

Zaterdag: verander *werk* in *ontspanning*.

Het weekend is bedoeld voor spel en ontspanning maar we gebruiken het maar al te vaak voor achterstallig werk, hetzij in en rond het huis, hetzij werk dat we mee naar huis hebben genomen. Zoek vandaag naar een manier om te genieten van recreëren en maak er ook echt 're-creatie' van. Doe een activiteit waarvan je een 'vernieuwd' gevoel krijgt. Plant een boom, ga met kinderen buiten met stoepkrijt tekenen, verken dat bosgebied bij jou in de buurt, sta vroeg op en kijk naar de zonsopgang. Als je dit soort dingen doet, herhaal je in gedachten de volgende boodschap: 'Nu "re-creëer" ik mezelf.'

Zondag: verander *gewoontjes* in *inspirerend*.

Eén dag van de week moet bijzonder zijn en niets is zo bijzonder als in contact komen met je meest verheven visie. Lees vandaag inspirerende Bijbelteksten of poëzie. Kijk naar grootse kunst, luister naar meesterwerken uit de muziekwereld; kies iets wat je ziel voedt. Terwijl je dit soort dingen doet, herhaal je in gedachten de volgende boodschap: 'Nu voel ik me geïnspireerd.'

Puurheid, energie en balans

Kernpunten

- Een ideaal dieet is gebaseerd op drie thema's: puurheid, energie en balans.
- Puurheid heeft betrekking op het verwijderen van toxinen en de terugkeer naar de natuur.
- Energie gaat over meer dan brandstof leveren aan je lichaam; er ontstaat een hogere vorm van energie als je geniet van wat je eet.
- Balans gaat over de aanpassing van je lichaam aan het leven dat je wilt leiden.

Zelf heb ik een manier gevonden om te leven volgens het verhaal dat ik wilde verwerkelijken. Een van de thema's die we al hebben besproken, licht, werd voor mij een centraal thema. Dat is het nog steeds. Ik eet niet alleen lichter, maar ik streef ernaar de last van stress zo veel mogelijk te verlichten en te voorkomen dat ik iets toevoeg aan de last van anderen. Ik houd me al dertig jaar bezig met de vraag wat het woord 'verlichting' betekent en hoe je verlichting kunt bereiken. Het is prachtig hoe thema's een verhaal in zoveel dimensies kunnen veranderen. Ze beïnvloeden alles: de geest, het lichaam, emoties en de ziel.

Ik hoop dat je de voordelen van lichtheid al hebt ervaren, om te beginnen door het eten van meer salades, fruit en groenten en het eten van kleinere porties. Maar je kunt pas alle vruchten plukken als je een thema holistisch benadert. Door in dit hoofdstuk drie nieuwe thema's toe te voegen kunnen we dichter bij een ideaal dieet komen en, belangrijker nog: je gaat beter aanvoelen welk verhaal je in je leven wilt verwerkelijken. De nieuwe thema's zijn:

puurheid
energie
balans

Dit zijn bekende thema's en een van de bemoedigende tendensen in de westerse eetcultuur is dat mensen steeds meer waarde hechten aan een dieet dat pure, dat wil zeggen natuurlijke, producten bevat. Maar dit heeft ook een tegeneffect dat naleving van dit dieet bemoeilijkt. 'Zo moet ik eten' zorgt vaker voor een minder sterke dan voor een sterkere motivatie. Aan 'Zo geniet ik van wat ik eet' hoeft geen geheven vinger te pas te komen; die toestand bereiken we volgens een natuurlijk proces. Het is mijn doel je zover te krijgen dat je de voorkeur geeft aan een dieet dat puur, rijk aan energie en in balans is omdat je daarvan veel meer geniet dan van enig ander dieet.

Puurheid

De opeenhoping van toxinen in het mind/body-systeem leidt tot een onbeheersbare gewichtstoename, een versneld verouderingsproces en verstoorde lichaamsfuncties. Het elimineren van toxinen activeert het zelfvernieuwend vermogen van het lichaam en bevordert de terugkeer naar het natuurlijke evenwicht. Toxinen moeten worden verwijderd uit het lichaam, de geest en de ziel.

Deze passage is een samenvatting van de algemene doelstelling van puurheid als thema in je leven. Het tegenovergestelde van puur of zuiver is onzuiver, toxisch, vervuild, onecht enzovoort. Er kan veel worden gezegd over het elimineren van toxische gevoelens en relaties. Elk thema werkt het best als je het holistisch toepast. Hier richten we ons als startpunt vooral op voeding.

Wel:

- Zoals eerder gezegd: gooi alle oude, niet-verse producten weg.
- Koop zo min mogelijk bewerkte producten.
- Bewaar groenten en fruit zo dat ze zo vers mogelijk blijven.
- Liever volkorenproducten en natuurlijke grondstoffen.
- Geen geharde vetten en transvetten.
- Koop biologische producten (als je je dat kunt veroorloven).
- Liever donkergroene groenten, zoals spinazie en boerenkool en de rest van de koolfamilie (waaronder broccoli en bloemkool).

Niet:

- Restjes eten die niet meer vers zijn.
- Koken met geharde vetten en transvetten.
- Oude olie gebruiken.
- Bewerkte voedingsmiddelen kopen die een lange lijst additieven bevatten.
- Pakjes en ingeblikt voedsel kopen, behalve de producten waaraan de minste en eenvoudigste additieven zijn toegevoegd, zoals citroenzuur en water.

In het begin vertelde ik je mijn verhaal over meer bewust gaan eten, wat tien jaar geleden als extreem zou zijn beschouwd. Meer dan ooit heb ik nu het gevoel dat het normale westerse dieet juist extreem is. Puurheid in ons voedsel en in water is een fundamentele eis die iedereen zou moeten stellen. Als je de intentie hebt je dieet volledig puur te houden, bestaat er een hele berg medisch bewijsmateriaal waarop je die intentie kunt baseren.

Je hebt geen geraffineerde suiker nodig om je verlangen naar zoetigheid te bevredigen. Honing, ahornsiroop en andere natuurlijke zoetstoffen zijn natuurlijke producten en dus veel beter voor je. Je kunt beter geen alcohol consumeren om jezelf te stimuleren, want alcohol heeft onmiskenbaar toxische effecten. Kijkend naar het gewicht verstoort alcohol het normale insulinegehalte doordat er in je lichaam sprake is van een plotselinge toename van de eenvoudigste suiker die in de natuur voorkomt, wat alcohol eigenlijk is. Je kunt toevoegingen en conserveringsmiddelen beter links laten liggen als niet bekend is welk effect ze op de lange termijn op het lichaam hebben. Bovendien komen er steeds meer van deze stoffen bij. Smaakversterkers heb je ook niet nodig; het enige wat die doen is je natuurlijke smaakzin afzwakken.

Stel je ten doel je dieet zuiver en puur te houden en ga er dan vol enthousiasme voor. Verander je leven niet uit angst. Puurheid is een positief thema dat bedoeld is om meer vreugde in het leven te ervaren.

Je kunt je dieet door middel van een eenvoudige stap direct zuiverder maken: gooi alles weg wat oud en niet meer vers is. Als je neus je vertelt dat iets niet vers is, gooi het dan weg. De chemie achter het steeds minder vers worden is zeer complex, maar wil je dat niet-verse producten een thema in je leven zijn? Vers, puur en natuurlijk zijn zulke populaire woorden dat adverteerders ze voortdurend gebruiken voor producten die helemaal niet vers, puur en natuurlijk zijn (bijvoorbeeld de 'verse' smaak van namaakslagroom, die vol zit met bewerkte vetten, toevoegingen en onnatuurlijke ingrediënten).

Binnen de preventieve geneeskunde is men steeds meer gaan kijken naar de schadelijke effecten van oxidatie. Oxidatie zorgt er onder andere voor dat ijzer roest, wijn bederft en een doorgesneden appel bruin wordt. In het lichaam is het oxidatieproces een stuk ingewikkelder maar de hoofdrolspelers zijn zwevende zuurstofatomen, ook wel bekend onder de naam *vrije radicalen*, die zich aan weefsels hechten met alle schadelijke gevolgen van dien. Sommige vrije radicalen zijn afkomstig uit onze omgeving (luchtvervuiling en sigarettenrook bijvoorbeeld), maar ze worden voornamelijk geproduceerd door ons lichaam. De nevenschade die door de vorming van vrije radicalen wordt aangericht is verantwoordelijk voor ziekte en veroudering. Veel van de meest voorkomende ziekten in onze samenleving zijn gerelateerd aan de schade die door vrije radicalen wordt aangericht, waaronder:

kanker
hart- en vaatziekten
beroerten
diabetes
artritis
osteoporose
prikkelbaredarmsyndroom
glaucoom (groene staar)
maculadegeneratie (veroudering van het netvlies)
de ziekte van Alzheimer

Andere schadelijke effecten zijn zichtbaar in de spiegel. Huidrimpels, grijzend haar en stijve gewrichten zijn eveneens het gevolg van de aanwezigheid van vrije radicalen. Het verband met overgewicht is dat je de schade verergert als je te veel eet en daar ook nogal wat oude, niet-verse restjes bij zitten. Het is niet mijn bedoeling mensen bang te maken voor vrije radicalen, want hun functie in het lichaam is zeer gecompliceerd en wordt nog niet helemaal begrepen (het aantal vrije radicalen neemt bijvoorbeeld drastisch toe op plaatsen waar zich een wond of snee bevindt en ze dragen bij aan het genezingsproces).

Verse voedingsmiddelen zijn niet geoxideerd en, beter nog, sommige voedingsmiddelen bevatte antioxidanten die de schadelijke effecten van vrije radicalen kunnen tegengaan. Een van de redenen waarom noten en op natuurlijke wijze verkregen plantaardige oliën zo gezond zijn, is dat ze veel vitamine E bevatten, een van de beste antioxidanten (de heilzame werking van vitamine E gaat echter verloren als bijvoorbeeld amandelen of olijfolie te lang in de kast staan en niet meer vers zijn). Hoe dan ook, er zijn dingen die de productie van vrije radicalen bevorderen en andere dingen die deze productie beperken. De volgende factoren bevorderen de vorming van vrije radicalen:

- roken;
- milieuvervuiling;
- alcoholgebruik;
- straling, waaronder overmatige blootstelling aan zonlicht;
- geroosterd en gerookt vlees;
- oude en gefermenteerde voedingsmiddelen, waaronder kazen;
- medicijnen voor chemotherapie;
- een hoge inname van verzadigde en geharde vetten (geharde vetten, meestal plantaardig bakvet, worden door middel van een chemisch proces hard gemaakt);
- stress en stresshormonen.

Het lichaam heeft een systeem voor het deactiveren van vrije radicalen en er zijn manieren waarop je dat systeem een handje kunt helpen, waaronder:

- meer voedingsmiddelen eten die rijk zijn aan antioxidanten, zoals vers fruit en verse groenten, granen, noten en bonen;
- kruiden en specerijen gebruiken die rijk zijn aan antioxidanten, zoals dille, koriander, rozemarijn, salie, tijm, munt, venkel, gember en knoflook;

vitaminen a, c en e als supplement innemen;
stoppen met roken, stoppen met overmatig alcoholgebruik en het gebruik van niet noodzakelijke medicijnen;
stressvermindering;
meditatie.

Het feit dat mensen te zwaar zijn beweegt hen er meestal niet toe iets te ondernemen ter voorkoming van deze aandoeningen. Het is overtuigend aangetoond dat obesitas is gerelateerd aan het consumeren van te veel vet, lege calorieën in suiker, allerlei soorten bewerkte voedingsmiddelen en maaltijden van fastfoodketens. Als je kiest voor puurheid, begin je met een omkeringproces.

Maar hoe zit het met het onvermogen van veel mensen om goed advies op te volgen? Het antwoord is dat puurheid deel moet gaan uitmaken van je plan voor het vinden van vervulling en voldaanheid.

'Pure' vervulling: stel je voor dat je zit te bedenken wat je voor de lunch wilt bestellen en dat je oog valt op 'Gemengde Mexicaanse schotel met rundvleesenchilada's en gebakken bonen'. Je hebt honger en het water loopt je in de mond bij het vooruitzicht van het eten van dit gerecht. De rundvleesenchilada's zouden je een bevredigd gevoel geven en als je geen gehoor geeft aan je verlangen, registreert je brein dat als een vorm van ontbering. Je moet dus een nieuwe keuze zien te vinden die net zo vervullend is. In deze situatie zullen sommige mensen even diep zuchten en zeggen: 'Ik wil me van mijn goede kant laten zien. Geef mij maar een salade.' Dit is een verstandige en voedzame keuze maar een salade zal niet zo snel even vervullend zijn als een vette enchilada als je daar zin in hebt.

Hier vind je een nieuwe manier om deze kwestie te bekijken, een waarbij we gebruikmaken van het thema puurheid. De enchilada's zijn van rundvlees gemaakt en waarschijnlijk is er gebruikgemaakt van hormonen om de spierproductie te versnellen. De kaas zit vol verzadigde vetten en als het vlees is geroosterd boven open vuur, heb je ook te maken met de rook van verkoold braadvet dat zoals bekend kankerverwekkend is. Deze dingen passen niet bij het leven dat jij wilt leiden. Laten we nu eens kijken naar vistaco's. De vis bevat omega 3-oliën en is veel gemakkelijker verteerbaar, de kool of sla bevat vitamine C en antioxidanten. Je kunt dan nog steeds genieten van een pittige Mexicaanse maaltijd (de hete chilipepers zijn goed voor de longfunctie doordat ze de longen schoonmaken) en deze maaltijd bevat veel minder calorieën. Zelfs als je er ook nog kaas bij eet passen vistaco's beter bij het thema puurheid. Door de taco's te bestellen voel je je een overwinnaar en het levert een positieve bijdrage aan je nieuwe verhaal.

(Opmerking: de medische wetenschap helpt ons hier ook een handje. Je bloed bestaat uit bloedcellen die zweven in een heldere, strokleurige vloeistof die plasma wordt genoemd. Als je enchilada's of een cheeseburger hebt gegeten is je plasma tot wel zes uur lang vertroebeld. Als iemands plasma na het eten van zo'n maaltijd wordt afgenomen is dat een nogal schokkende aanblik. De vertroebeling wordt veroorzaakt door de moleculen van dierlijk vet die bij lichaamstemperatuur hun vaste vorm behouden. Ze worden gemakkelijk afgezet in de microscopisch kleine scheurtjes in de wanden van je bloedvaten, waardoor er plaque wordt gevormd. Dit zou je kunnen vergelijken met vuile sneeuwvlokken die een scheur in een stoep vullen.)

Nu heb je iets lekkers om te eten dat je niet het gevoel zal geven dat je je iets ontzegt. Je hebt namelijk een nieuwe manier van vervulling gevonden, een hogere soort, die gebaseerd is op je vermogen het verhaal te schrijven dat je voor jezelf wenst.

Als je twee of drie van dergelijke overwinninkjes per dag behaalt, gaat het met je verhaal de goede kant op en met je lichaam ook.

Actiepunt:
maak het puur.

De volgende keer dat je gaat kiezen wat je gaat eten, laat je je keuze door een mentale filter gaan en gebruik je de beste informatie die je ter beschikking hebt (van etiketten, internet enzovoort).

- Hoeveel vet zit erin?
- Zitten er verborgen suikers in?
- Zitten er additieven en kunstmatige stoffen in?
- Hebben de ingrediënten voldoende potentieel als antioxidanten?

- Hoe vers zijn de ingrediënten?
- In hoeverre zijn de ingrediënten bewerkt?

Als je er eenmaal aan gewend bent, kun je zo'n rijtje heel snel langslopen. Daag jezelf nu uit om de heerlijkste gerechten te vinden die deze test doorstaan. Als je er eenmaal lekker in zit, wordt dit actiepunt een plezierige uitdaging. Je weet dan dat je de producten eet die passen in het verhaal dat jij over jezelf wilt schrijven. Kies niet iets wat je eigenlijk niet wilt eten of drinken; teleurstelling en ontbering zijn niet toegestaan. Het gaat er juist om dat je je meer vervuld voelt, niet minder. Een extra voordeel naast je emotionele bevrediging is dat je je een uur na het eten van pure producten lichamelijk vrijwel altijd een stuk beter voelt dan wanneer je vette of bewerkte producten hebt gegeten.

Als je een puur leven wilt leiden zonder toxische stoffen, geven al deze veranderingen je tegelijkertijd een nieuw verhaal en een nieuw lichaam.

Energie

Energie begint met eten dat voedzaam en natuurlijk is. De vijf zintuigen versterken de vitaliteit van voedsel, die een extra energiebron is. De hoogste vorm van energie ontstaat uit het plezier dat je aan eten beleeft, waarbij zowel de geest als de emoties worden aangesproken.

Je lichaam heeft brandstof nodig dus het thema *energie* begint bij de opname van calorieën terwijl het voedsel wordt verteerd. Maar dit thema behelst nog veel meer. Het voedsel dat je eet moet iets toevoegen aan de sprankeling, het enthousiasme en het plezier in je leven. Dat zijn de soorten energie die voor echte vervulling zorgen en die veel verder gaan dan bloedsuikerspiegels. Wat je niet wilt, is bevordering van het tegenovergestelde thema, *lusteloosheid,* dat vlak en saai is. Als je vanuit het grotere thema naar voeding kijkt, kun je gebruikmaken van deze richtlijnen.

Wel:

- Eet om je energiek te voelen. Eet minder als je niet actief bent.
- Kies de verste ingrediënten die je kunt vinden.

- Stop met eten als je het gevoel hebt dat je genoeg op hebt.
- Kies lichter, gemakkelijker verteerbaar voedsel.
- Vermijd zware dierlijke vetten en geraffineerde suiker.
- Maak je gerechten kleurrijk en een lust voor het oog.
- Bevredig zo veel mogelijk zintuigen. Let hierbij vooral op de smaak, de geur en de structuur van het voedsel.

Niet:

- Eten tot je helemaal vol zit.
- Dingen eten en drinken waarvan je heel snel meer energie krijgt, zoals energiedrankjes en repen waar veel suiker in zit. (Thee en koffie zijn wel geschikt, omdat ze natuurlijk zijn en geen calorieën bevatten.)
- Jezelf duf maken door te veel suiker, vet of alcohol.
- Schrokkend eten zonder van elke hap te genieten.
- Elke dag hetzelfde eten en dus niet variëren.
- Geen aandacht besteden aan het visuele aspect: hoe aantrekkelijk het opgediende eten eruit ziet.

Energie is een perfect voorbeeld van de nauwe relatie tussen de geest, het lichaam en emoties. Na de maaltijd kun je je uitbundig en vreugdevol voelen; dat zou het perfecte effect van een feestmaaltijd zijn. Maar met dezelfde calorie-inname kun je ook het gevoel hebben dat er niet echt iets is gebeurd; het eten van de maaltijd was een mechanische handeling. Om deze reden is energie een holistisch thema dat niet als doel heeft zo efficiënt mogelijk voedingsstoffen uit voedsel te halen, maar van eten een plezierige ervaring te maken.

Ik weet nog dat ik een autobiografie las waarin de schrijfster, die verliefd was geworden op een Europeaan, zich op een frisse dag in de Alpen bevond. Het was mei en het uitzicht was prachtig. Ze had alle reden om zich opgetogen te voelen en dat was ze ook. Maar wat vooral in haar gedachten bleef hangen had te maken met voedsel. De kleine vriendengroep waarvan ze deel uitmaakte genoot van een picknick die bestond uit versgebakken brood, kleine erwtjes die net geplukt waren en roomboter. Op dat moment, in die omgeving, werden deze eenvoudige producten onderdeel van een magische herinnering.

Maar los van een dergelijke omgeving zijn erwten gewoon erwten, is brood gewoon brood en boter gewoon boter. De hoeveelheid calorieën die ze bevatten is onveranderlijk, ongeacht of je ze uit je koelkast haalt, waar ze al een tijdje hebben gelegen, of ze opeet als ze nog zo vers mogelijk zijn. Maar we zijn ook gevoelig op andere vlakken, die allemaal zo hun eigen energetische signatuur hebben. Er bestaat geen wetenschappelijke standaard aan de hand waarvan je kunt uitleggen waarom een net geplukte roos die je van een geliefde krijgt niet hetzelfde is als een roos in een plastic verpakking die in de koeling van een supermarkt heeft gestaan. Dit valt niet te kwantificeren, maar de energie is wel degelijk anders.

Als je kijkt naar het thema 'energie' als geheel moet het voedsel dat je eet overeenkomen met het verhaal dat je over jezelf wilt schrijven en in de praktijk wilt brengen. Dit betekent:

Zo **vers** mogelijk, zonder mufheid, herhaling en vaste routine.
Zo **kleurrijk** mogelijk, om de ogen de kost te geven. Voeding is een regenboog die naar de aarde is gebracht.
Zo **vrolijk** mogelijk, met zo veel mogelijk momenten van geluk en genot. Er zit een flinke dosis wijsheid in het joodse gezegde: 'Je kunt beter stro eten in een kribbe dan een feestmaal in een huis waarin onenigheid heerst.'

Het is ironisch dat veel Amerikanen het idee hebben dat ze naar het buitenland moeten gaan om van eten te kunnen genieten. Ze koesteren de uren durende lunches op een terras in Toscane. Het enthousiasme welt in hen op als ze in een Parijs' café zijn waar de trots op koken en eten bijna tastbaar is. Het eten in eigen land gebeurt daarentegen vaak snel, efficiënt en routinematig. Je stopt brandstof in je maag. Verder is er geen sprake van het voeden van de zintuigen of de ziel. De modernistische architect Le Corbusier gebruikte voor een huis ooit de omschrijving 'een machine om in te leven', wat nogal kil klinkt. Maar als maaltijden alleen maar gebruikt worden als pitstops om de brandstof bij te vullen, is dat net zo kil.

Je lichaam wil geen brandstof zoals een vrachtwagen die op diesel rijdt brandstof nodig heeft. Het heeft behoefte aan een groot scala aan voedingsstoffen. Die welke als brandstof dienen vormen de minderheid en zijn eenvoudig op te sommen:

Koolhydraten worden snel omgezet in energie zoals gemeten aan de hand van de bloedsuikerspiegel.
Eiwitten worden langzamer in energie omgezet en vooral gebruikt voor de celbouw, niet voor het leveren van energie die je kunt voelen.
Vetten worden in het lichaam opgeslagen en het traagst omgezet in energie.

Voor voedingsdeskundigen zijn koolhydraten de meest fundamentele energiebron voor het lichaam. Daarom zou je dagelijkse dieet vóor het grootste deel uit koolhydraten moeten bestaan. Je hebt elke 24 uur een kleine hoeveelheid proteïne nodig voor het herstel van weefsels (85-170 gram, wat veel minder is dan de meeste mensen denken; een flinke portie magere vis is voldoende). Vetten zijn noodzakelijk maar je hebt genoeg aan één tot twee eetlepels olie per dag; sterker nog, een sterk beperkte inname van vet is de enige bekende manier om het dichtslibben van kransslagaders terug te draaien. Je lichaam vraagt pas om deze geharde vetten als er geen ander voedsel voorhanden is.

Dit duidelijke beeld is vooral met betrekking tot koolhydraten een stuk minder duidelijk geworden. Tientallen jaren geleden aten sporters die in training waren rood vlees, omdat werd aangenomen dat het eten van meer eiwitten noodzakelijk was voor de spieropbouw en met een grotere spiermassa kon een atleet maximaal presteren. Maar tijdens een aantal experimenten van de Yale University werden twee groepen sporters op hometrainers gezet. Ze kregen de opdracht te fietsen tot ze helemaal uitgeput waren. De sporters die het best uit de bus kwamen waren niet degenen die voor een wedstrijd proteïnen aten, maar degenen die koolhydraten aten. Zo ontstond het fenomeen koolhydraatloading of -stapeling.

Om je lichaam snel van energie te kunnen voorzien, worden koolhydraten afgebroken door insuline die wordt geproduceerd in de alvleesklier. Dit is een enorm snel mechanisme dat slechts enkele seconden in beslag neemt als je frisdrank drinkt of een andere vorm van sacharose binnenkrijgt. Sacharose is de eenvoudigste suiker die tevens het snelst door je systeem wordt opgenomen. Het lijkt erop dat veel problemen zouden kunnen worden afgewend als de westerse mens zijn lichaam niet vol zou gooien met geraffineerde of eenvoudige suikers. In de natuur zijn koolhydraten complex. Het duurt langer om ze af te breken waardoor de bloedsuikerspiegel stabiel blijft, terwijl geraffineerde witte suiker die juist omhoog jaagt. En net zo belangrijk: natuurlijke koolhydraten zitten volop in onbewerkte producten, dus wordt er een buffer gecreëerd door vetten en proteïnen. Als geraffineerde witte suiker rechtstreeks wordt geconsumeerd, ontbreekt een dergelijke buffer.

Helaas zijn de implicaties bij gewichtstoename nog ernstiger. Amerikanen lopen sinds lang het risico last te krijgen van een te hoog insulinegehalte (hyperinsulinisme) als gevolg van de inname van te veel snelle brandstof in de vorm van geraffineerde witte suiker en fructoserijke glucosestroop. Hoewel deze stroop fructose bevat, die in tegenstelling tot sacharose geen eenvoudige suiker is (fructose komt van nature voor in fruit en een groot aantal groenten), doet het raffinageproces waarmee glucosestroop wordt gemaakt dit voordeel teniet.

Wat artsen zorgen baart, is dat er een epidemie van hyperinsulinisme gaande lijkt en dat de aandoening een vicieuze cirkel is: hoe meer insuline het lichaam produceert, hoe minder effectief je lichaam energie aan je voeding onttrekt. Vet wordt afgezet en het vet scheidt hormonen uit die de insulinespiegel verhogen, waardoor insuline nog minder effectief wordt. Intussen ligt diabetes op de loer en bestaat het gevaar van een verhoogde bloeddruk en een groot aantal andere aandoeningen. Je kunt aan de hand van symptomen niet altijd bepalen of je hyperinsulinisme hebt, maar de signalen zijn vergelijkbaar met die van diabetes:

- vermoeidheid
- hoofdpijn
- overmatige dorst
- spierzwakte
- minder helder denken
- trillen

In plaats van op symptoomsafari te gaan, kun je beter een stapje terug doen en je realiseren dat de vicieuze cirkel van overgewicht en een te hoog insulinegehalte doorbroken moet worden. Met een beetje oplettendheid kom je al een heel eind.

Het doorbreken van een vicieuze cirkel

Eet de natuurlijke koolhydraten die zitten in onbewerkte producten (fruit, groenten, granen).

Drink geen suikerhoudende frisdrank, schrap geraffineerde witte suiker uit je dieet en gebruik honing, ahornsiroop en andere natuurlijke zoetstoffen. Gebruik alle zoetstoffen met mate.

Verminder je consumptie van verborgen suikers in bewerkte producten.

Gebruik liever onbewerkte dan bewerkte graanproducten.

Eet uitgebalanceerde maaltijden die uit verschillende producten bestaan in plaats van snacks; creëer een buffer tussen de suikers die je eet en je bloedsuikerspiegel.

Het goede nieuws is dat afvallen er bij de meeste mensen voor zorgt dat het insulineniveau weer normaal wordt. Diabetes type II, dat tegenwoordig zeer vaak voorkomt als gevolg van de obesitasepidemie, verdwijnt meestal als de betreffende persoon weer op zijn of haar ideale gewicht zit. Het is goed voor iedereen, dus ook als je bloedsuikerniveau normaal is, om aandacht te besteden aan het zetmeel en de suikers in veelgebruikte voedingsmiddelen. Recentelijk is er meer aandacht gekomen voor de zogenoemde glycemische index (GI), die voedselproducten rangschikt op basis van de complexiteit van hun koolhydraten. De getallen geven aan hoe snel een bepaald product wordt omgezet in glucose of bloedsuiker. Langzaam is beter dan snel omdat dit pieken in de bloedsuikerspiegel voorkomt waardoor een meer gelijkmatige, consistente energiestroom ontstaat. (Het eten van de juiste producten lost de problemen echter niet helemaal op. Als je sowieso te veel eet, is de overbelasting van je spijsverteringskanaal ongunstig. Bovendien is het zo dat als je extra kilo's met je meedraagt, met name in de vorm van buikvet, de vetcellen hormonen uitscheiden die de honger- en verzadigingsreflex verstoren. Deze reflexen zijn nauw verbonden met het insuline- en glucoseniveau. Kortom, de beste strategie is een goed voedingspatroon kiezen en weer op je ideale gewicht komen.)

Aangezien je nu bezig bent met het aanleren van een mind/body-benadering van gewichtsbeheersing, denk ik niet dat het nuttig is te tobben over glycemische waarden of calorieën. Het volstaat te weten dat geraffineerde en bewerkte voedselproducten zich aan het verkeerde uiteinde van de glycemische index bevinden, terwijl onbewerkte producten meestal aan het juiste uiteinde zitten. Kijk op internet maar eens naar een GI-lijst, waarop producten met een hoge glycemische index (slecht) en die met een lage glycemische index (goed) netjes op een rijtje staan. Dan weet je voldoende.

Bovendien is de GI niet onfeilbaar. Glycemische waarden variëren van persoon tot persoon, een bepaald product kan een breed scala bestrijken en het langdurige effect op de bloedsuikerspiegel wordt niet vermeld. Een grove richtlijn is goed genoeg. Er zijn enkele verrassingen, zoals aardappels en pastinaak die hoog op de glycemische schaal staan hoewel het onbewerkte producten zijn. Wit brood en witte rijst, die ook een hoge glycemische index hebben, doorlopen een raffinageproces. De sleutelwoorden die vermeden moeten voorkomen zijn 'geraffineerd', 'bewerkt' en 'kunstmatig geproduceerd', zoals dr. Andrew Weil ons graag adviseert. Het belangrijkste aspect van het thema 'energie' is dat je voedsel moet zien als meer dan brandstof alleen. Eten levert energie, maar het moet je ook verkwikken.

Actiepunt:
eten om energie te krijgen

Voordat je gaat eten, kun je jezelf de volgende vragen stellen:

- Ben ik goedgehumeurd?
- Zal deze maaltijd een positieve ervaring worden?
- Ziet het eten er lekker en uitnodigend uit?
- Kan ik met mijn volle aandacht genieten van wat ik eet en drink?

Als je antwoord op deze vragen 'ja' is, zul je de maximale hoeveelheid energie uit je voeding halen. Als het antwoord 'nee' is, eet dan niets of stel het eten uit tot de negatieve elementen zijn veranderd.

Een andere tip is te eten tot je een voldaan gevoel hebt maar nog niet helemaal volgepropt zit. Stop met eten als er nog wat ruimte in je maag over is. Leg halverwege de maaltijd je vork neer en wacht vijf tot tien minuten. Ga dan na of je nog steeds honger hebt en beslis of je nog meer moet eten.

Zoals altijd raad ik je aan jezelf niet te veel te ontzeggen. Leer een voldaan gevoel te krijgen door te zeggen: 'Ik voeg energie aan mijn verhaal toe.' Aangezien dat het verhaal is dat je in de praktijk wilt brengen, is elke keuze die het thema 'energie' versterkt en tegen het thema 'lusteloosheid' ingaat een kleine overwinning.

Balans

Het behouden van je ideale gewicht is een fysiek teken dat je in balans bent. Als je je tevreden en voldaan voelt, geeft dat aan dat je geest en emoties in evenwicht zijn.

Balans verdient het niet om saai of vervelend te klinken. Het zou als iets kostbaars moeten worden beschouwd, net als de gulden middenweg, een perfecte toestand waarin alles bestaat in de juiste verhouding. Het tegenovergestelde thema, onbalans, betekent dat iets tot het uiterste is gedreven. Hoe extremer, hoe moeilijker het voor het mind/bodysysteem is om terug te keren naar de toestand van evenwicht. In onze samenleving is sprake van allerlei extremen en het nemen van risico's wordt gezien als een opwindende manier van leven. Het verhaal wordt anders vanuit het oogpunt van je lichaam, dat op extreme situaties reageert in de vorm van stress. Dit gaat gepaard met het uitscheiden van stresshormonen zoals cortisol die bedoeld zijn om gedurende een beperkte tijd hun werk te doen. Maar als je veel stress hebt, stromen ze de hele dag door je lichaam en kunnen dan bijdragen aan een hoge bloeddruk of osteoporose. Als je uit balans bent, wat ook het geval is als je te zwaar bent, veroorzaakt je lichaamsvet de afgifte van een schadelijke hoeveelheid stresshormonen; dit leidt tot verborgen vormen van onbalans in het hele systeem. Hier richt ik me op het voedingsaspect van het thema balans. Dit is een van de meest waardevolle thema's waarmee je aan de slag kunt gaan.

Wel:

- Eten wanneer je je in een evenwichtige emotionele toestand bevindt.
- Een breed scala aan verse producten consumeren.
- Ook letten op de basisprincipes, zoals voldoende water drinken en voldoende slapen.
- Op vaste tijden eten met gelijkmatige tussenpozen tussen de maaltijden in.
- Je calorie-inname variëren en deze aan je mate van activiteit aanpassen.

Niet:

- Elke dag hetzelfde eten.
- Op een 'mono-dieet' gaan, waarbij één 'magisch' product in je maaltijden overheerst.
- Eten als je slechtgehumeurd bent.
- Eten als je moe of uitgeput bent.
- Eén voedselgroep constant mijden, zoals onbewerkte granen, vers fruit of groenten.
- Zoveel vet eten dat de balans in je maaltijden wordt verstoord.

Door mijn opleiding tot endocrinoloog wist ik al veel over balans omdat het bij de kennis over hormonen vooral om balans draait. Deze op natuurlijke wijze geproduceerde stoffen die tot het endocriene systeem behoren, vertellen het lichaam hoe het moet slapen, eten en groeien, hoe het seks moet hebben en op stress moet reageren. Te zwaar zijn is een toestand van onbalans waarbij vijf hormonen betrokken zijn:

insuline
cortisol
leptine
ghreline
adiponectine

De eerste twee zijn intussen algemeen bekend doordat insuline een belangrijke rol speelt bij de spijsvertering, bloedsuikerspiegel en energiehuishouding. Cortisol wordt gezien als een belangrijk stresshormoon. Maar al deze vijf hormonen gaan ook reacties met elkaar aan. Leptine en ghreline spelen een rol bij onze eetlust en slaap en hetzelfde geldt voor cortisol. Adiponectine reguleert de afbraak van vetzuren. Als je gaat vasten en vervolgens moet constateren dat alles wat je eet rond je middel of op je dijen terechtkomt, komt dat doordat dit hormoon vetopslag bevordert. Het lichaam reageert dan op wat het interpreteert als een voedseltekort door meer vet voor de toekomst op te slaan.

Een evenwicht tussen deze vijf hormonen leidt tot een evenwichtig lichaamsgewicht. Naar blijkt kent obesitas twee hoofdtypen. Het ene type is gebaseerd op een overmaat aan cortisol als gevolg van stress, waarbij vet wordt opgeslagen als buikvet. Dit soort vet is het slechtste dat je kunt hebben omdat het ghreline uitscheidt, het zogenaamde hongerhormoon. Het is een dubbele vloek want hoe meer vet je eet, hoe hongeriger je bent terwijl het vet dat je opslaat je ook nog eens hongeriger maakt. Het andere type obesitas heeft te maken met insuline en de bloedsuikerproblemen waar we het over hebben gehad.

Farmaceutische bedrijven werken voortdurend aan nieuwe geneesmiddelen die het hormonale evenwicht moeten herstellen. Maar tenzij je medicijnen nodig hebt voor een aandoening zoals diabetes type I, kun je beter geen chemische stoffen aan het toch al gevoelige endocriene systeem toevoegen. Hormonen raken uit balans als je leven uit balans is. In balans zijn betekent:

een goede nachtrust
weinig stress
gezonde voeding
positieve emoties
een gevoel van welbevinden

Als je met hormonen knoeit, span je het paard achter de wagen. Je kunt beter je leven in balans brengen. Dan volgt het hormonale evenwicht vanzelf.

De reden waarom het thema 'balans' wellicht saai lijkt (en zo vaak wordt genegeerd) is geen verrassing. Het leiden van een evenwichtig leven klinkt als iets waarmee je genoegen neemt als je op middelbare leeftijd bent. We verheerlijken de jeugd, een periode waarin al onze impulsen de vrije teugel hadden, we geen verantwoordelijkheid droegen en nieuwe avonturen zorgden voor de nodige spanning (en de uitscheiding van hormonen). Maar het is ook zo dat binnen de groep adolescenten de meeste zelfmoorden en verkeersongevallen plaatsvinden, dat jongeren last hebben van onzekerheid en angst over de toekomst en dat hun onzalige avonturen heel slecht kunnen uitpakken.

Ik schets dit sombere beeld niet voor niets. Vandaag de dag eten de meeste mensen zoals ze tijdens hun kindertijd en adolescentie aten. Kijk eens naar de labels die passen bij ons sociale concept van het tiener zijn:

de regels overtreden;
lekker gek en wild doen;
in opstand komen tegen gezag;
zuippartijen.

Als je deze labels overhevelt naar de manier waarop je eet, dan gaat het mis. Ik vel hier geen oordeel. Wat je lichaam betreft, overtreed je de regels niet en gedraag je je ook niet als een rebel wanneer je zes biertjes, een bord friet of een halve liter ijs naar binnen werkt. Je lichaam raakt er echter wel sterk van uit balans. Als je je spijsverteringskanaal zo onder druk zet, dwing je je lichaam ertoe andere functies die ook energie en aandacht nodig hebben te beperken of helemaal uit te schakelen. Je lichaam kan niet naar elke brand een brandweerauto sturen; de ergste brand moet eerst worden geblust.

Als de chronische onbalans van overgewicht maar lang genoeg duurt, leidt dit tot het volgende:

sufheid en vermoeidheid
slechte nachtrust
ongecontroleerde eetlust
minder zin in seks

Beginnende gezondheidsproblemen (een breed scala, te beginnen met gewrichtspijn, hoge bloeddruk, diabetes type II, coronaire hartziekten enzovoort).

Theoretisch gezien kunnen al deze gevolgen worden tegengegaan met behulp van een les die slechts tien seconden duurt en die begint met: 'Word eens volwassen. Gedraag je meer volwassen. Neem verantwoordelijkheid.' Maar dat lesje zou weinig zin hebben. Je volwassen gedragen en de balans die daarmee gepaard gaat, zijn niet verplicht. Als je overtuigingen hebt die ervoor zorgen dat je je als een puber blijft gedragen, zul je niet voor een evenwichtiger leven kiezen. Waarom zou je niet blijven fantaseren over een glamourbestaan waarin je jeugd eeuwig voortduurt?

Net als geldt voor de andere thema's in dit boek moet balans aantrekkelijker zijn dan de alternatieven. Een van de dingen die balans aantrekkelijk maken is gebaseerd op kennis en ervaring. Als je je nog herinnert hoe het voelde om na een avond zuipen een totaal wrak te zijn, zul je er niet zo snel naar verlangen om dat nog een keer te ervaren. Maar ik ben er helemaal niet zo zeker van dat negatieve motivatie goed werkt. Het 'eersteresponsteam' van het brein bestaat uit driften, impulsen, verlangens en begeerten. Dit team luistert niet naar 'Daar krijg later je spijt van'. Het kent geen 'later', het kent alleen maar 'nu'. (Moraliteit in de strijd gooien helpt ook niet, want dan zouden we allemaal een tegeltje aan de muur hebben met daarop de tekst: 'Bezint eer ge begint.')

Actiepunt:
balans voelt goed; probeer het maar eens.

Je kunt een negatieve motivatie de volgende positieve draai geven: *doe wat goed voor je is en ga na hoe dat voelt.* Dit kun je elke dag in praktijk brengen. Probeer de activiteiten die op bladzijde 83 staan maar eens en ga na hoe je je een halfuur later voelt. Merk op hoe goed je je voelt. Registreer de positieve gevoelens die je opmerkt en benoem ze voor jezelf.

Ik voel me gefocust.
Ik ben alert.
Ik denk helder en voel me niet suf.
Ik ben klaar om dingen te ondernemen; ik heb energie.
Ik voel bevrediging.
Ik voel me tevreden.

Hieronder staan de activiteiten die ik je aanbeveel en die je een voor een kunt uittesten of volgens eigen inzicht kunt combineren.

1 Eet een lichte, bevredigende maaltijd.
2 Zoals eerder gezegd, laat wat ruimte in je maag over in plaats van dat je je helemaal volpropt.
3 Kies voor een niet-alcoholische drank.
4 Sla het dessert over.
5 Als je je in aangenaam gezelschap bevindt, eet dan de helft minder.
6 Neem een kleine portie proteïnen vergezeld van een overvloed aan kleurrijke, smakelijke groenten.
7 Eet een vegetarische maaltijd die bestaat uit ingrediënten die je allemaal lekker vindt.

Zoals je ziet is het niet de bedoeling dat je jezelf 'balans' oplegt in de vorm van een vervelende alledaagse routine, maar dat je voor een nieuwe manier van eten kiest. Het thema 'balans' is een volwassen thema omdat je het beoordeelt aan de hand van hoe je je naderhand voelt. Het is niet verkeerd om te verlangen naar onmiddellijke prikkeling; de heerlijke smaak van voedsel wordt tenslotte ervaren in het hier en nu. Het in evenwicht brengen van 'onmiddellijk' en 'naderhand' is een teken van volwassenheid. Als het te lang duurt voor je het voordeel van iets ervaart, dan werkt het niet. Maar een uitstel van een halfuur werkt prima omdat er dan nog steeds verband bestaat tussen hoe je je voelt en de maaltijd waarvan je zojuist hebt genoten.

Balans is een natuurlijke toestand maar onbalans is dat ook. Dit maakt de zaak natuurlijk een beetje ingewikkelder. Je lichaam is een wonder van aanpassingsvermogen. Het kan zich aanpassen aan de ligging van Death Valley, de laagste plek op aarde, maar ook aan het hoge Andesgebergte in Peru, dat meer dan 4800 meter boven de zeespiegel ligt. We zijn omnivoren. Dat wil zeggen dat ons lichaam zich aan bijna elk denkbaar dieet kan aanpassen. Dit geldt bijvoorbeeld niet voor de panda, die zonder zachte groene bamboescheuten niet kan overleven, en ook niet voor de koala, die het niet redt zonder eucalyptusbladeren (en dan heb ik het over zeer grote hoeveelheden: de koala en de panda hebben namelijk nooit een volledig effectief spijsverteringsstelsel ontwikkeld dat bij hun dieet past; beide dieren moeten als ze wakker zijn voortdurend eten en zelfs dan halen ze zo weinig energie uit hun voedsel dat ze de rest van de tijd moeten slapen).

Het mechanisme waarop aanpassing stoelt staat bekend als *homeostase*, een bijzonder soort evenwicht. Als je 's morgens een theelepeltje suiker door je koffie roert, lost de suiker gelijkmatig op. Dus bij elk slokje dat je neemt, of dat nu het eerste of het laatste slokje is, is er sprake van datzelfde evenwicht tussen suiker en vloeistof. Je lichaam zou in een dergelijke statische, gelijkmatige toestand niet overleven. Duizenden stoffen vereisen hun eigen unieke evenwicht, dat voortdurend verschuift. De bloedstroom is een snelweg die elk denkbare type boodschap van en naar het brein vervoert. Je spieren en je hart moeten in een oogwenk kunnen reageren als je in actie komt, waardoor er automatisch veranderingen optreden in de bloedstroom, de hartslag en het zuurstofverbruik.

Homeostase is te vergelijken met een elastiekje dat in de oorspronkelijke vorm kan terugschieten nadat het is uitgerekt. Uit balans raken is zeer gunstig als het bijvoorbeeld wordt veroorzaakt doordat je beweegt in plaats van stilzit, je de grenzen van je creativiteit verkent in plaats van altijd maar dezelfde routine volgt of proactief bent in plaats van gelaten en passief. In relatie tot eten weet de homeostase zich ongelooflijk goed aan te passen aan alles wat je eet en drinkt, of je nu aan het schransen of extreem aan het vasten bent. Maar net zoals je een beroep op je spieren kunt doen als je wilt bewegen, maakt het automatische spijsverteringsproces allerlei soorten interventies mogelijk:

Je kunt een maaltijd overslaan of helemaal niet eten.
Je kunt eten in je mond stoppen ter compensatie van negatieve gevoelens.
Je kunt naar hartenlust eten, ongeacht hoeveel.
Je kunt eten om je problemen te vergeten.

We hebben deze dingen al besproken, maar waar het om gaat is dat de boodschappen die je aan het proces toevoegt ofwel tot gevolg hebben dat ze het mind/body-systeem in evenwicht brengen, ofwel dat ze het uit evenwicht brengen. En je lichaam moet zich aanpassen, zonder dat het een keuze heeft of kan klagen. Cellen hebben hun eigen leven, een complex en fascinerend leven, maar als de geest roept moeten ze luisteren.

De meest negatieve boodschappen

depressiviteit
slaaptekort
een slecht lichaamsbeeld
een laag zelfbeeld
mislukking
verlies
verdriet

Als je Sherlock Holmes was en op zoek zou zijn naar een ondergedoken schurk, dan zou Mister X een van die dingen blijken te zijn die je lichaam stilletjes in een toestand van stress, chaos, chemische onbalans enzovoort brengen. Bij gebrek aan een Sherlock Holmes is je bewustzijn de enige aanwezige speurder.

Hier wordt het thema 'balans' iets positiefs. Als je een evenwichtige houding aanneemt ten opzichte van negatieve boodschappen zorg je voor heling. In plaats van de boodschap af te wijzen of jezelf te dwingen tot positief denken (wat niet meer dan een vernisje is), kun je in de naam van balans ingrijpen.

Helende interventies

Maak het jezelf niet te moeilijk.
Neem extra tijd bij het maken van keuzen.
Oefen geduld als je terugvalt.
Stel jezelf gerust.
Zoek troost bij warme vrienden.
Creëer vrede en troost voor jezelf.
Beperk het aantal stressvolle ervaringen tot het minimum.

Al deze dingen zijn van toepassing op afvallen omdat het meedragen van overtollige kilo's voor het mind/body-systeem een toestand van onbalans is, net als het verliezen van je baan of het rouwen om een geliefde die je hebt verloren. Je lichaam kent geen woorden om te beschrijven wat het overkomt maar als dat wel zo was, zou zijn boodschap altijd zijn: 'Ik doe mijn uiterste best om ons weer in balans te krijgen.'

Begrijp deze boodschap zonder woorden en grijp vervolgens in door je lichaam te geven wat het nodig heeft om zich weer in balans te krijgen. Als je nog eens naar de lijst met helende interventies kijkt, zie je dat het tegengestelde van elk item de terugkeer naar balans belemmert.

Wat belemmert heling?

Hard voor jezelf zijn.
Onmiddellijke oplossingen eisen.
Jezelf als een mislukkeling zien.
Je echte gevoelens onderdrukken.
Ongeduldig en onnadenkend zijn.
Naar oplossingen gissen zonder eerst goed na te denken.
Jezelf veroordelen.

Ik zei in het begin dat je jezelf niet aan een psychoanalytisch onderzoek hoeft te onderwerpen om met behulp van de mind/body-benadering af te vallen. Dat geldt nog steeds. Maar je hebt wel bewustzijn nodig. De meest elementaire vorm van bewustzijn is van toepassing op balans; je bent in balans of niet in balans. Aangezien een te zwaar lichaam per definitie uit balans is, is het aan jou om het met behulp van helende gedachten en daden te helpen bij de terugkeer naar balans.

De wetenschap dat je jezelf heelt, is een van de meest bevredigende elementen van het thema 'balans'.

Persoonlijke invulling: moeiteloos zuiveren.

Hoewel het hoofddoel van zuivering het verwijderen van toxinen is, hebben de andere thema's ook baat bij een lichte wekelijkse ontgifting. Je lichaam krijgt dan de gelegenheid zichzelf weer in balans te brengen zonder dat het een beroep hoeft te doen op de energie die doorgaans nodig is voor het spijsverteringproces. Elke vorm van traditionele geneeskunde kent wel een reinigingsritueel en de achterliggende wijsheid is holistisch van aard: als ik één dag per week reserveer voor een lichte reinigingskuur, voel ik me in alle opzichten lichter, met inbegrip van mijn humeur en mijn gedachten.

Zuivering en reiniging zijn gebaseerd op natuurlijke producten. Het is goed om in je dagelijkse dieet producten op te nemen die zuiverende eigenschappen hebben, waaronder:

boerenkool, kool en broccoli
sinaasappels, citroenen en grapefruit
mungbonen
waterkers
artisjokken
asperges
bieten
gember
knoflook
appels
sesamzaad
amandelen

Er zijn drie beproefde groepen voedingsmiddelen die perfect passen bij een dag die je hebt gereserveerd voor het zuiveren van je systeem. Ik pas ze feilloos in mijn wekelijkse routine in.

Oliën: diverse oliën hebben een laxerende werking maar werken ook ontgiftend. Op mijn reinigingsdag gebruik ik een mengsel van vier oliën: olijfolie, sesamolie, lijnzaadolie en teunisbloemolie. Deze oliën zijn in natuurvoedingswinkels verkrijgbaar. 's Morgens neem ik één of twee eetlepels van het mengsel, ofwel puur, ofwel samen met iets anders.

Vezels: de medische voordelen van vezels zijn uitgebreid beschreven, vooral hun werking als buffer in het darmstelsel. Ze hebben bijvoorbeeld een gunstig effect op het cholesterolgehalte en beschermen de darmwand mogelijkerwijs tegen kankerverwekkende stoffen. De natuurlijke vezels in groenten zijn gemakkelijker verteerbaar dan zemelen en andere graanvezels (die kunnen een schurend effect op de darmwand hebben). Ik neem 's morgens twee eetlepels gemalen vezels, gemengd met sodawater. In reformwinkels zijn enkele heerlijke varianten van deze vezel verkrijgbaar.

Sappen: sapkuren zijn al tientallen jaren populair, maar ze hebben ook de nodige kritiek over zich heen gekregen omdat ze zo sterk op suikerinname berusten. Een sapkuur mag overigens nooit langer dan enkele dagen duren. Op mijn reinigingsdag neem ik alleen groentesap en 's avonds een groentesoep op bouillonbasis, zoals minestrone. Het sap dat uit groene bladgroenten wordt gewonnen bevat veel fytonutriënten (waarover later meer). Dit zijn micronutriënten waarvan bekend is dat ze antioxiderende eigenschappen hebben. Kruidensappen en tarwegrassap bevatten zelfs nog meer geconcentreerde micronutriënten. Vers, zelfgeperst sap is het beste maar je kunt ook kiezen voor versgeperst sap dat te koop is in reformwinkels.

Groentesappen, behalve tomatensap (technisch gezien een vrucht), bevatten vrijwel geen calorieën; pas dus op dat je niet je systeem in de war gooit door je calorie-inname plotseling drastisch te verminderen. Ik heb al diverse malen een reinigingskuur van enkele dagen gedaan en heb daar geen moeite mee, maar voor iedereen geldt dat je je vervuld en voldaan moet voelen. Het mag nooit een ontbering worden.

Vruchtensappen zijn uit de gratie geraakt, deels doordat het scheiden van het sap van de vezels van vruchten (de pulp in een sinaasappel, de schil van een appel) het sap reduceert tot een suikerstoot. Doordat sap van verse vruchten fructose bevat, levert het energie zonder het spijsverteringskanaal te belasten. Maar drink vruchtensappen met mate, anders ontregel je je insulineniveau met suikerstoten op een nuchtere maag. Het is een goed idee om het sap 's morgens met vezels te mengen. De rest van de dag neem je slokjes sap dat met warm water is verdund, steeds met mate.

Mijn wekelijkse reiniging, die gebaseerd is op oliën, vezels en sappen, voelt als de beste dag van de week. Het is bevredigend bewust om te gaan met je lichaam en te luisteren naar wat je lichaam te vertellen heeft. De boodschappen van lichtheid en energie zijn zeer de moeite waard dus heb ik niet het gevoel dat ik me iets ontzeg.

Als je nog een stapje verder wilt gaan (zoals we allemaal weten is het tegenwoordig niet zo moeilijk voorbeelden van reinigingskuren te vinden, bijvoorbeeld via Google), kun je beginnen met de eenvoudige stappen die hierboven staan beschreven en vervolgens kijken of er andere kuren zijn die bij je passen. Stem het af op je lichaam. Lijden is niet hetzelfde als reiniging; om iets te bereiken hoef je echt niet hard voor je lichaam te zijn.

De reinigingstraditie heeft een aantal al zeer lang bestaande aanbevelingen opgeleverd:

- Maak van je reinigingsdag een rustdag. Tijd besteden aan meditatie is nog beter.
- Een dag lang stilte in acht nemen voegt het element van zelfreflectie en kalmte toe.
- Vasten kan in al zijn verschijningsvormen worden uitgeprobeerd. Bij een dag bescheiden vasten voor een volwassen man moet je denken aan 1000 tot 1500 calorieën; voor een volwassen vrouw aan 700 tot 1100 calorieën. Vasten houdt ook in dat je geen vlees en alcohol consumeert en gedurende de dag veel water drinkt. Het is ook goed om je energieniveau in de gaten te houden en kleine hoeveelheden voedsel te eten als je je suf of lusteloos voelt. (Als je je erg onbehaaglijk voelt, moet je onmiddellijk met het vasten stoppen.)
- Veel mensen voelen zich aangetrokken tot het reinigen van hun lichaam om zich te zuiveren en raadplegen daarbij een breed scala aan healers. In het Chopra Center gebruiken we speciale kruiden en vruchtenextracten gecombineerd met panchakarma, de vijf zuiveringsmethoden van de ayurveda. Panchakarma vindt plaats onder

klinische omstandigheden en wordt uitgevoerd door goedopgeleide professionals. Maar voor veel mensen betekent lichaamsreiniging dat ze gedurende enkele dagen één bepaald zuiverend voedingsmiddel consumeren (zoals de groentesoep die bekend staat als *Bieler broth*) of een mengsel van olijfolie en citroensap. Als je gezond bent, kan een reiniging ondanks de rigoureuze aard ervan iets toevoegen aan je gevoel van gezond welzijn. Kijk gewoon hoe je lichaam reageert en luister naar de boodschappen die het geeft.

'Wat moet ik eten?'

Kernpunten

- De principes van de ayurveda, de traditionele Indiase 'wetenschap van het leven', vormen een betrouwbare gids voor een modern eetpatroon.
- De ayurveda ziet voeding als een onderdeel van je totale levenservaring.
- De ayurveda kent zes smaken, elk met een ander effect op lichaam en geest.
- Als je de zes smaken eenmaal kent, kunnen ze worden uitgebreid tot emoties en andere aspecten van het leven.
- De ayurveda respecteert de wijsheid van het lichaam en let op signalen van onbalans, ruim voor er sprake is van ziektesymptomen.

Ik heb van begin af aan willen laten zien dat een boek over gewichtsverlies niet hetzelfde is als een dieetboek. Crashdiëten zijn altijd al ineffectief geweest en een groot aantal is zelfs slecht voor het lichaam. Maar 'dieet' heeft nog een andere betekenis: een algemene manier van eten. Mensen zijn alleseters. We hebben het vermogen vrijwel elke voedingsstof die in de natuur voorkomt te verteren. Dit grote geschenk is echter ook een nadeel, omdat de zoektocht naar het beste dieet zoveel richtingen op kan gaan. Wat moet je vandaag en morgen en de komende jaren eten? Dat is een logische vraag waarop ook een antwoord bestaat. Maar het antwoord heeft niet echt de vorm van een boodschappenlijstje.

Toen ik zelf gezonder begon te eten, stuitte ik op een filosofie met betrekking tot voeding waarin ik volledig geloof, namelijk dat het beste dieet bij elke maaltijd het volgende moet doen:

me gezond houden;
niet bijdragen aan het verouderingsproces;

me een gevoel van lichtheid en energie geven;
mijn zintuigen opfrissen;
de juiste boodschappen naar mijn lichaam sturen;
mijn gevoel van welbevinden versterken.

Je kent het belang van een aantal van deze punten al. Om het totaalpakket te kunnen leveren, bevordert het Chopra Center welzijn dat een leven lang duurt. Volgens de laatste ontwikkelingen binnen de geneeskunde kan de dieetkeuze ziekte en veroudering voorkomen. De Centers for Disease Control maakten in 2012 bijvoorbeeld bekend dat twee derde van de kankergevallen kan worden voorkomen. Men vermoedt dat de helft van deze gevallen is gerelateerd aan obesitas. Een ander aanzienlijk deel is gerelateerd aan roken en andere toxische omgevingsfactoren.

Er is geen wondermiddel op het gebied van voeding en kanker. Je kunt niet zeggen dat voedingsmiddel A kanker voorkomt, en wel om twee redenen: de interactie van voeding met het lichaam is ongelooflijk complex en de oorzaken van kanker zijn dat al evenzeer; er zijn immers vele vormen van kanker. Bij het ontstaan van kanker zijn talloze factoren betrokken en slechts enkele vormen van kanker kunnen aan slechts één oorzaak worden toegeschreven. Als je de precieze oorzaak niet kent, kun je ook niet bepalen wat die oorzaak blokkeert. Toch kunnen we een veelbelovend beeld schetsen: dat van een natuurlijk dieet zonder toxinen, van onbewerkte producten en van het schrappen van de overdaad aan vet, suiker en zout uit ons dieet vanwege de relatie daarvan met een breed scala aan aandoeningen die samenhangen met onze levensstijl. Hart- en vaatziekten worden al lange tijd beschouwd als gerelateerd aan de levensstijl van de betreffende patiënten. Dit betekent dat een positieve verandering in de levensstijl de kans op het krijgen van hart- en vaatziekten aanzienlijk verkleint. Het lijkt erop dat kanker aan dit lijstje kan worden toegevoegd. Met andere woorden, iedereen kan meer verantwoordelijkheid nemen met betrekking tot je hele leven lang gezond blijven, waarbij je afhankelijkheid van artsen, medicijnen en operaties tot een minimum wordt beperkt. Dit is niet alleen maar goed medisch advies, maar ook het beste preventieprogramma dat er bestaat.

Hieronder leg ik in detail uit hoe mijn filosofie met betrekking tot voeding werkt.

De ayurvedische manier

De principes die ik bij elke maaltijd volg zijn in overeenstemming met het aloude systeem van de ayurveda in India. Ayurveda is Sanskriet voor 'wetenschap van het leven'. Ik heb de ayurvedische terminologie in dit boek opzettelijk vermeden, omdat veel mensen niet bekend zijn met de Indiase traditie of het esoterisch vinden en zich er moeilijk een idee over kunnen vormen. Maar aangezien het programma van het Chopra Center op de ayurveda is gebaseerd, zal ik alledaagse bewoordingen gebruiken als iemand vraagt: 'Wat moet ik eten?'

Om te beginnen gaat het binnen de ayurveda om je persoonlijke ervaring. Eten staat niet op zichzelf. Een harmonieuze maaltijd past in een harmonieuze dag. Als je een heerlijk gerecht eet, ervaar je niet bewust de 323 calorieën, 25 gram proteïne, 7 gram vet en de 40 gram koolhydraten die erin zitten. Je ervaart wel heel levendig je vijf zintuigen en de gevoelens die door het eten worden opgeroepen. Je hoort het pruttelen van de soep op het fornuis en ervaart gerieflijkheid. Je voelt de romige textuur van een lepel pudding en beleeft een moment van genot. In de ayurveda is harmonie allesomvattend. Ze omvat de levendigheid van kleurrijke voedingsmiddelen en het plezier van een goed gedekte tafel. Elke gewaarwording draagt haar eigen boodschap; elke boodschap wordt door je cellen ontvangen.

In overeenstemming met dit ayurvedische inzicht besteden we in het Chopra Center meer aandacht aan de persoonlijke ervaring van eten dan aan het meten en wegen van wat er wordt gegeten en gedronken. De wetenschap heeft haar werk gedaan en de gezonde ingrediënten in onze voeding ontleed. Maar kennis moet worden omgezet in ervaring en vervolgens in toegepaste wijsheid. Het etiket met de voedingswaarde op een zak chips levert kennis op. Als je ervoor kiest de zak chips niet te kopen, geef je jezelf de kans iets veel beters te ervaren. Toegepaste wetenschap gaat verder. Lees het onderstaande Bijbelvers eens:

Beter een stuk droog brood en vrede dan een huis vol met voedsel en ruzie. (Spreuken 17:1)

Dat is een voorbeeld van toegepaste wijsheid. Naar mijn mening kun je in de ayurveda ook veel voorbeelden van toegepaste wijsheid vinden als je ervoor openstaat.

Een ander voorbeeld van toegepaste wijsheid is 'Doe niemand kwaad', wat bijvoorbeeld ook de instructie is die in de eed van Hippocrates aan artsen wordt gegeven. Het voedsel dat je consumeert mag de natuurlijke staat van welbevinden van het lichaam niet verstoren. Eet verder voedsel dat zo kort mogelijk geleden is geoogst. Je proeft het verschil direct en volgens de ayurveda merkt de rest van je lichaam het ook meteen omdat smaak de belangrijkste manier is waarop we instinctief vormgeven aan ons dieet.

In het Chopra Center adviseren we je om zo weinig mogelijk ROBBI-producten te eten of deze helemaal uit je dieet te schrappen. ROBBI staat voor:

Restjes
Onnatuurlijk
Bevroren
Bestraald (magnetron)
Ingeblikt

Binnen de ayurveda geldt dat hoe verser het voedsel is, hoe meer levenskracht of *prana* erin zit. Dit principe is op alle categorieën levensmiddelen van toepassing, dus niet alleen op fruit en groenten maar ook op vlees (inclusief vis), eieren, zuivelproducten en granen. Hoewel we je aanraden in de richting van een plantaardig dieet te gaan, geloven we ook dat vlees (inclusief kip en vis) en zuivelproducten van hoge kwaliteit (en zo mogelijk biologisch), indien met mate geconsumeerd, onderdeel kan zijn van een uitgebalanceerd dieet.

Meer tips voor maximale versheid

Kies voor fruit en groenten die uit de streek komen, recentelijk geoogst zijn en zo snel mogelijk na de oogst worden bereid. Dan heb je een vollere smaak en voorzie je je lichaam van hoogwaardige voedingsstoffen. Producten die worden opgeslagen en verscheept zijn kwetsbaarder voor oxidatie. Zo gauw fruit of groente wordt geoogst, begint het afbraakproces. Een banaan wordt na een uur al bruin doordat vrije radicalen hem beroven van zijn natuurlijke antioxidanten.

Volg het seizoen

Je kunt het best seizoenfruit en -groente uit jouw streek nemen, omdat die de beste smaak en voedingswaarde hebben. Als je in een gebied woont waar seizoenproducten niet het hele jaar door verkrijgbaar zijn, kies dan voor fruit en groenten die de meeste levenskracht uitstralen. Als vruchten en groenten er vers uitzien en vers ruiken, smaken ze waarschijnlijk goed en bevatten ze optimale hoeveelheden energie en informatie.

Bezoek de plaatselijke boerenmarkt

Op boerenmarkten kun je niet alleen verse, biologische seizoenproducten kopen, ze zijn ook interessant genoeg om gewoon te bezoeken, of je nu alleen of met vrienden en familie gaat. Je kunt er veel leren over voeding en de heilzame eigenschappen ervan door met de boeren te praten die de producten verbouwen. Bovendien ondersteun je ook de lokale economie.

Zelf kweken

Het zelf kweken van fruit, groenten en kruiden kan erg leuk en bevredigend zijn. Zelfs als je in een klein appartement woont, kun je potten en bakken op de vensterbank of het balkon zetten. Er zijn veel uitstekende boeken over biologisch tuinieren. Kies er een dat bij jouw leefgebied en klimaat past.

Wat betekent 'natuurlijk'?

De begrippen 'natuurlijk' en 'onnatuurlijk' vereisen enige uitleg. Op veel etiketten staat dat het betreffende product 'natuurlijk' is, maar dat kan alles betekenen wat de verkoper wil. Er bestaat in de EU geen strikte definitie of regelgeving met betrekking tot het gebruik van dit woord op de etiketten van levensmiddelen. Als je een beker 'natuurlijke' yoghurt koopt, kunnen daar best wettelijk toegestane toxische pesticiden, genetisch gemodificeerde organismen (GGO's), antibiotica en groeihormonen in zitten. Aan de andere kant is het zo dat de wettelijke normen voor voedingsmiddelen die het etiket 'biologisch' dragen aan Europese regelgeving en controle onderworpen zijn (het EKO-keurmerk). Over het algemeen geldt dat verse, biologische producten het puurst en vitaalst zijn.

Natuurlijk tegenover biologisch

	Natuurlijk	Biologisch
Toxische persistente bestrijdingsmiddelen en onkruidverdelgers	Toegestaan	Niet toegestaan
GGO's	Toegestaan	Niet toegestaan
Antibiotica	Toegestaan	Alleen toegestaan bij ziekte
Groeihormonen	Toegestaan	Niet toegestaan
Bestraling	Toegestaan	Niet toegestaan
Regelgeving met betrekking tot dierenwelzijn	Nee	Ja
Minder milieuvervuiling	Niet per se	Ja
Controletraject van boerderij tot eettafel	Nee	Ja
Certificering vereist, met inbegrip van regelmatige inspecties	Nee	Ja
Koeien moeten tijdens het weideseizoen in de wei staan	Nee	Ja
Wettelijke beperkingen met betrekking tot toegestane materialen	Nee	Ja

Aangepaste tabel van www.stonyfield.com/why-organic/organic-vs-natural

De volgende tabel biedt een handig overzicht van wat we zojuist hebben besproken.

Schrap	Kies voor
Diepvriesproducten	Zo mogelijk recentelijk geoogste producten
Restjes	Versbereid voedsel
Kunstmatige kleurstoffen, smaakstoffen en additieven	Volledig natuurlijke ingrediënten
Voedsel uit de magnetron Ingeblikt voedsel	Conventioneel bereid voedsel Vers voedsel, indien mogelijk
Geraffineerde en bewerkte producten	Verse, biologische vruchten, groenten en zuivelproducten
Genetisch gemodificeerde organismen (GGO's)	Voedsel dat niet genetisch gemodificeerd is

Meditatie voor mindful eten

Om volledig te profiteren van het voedsel dat je eet, moet je ook naar je geest kijken. Haastig, gedachteloos eten is onbevredigend, terwijl aandacht schenken aan elke hap die je neemt (mindful eten) dé manier is om echte bevrediging te ervaren. Met volledige aandacht op een hap eten kauwen is iets totaal anders dan voedsel opschrokken. Sommige mensen staan versteld van wat ze hebben gemist.

Onderstaande meditatie maakt gebruik van de kracht van aandacht om de spijsvertering, de stofwisseling en de hele zintuiglijke ervaring te verbeteren.

De meditatie moet worden gedaan als je in je eentje en ongestoord kunt eten. Bij de techniek hoort dat je tempo omlaaggaat en elke beweging doelbewust wordt gemaakt.

1. Begin ermee je eten te bekijken en visueel in je op te nemen.
2. Word je bewust van de geur van het voedsel en geniet daar even van.
3. Bij elke hap die je neemt, heb je de intentie die ten volle te proeven, zonder afleiding. Ga na welke smaken je herkent en gebruik hierbij de zes ayurvedische smaken (zie bladzijde 99 e.v.) als leidraad. Word je tijdens het kauwen gewaar van de textuur van elke hap.

Deze oefening in mindful eten verscherpt je bewustzijn. Ze is niet bedoeld om onafgebroken te doen. Door slechts een of twee keer per week op deze manier te eten kun je je relatie tot voedsel geleidelijk transformeren en een nieuw niveau van complete voeding bereiken.

Een opmerking over ontstekingen

Recent medisch onderzoek heeft zich toegespitst op ontstekingsreacties als belangrijke medeveroorzakers van een groot aantal aandoeningen, waaronder diabetes type II, hart- en vaatziekten en verschillende vormen van kanker. Men weet al lange tijd dat het verschijnsel ontsteking moeilijk te begrijpen is, omdat het een zowel noodzakelijk als schadelijk proces is. Een acute ontsteking is een natuurlijke lichamelijke reactie op letsel of een aanval van bacteriën, virussen of schimmels. Als je je enkel verstuikt en die heel snel warm wordt, opzwelt rood wordt en pijn doet, dan is je immuunsysteem aan het werk om de aangetaste weefsels te genezen en te beschermen. Een acute ontsteking is tijdelijk van aard en duurt slechts enkele dagen of op zijn langst enkele weken. Zonder acute ontstekingsreacties zouden wonden en infecties niet kunnen genezen. Maar koorts is een schadelijke vorm van acute ontsteking, net als de ernstige ontsteking die ervoor zorgt dat mensen met brandwonden in shock raken en voor hun leven moeten vrezen.

Niet alle ontstekingen zijn acuut: een chronische ontsteking is langdurig van aard en kan enkele maanden of zelfs enkele jaren voortduren. In plaats van het lichaam te helpen genezen, belast een chronische ontsteking de cellen en weefsels. Daarnaast worden chronische ontstekingen geassocieerd met chronische ziekten. Er zijn slechts weinig of geen symptomen die meteen aangeven dat er iets aan de hand is. Als je je gezond en goed voelt, hoeven ontstekingsreacties normaal gesproken niet op te treden en toch lijken ze bij veel mensen aanwezig te zijn. De oorzaak van deze chronische aandoening is complex en nog niet helemaal duidelijk maar elke keer als je lichaam uit balans raakt, kunnen weefsels ontstoken raken. De meest voor de hand liggende oorzaak hiervan is chronische lichte stress. Overgewicht, buikvet en slaapgebrek zijn waarschijnlijk ook factoren die hierbij een rol spelen aangezien ze allemaal gerelateerd zijn aan stresshormonen en onbalans in de stofwisseling. Toxinen in herbiciden, pesticiden en diverse chemische additieven zijn ook verdacht. Vandaar dat sommige onderzoekers sterk geraffineerde, bewerkte voedingsmiddelen zien als medeveroorzakers van infecties in het lichaam, vooral vanwege het wijdverbreide gebruik van hormonen in diervoeder om de spiergroei te versnellen en de melkproductie bij melkkoeien te vergroten.

Medisch onderzoekers en voedingsdeskundigen doelen ook op chronische ontstekingen als ze het hebben over ontstekingsbevorderende voedingsmiddelen of diëten. Sommige voedingsmiddelen dragen kennelijk bij aan het ontstaan van chronische ontstekingen terwijl andere juist een tegengestelde werking hebben. Transvetten, natrium en conserveringsmiddelen zijn mogelijk belangrijke oorzaken van chronische ontstekingen. Onbewerkt, vers voedsel gaat ontstekingen tegen en bevat waardevolle vezels, die mogelijk als buffer tegen ontstekingen kunnen fungeren.

Over het algemeen kun je stellen dat als je ROBBI-producten mijdt en kiest voor vers, echt voedsel, je erop kunt vertrouwen dat je je lichaam voorziet van voedingsstoffen die ontstekingsreacties tegengaan.

De zes smaken bij elke maaltijd

Volgens de ayurveda kun je voor een evenwichtig eetpatroon zorgen door in elke maaltijd elke smaak te verwerken. Er zijn zes erkende smaken: de vier gebruikelijke (zoet, zuur, zout en bitter) en twee extra smaken, te weten scherp en wrang, waarover straks meer. In wezen worden deze zes smaken geleverd door het totale voedselaanbod in de natuur. In de eeuwen die voorafgingen aan de moderne voeding betekende het verwerken van de zes smaken in elke maaltijd dat de belangrijkste voedselgroepen en voedingsstoffen erin waren vertegenwoordigd. Het zorgde echter ook voor een gevoel van volledige bevrediging, wat in de ayurveda net zo belangrijk is. Als je een maaltijd met een tevreden gevoel beëindigt, is de kans veel kleiner dat je twee uur later de koelkast alweer aan het plunderen bent omdat je het gevoel hebt dat je iets tekort komt.

In het typisch westerse dieet overheersen vaak de drie smaken waarvan de makers van snacks en fastfood het moeten hebben omdat ze het meest verslavend zijn: zoet, zuur en zout (de belangrijkste smaken van de 'speciale saus' in een Big Mac bijvoorbeeld). Deze smaken heb je ook nodig, zegt de ayurveda, maar bij overmatig gebruik creëren ze een onbedwingbare trek en leiden daardoor tot onbalans. Op zijn minst zou je kunnen zeggen dat de onevenwichtige nadruk op zoet, zuur en zout hetzelfde is als het weglaten van groene bladgroenten, de hoofdbron van de smaak bitter, en van de meeste bonen en peulvruchten, die volgens het ayurvedische systeem wrang van smaak zijn. In het westerse systeem gelden deze twee smaken ook als ontstekingsremmend.

Als je de ayurveda vertaalt in westerse termen zou je kunnen zeggen dat de zes smaken de codes zijn die je zenuwstelsel informeren over de voedingswaarde van een maaltijd. De evolutie heeft smaak afgestemd op de goede eigenschappen van voedsel; dit is de wijsheid van duizenden jaren ervaring. Veel zoogdieren hebben qua voedingswaarde genoeg aan een klein voedselaanbod (bijvoorbeeld leeuwen die van gazellen en andere antilopen leven) of zijn zelfs afhankelijk van één soort voedsel (bijvoorbeeld koala's die uitsluitend eucalyptusbladeren eten). Maar bij de mens is de ervaring van smaak zo subtiel dat hij ervan walgt als één smaak overheerst. Wij hebben het hele smakenpalet nodig om ons bevredigd te voelen.

Laten we de smaken eens wat nader bekijken. Niet elke bron van de zes smaken komt precies overeen met onze gebruikelijke waarnemingen, hoewel dat voor de meeste bronnen wel geldt. Ik vermeld ook enkele mogelijke voordelen voor de gezondheid maar hierbij moet ik wel een kanttekening plaatsen. Er wordt voortdurend grondig onderzoek gedaan naar de effectiviteit van bepaalde voedingsmiddelen bij het voorkomen van vele aandoeningen die met onze levensstijl te maken hebben, zoals hart- en vaatziekten, diabetes en kanker. Maar het feit dat uit medisch onderzoek blijkt dat bepaalde voedingsstoffen in geïsoleerde vorm veelbelovend zijn, moet niet worden beschouwd als bewijs dat deze stof bij jou een duidelijk merkbaar positief effect zal hebben. Ook zijn beweringen die van oudsher binnen de ayurveda worden gedaan geen alternatief voor zorgvuldig gecontroleerde studies. Van belang is het holistische effect van een natuurlijk dieet waarin alle heilzame voedingscomponenten aanwezig zijn. De moderne geneeskunde begint de opvatting van de ayurveda te onderschrijven dat chronische ziekten een groot aantal nauw verweven oorzaken hebben. Daardoor wordt het vinden van holistische oplossingen na tientallen jaren hopen op een wondermiddel steeds meer gerespecteerd.

Zoet

Bronnen: granen, brood, pasta, noten, melk en andere zuivelproducten en oliën worden samen met vis, gevogelte en andere vleesproducten allemaal gerekend tot de zoete voedingsmiddelen. Naast rijpe vruchten zijn er zoete groenten, waaronder tomaten (technisch gezien een vrucht), zoete erwten, maïs, yams en zoete aardappelen.

Voedingsmiddelen die tot deze categorie behoren worden binnen de ayurveda gezien als het meest voedzaam. Ze zijn rijk aan koolhydraten, proteïne en vetten. Zetmeelrijke voedingsmiddelen zonder toegevoegde suikers horen ook tot de zoete categorie, omdat het speeksel ze in suiker omzet. (Geraffineerde, bewerkte suiker en glucosestroop waren ten tijde van het ontstaan van ayurveda nog niet in India bekend.) Als je bij de kassa kijkt naar wat er allemaal in je karretje ligt, zul je er waarschijnlijk achter komen dat de meeste voedingsmiddelen die je consumeert tot deze categorie behoren. Het feit dat er toegevoegde suikers in bewerkte voedingsmiddelen en snacks zitten versterkt de zoete smaak van deze producten op een ongezonde manier, wat ook door voedingsdeskundigen wordt bevestigd. Aangezien de zoete categorie een breed scala aan eetbare producten bevat dat varieert van snoep tot quinoa, is het belangrijk om op te merken dat we in het Chopra Center geraffineerde suiker niet als een bron voor de zoete smaak zien. Elke smaak moet bijdragen aan de balans en voedzaam zijn; voor lege calorieën geldt dat natuurlijk niet. In het algemeen raden wij het volgende aan:

- Kies voor voedingsmiddelen die rijk zijn aan complexe koolhydraten, waaronder minimaal vijf porties groente per dag. Ongeveer 120 gram van de meeste gekookte groenten of ongeveer 240 gram van de meeste groene bladgroenten komt overeen met 1 portie. Kies uit een grote verscheidenheid aan groene en gele groenten.

- Verminder je consumptie van alle voedingsmiddelen die met meel zijn gemaakt. De werking van gist in gerezen brood zet zetmeel om in suiker. Wees je ervan bewust dat ook volkorenbrood meestal wordt gemaakt van graankorrels die zijn verpulverd en niet van hele of gebroken of geplette korrels. Dus de meeste volkorenbroden staan net zo hoog op de glycemische index als wit brood (dat wil zeggen dat de koolhydraten die in volkorenbrood zitten niet meer complex zijn, met als gevolg een piek in de insuline- en bloedsuikerspiegel). In plaats van brood kun je granen ook in hun natuurlijke toestand eten. Denk bijvoorbeeld aan quinoa, wilde en zilvervliesrijst, gierst en hele, onbewerkte tarwekorrels. Diverse heerlijke recepten voor een aantal van deze graansoorten vind je achter in het boek.
- Als je iets echt zoets wilt eten, kies dan voor suikers die zo complex mogelijk zijn, dat wil zeggen desserts die van onbewerkte vruchten zijn gemaakt of eet fruit uit de hand. Ingeblikte vruchten in siroop en vruchtensappen raden we je af; daar zitten eenvoudige suikers in of de suikers zijn gescheiden van de schillen en andere vezels. Neem maximaal twee of drie stuks fruit per dag. Een appel, perzik, peer of banaan, 120 g kersen en een halve of kleine meloen zijn voorbeelden van 1 portie fruit.
- In plaats van vlees en gevogelte kun je beter plantaardige eiwitbronnen kiezen zoals bonen, peulvruchten, zaden en noten. Hoewel noten rijk zijn aan vet, zijn de meeste van die vetten meervoudig onverzadigd of enkelvoudig onverzadigd, wat beter voor je is dan de verzadigde vetten die in dierlijke producten zitten. Schrap geharde vetten en transvetten uit je dieet. Deze worden gemaakt door middel van een chemisch proces waarbij vloeibare oliën in harde vetten worden omgezet. Noten bevatten veel heilzame fytonutriënten (daarover later meer) en kunnen het cholesterolniveau verlagen.
- Kies voor verse, biologische zuivelproducten. Hoewel er een aanhoudende controverse bestaat over de heilzame werking van zuivelproducten, stelt het Chopra Center zich op het standpunt

dat mits je geen allergie hebt, het met mate consumeren van biologische, vetarme zuivelproducten de balans bevordert en de ervaring van de zes smaken versterkt.

- Als je niet vegetarisch bent, eet dan zo weinig mogelijk rood vlees en kies eerder voor koudwatervis en mager gevogelte. Houd rekening met het belangwekkende onderzoek uit 2013 dat de voordelen aantoonde van een mediterraan dieet bij het voorkomen van hart- en vaatziekten en beroerten. De onderzoekers, die dit op grote schaal gepubliceerde onderzoek in Spanje hebben uitgevoerd, beweren niet dat een mediterraan dieet iemand die een hartkwaal heeft kan genezen; wel zeggen ze dat dit dieet een duidelijker daling van het aantal hartaanvallen en beroerten tot gevolg had dan in de controlegroep, die alleen de calorieconsumptie moest verlagen. Een mediterraan dieet is rijk aan vis, noten, vers fruit, verse groenten en olijfolie en bevat in vergelijking tot het gemiddelde dieet in andere westerse landen weinig boter, kaas en rood vlees.
- Kies bij voorkeur vetten en oliën van plantaardige herkomst en in vis. Gebruik in de keuken olie die enkelvoudig onverzadigd is, zoals olijfolie, of meervoudig onverzadigd, zoals raapzaad-, saffloer- of zonnebloemolie. Een geringe hoeveelheid boter (minder dan één eetlepel per dag) geeft een zoete smaak bij een acceptabele dosis cholesterol.

Hulp voor echte zoetekauwen

Van alle smaken is zoet de smaak waarnaar mensen het vaakst hunkeren. Dit kan komen doordat zoetheid een rustgevend effect heeft, wat is terug te voeren tot de borstvoeding. Als je erg naar zoetigheid verlangt, zorg er dan voor dat je dieet voldoende uitgebalanceerd is en dat je alle zes de smaken in je maaltijden verwerkt en die op een smakelijke manier bereidt. Volledigheid is op zichzelf al bevredigend, veel meer dan een suikerstoot.

Als je de zes smaken elke dag eet en nog steeds naar zoetigheid verlangt, besef dan dat het verlangen naar zelfverwennerij voortkomt uit een conditionering die voornamelijk sociaal van aard is en in je kindertijd is ontstaan. Wees niet te hard voor jezelf als je een langdurige gewoonte gaat veranderen. Wees ook niet al te fanatiek in het mijden van geraffineerde suiker. Een sterke vermindering van de suikerinname is al een hele prestatie; je hoeft echt geen geheelonthouder te worden. Je hebt waarschijnlijk wel ervaren dat als je een verlangen onderdrukt en tot het uiterste gaat om maar zo 'puur' mogelijk te zijn, je onvermijdelijk een terugval krijgt.

Melk is een uitstekend voedingsmiddel om het verlangen naar suiker terug te dringen. Melk bevat de smaak zoet en heeft ook bij volwassenen een kalmerende uitwerking op de gehele fysiologie. Als je voortdurend naar snoep hunkert en geen veganist bent, drink dan een kopje warme melk, bijvoorbeeld als onderdeel van je ontbijt. Voor het terugdringen van je suikerbehoefte kun je ook honing gebruiken. Probeer eens een kopje warm water met een theelepeltje honing en een scheutje citroen.

Tips voor mensen met een grote suikerbehoefte
Als je een grote suikerbehoefte hebt, kun je een aantal specifieke dingen uitproberen.

- Eet en drink geen zoete tussendoortjes zoals frisdrank, donuts of chocoladerepen, zonder iets anders erbij. Een plotselinge suikerstoot maakt het verlangen naar suiker alleen maar groter en heeft een ingrijpend effect op de insuline- en bloedsuikerspiegel. Wacht tot de lunch of het avondeten, want dan kunnen andere voedselgroepen dienen als een buffer voor de effecten van suiker.
- Probeer geleidelijk steeds minder suiker te gebruiken. Als snack kun je bijvoorbeeld schijfjes appel of ander fruit nemen en daar wat suiker of honing op doen. Dat levert een intense zoete smaak op, maar de feitelijke hoeveelheid suiker die je binnenkrijgt is minimaal. Daarnaast fungeert het fruit als buffer.
- Gebruik geen kunstmatige zoetstoffen. Je denkt misschien dat je je lichaam met frisdrank light voor de gek kunt houden, maar alleen al de smaak is voldoende om je bloedsuikerspiegel te veranderen en het verlangen naar nog meer suiker te vergroten.

- Wacht tien minuten voordat je in een restaurant een dessert bestelt. Neem een kopje koffie of thee of leid jezelf even af met een goed gesprek. Als je je lichaam de kans geeft om te registreren dat je geen honger meer hebt, kun je ervoor zorgen dat je verlangen naar suiker verdwijnt.
- Voordat je jezelf een suikerstoot geeft, doe je je ogen dicht en wacht je even. Vraag jezelf of je deze keuze echt wilt maken. Zo niet, dan verdwijnt de behoefte vaak op natuurlijke wijze. En zelfs als je jezelf toch een suikerstoot geeft, moet je deze oefening blijven herhalen. Hoe vaker je jezelf de kans geeft om de juiste keuze te maken, hoe meer succes je zult hebben.

Als je met mate en bewust eet, zul je ondanks je beste bedoelingen echt geen pak koekjes naar binnen werken. Verderop in het boek vind je een aantal recepten voor desserts en als je slechts één tot twee keer per week een dessert eet, bereikt je lichaam weer de toestand van evenwicht. Hoe dan ook, maak van de smaak zoet een bron van genot, zonder er het woord 'schuld' aan te koppelen.

Zuur

Bronnen: allerlei voedingsmiddelen, variërend van fetakaas tot azijn, hebben de smaak zuur. De beste bronnen zijn verse vruchten waaronder appels, abrikozen, aardbeien, bosbessen, frambozen, kersen, grapefruit, druiven, citroenen, sinaasappels, ananas en tomaten. Biologische yoghurt is een goede bron van de smaak zuur en bevat de *acidophilus*, een bacterie die het evenwicht in het spijsverteringskanaal bevordert.

De smaak zuur is het resultaat van de chemische werking van organische zuren op je smaakpapillen. Voorbeelden van zuren zijn citroenzuur, ascorbinezuur (vitamine C) en azijnzuur (azijn). Een kleine hoeveelheid zuur wekt de eetlust op en bevordert de spijsvertering. Het legen van de maag kan erdoor worden vertraagd waardoor het insulinestimulerende effect van koolhydraten wordt gereduceerd.

De ayurveda beschouwt gisting als ongezond voor het lichaam, dus raden we je niet aan om de smaak zuur uit azijn en oude kaas te halen.

Het is sowieso raadzaam je consumptie van oude kaas zo beperkt mogelijk te houden omdat er vaak veel cholesterol en calorieën in zitten. Verse kazen zoals cottage cheese (Hüttenkäse) zijn beter, hoewel bij de commerciële soorten chemische stoffen kunnen zijn gebruikt voor het scheiden van de wrongel en de wei. De ambachtelijke kaasmaker gebruikt citroensap of een beetje azijn.

Zuur smakende vruchten worden geassocieerd met een aantal in potentie heilzame eigenschappen. Meestal zijn ze uitstekende bronnen van vitamine C en flavonoïden, die volgens sommige onderzoeken mogelijk bescherming bieden tegen hart- en vaatziekten en kanker. Ze bevatten oplosbare vezels, die de kans op coronaire hartziekten en diabetes verkleinen. Ook veel gefermenteerde condimenten (smaakmakers), zoals augurken, groene olijven en chutney's, bezitten de smaak zuur. Hoewel ze een positieve invloed op de spijsvertering hebben, kunnen ze het best in kleine hoeveelheden worden gegeten. Haal het grootste deel van de smaak zuur uit overvloedige porties zure vruchten en minder uit saladedressings en ingelegde of gefermenteerde voedingsmiddelen.

Zout

Bronnen: behalve in het gewone keukenzout vinden we de smaak zout in vis, sojasaus, tamari, zeewier en vleeswaren zoals bacon, worst en ham.

Net als de smaak zoet is de smaak zout in gematigde hoeveelheden noodzakelijk en in grote hoeveelheden riskant. Zout is de smaak van ion producerende mineralen op de tong. Deze mineraalzouten, die ons miljarden jaren oude maritieme erfgoed weerspiegelen, zijn essentieel voor de chemische balans van je lichaam (in essentie ben je een in zichzelf besloten, wandelende oceaan), maar een eeuw geleden aten Amerikanen minder dan een derde van de hoeveelheid zout die zij vandaag de dag consumeren. Bewerkte en geconserveerde voedingsmiddelen hebben doorgaans een hoog natriumgehalte.

Samen met ingeblikt voedsel, fastfood, kaas en condimenten zijn dit voor Amerikanen de belangrijkste natriumbronnen.

Binnen de ayurveda bevordert de smaak zout de spijsvertering, is hij mild laxerend en heeft hij een licht ontspannende werking. Te veel zout kan bijdragen aan vochtretentie en speelt wellicht een rol bij het ontstaan van osteoporose. Medisch gezien is de zorg met betrekking tot zout voornamelijk gerelateerd aan een hoge bloeddruk, maar er bestaat geen eenvoudige test waarmee je kunt nagaan of je gevoelig voor zout bent. Je nieren zijn verantwoordelijk voor het verwijderen van overtollig zout uit je lichaam en dat doen ze meestal ook trouw. Maar naarmate je ouder wordt, of als je nierfunctie om de een of andere reden achteruitgaat, wordt zout riskanter. De feitelijke hoeveelheid zout die je lichaam per dag nodig heeft is klein, ongeveer 0,5 gram of minder dan een half theelepeltje. Je kunt keukenzout beperkt naar eigen smaak gebruiken maar voor vrijwel niemand vormt te weinig zout in het dieet een risico. De verstandigste keuze is je zoutinname gestaag te verkleinen tot je op een voor jou comfortabel minimum zit. Als je geleidelijk steeds minder zout gebruikt, zal het je verbazen hoe snel je smaakpapillen zich aanpassen aan zelfs een zweempje zout.

Bitter

Bronnen: groene en gele groenten vormen de hoofdbron van de smaak bitter, onder andere bittere groenten in salades (witlof, roodlof, rucola en andijvie). Een minder uitgesproken bitterheid hebben paprika's, broccoli, selderij, snijbiet, aubergine, spinazie en courgette. Verschillende kruiden hebben eveneens een bittere smaak en zijn nuttige componenten van een uitgebalanceerde maaltijd. Kamille, korianderzaad, korianderblad, komijn, dille, fenegriek, zoethout, rabarber, rozemarijn, saffraan, salie, dragon en kurkuma zijn voorbeelden van culinaire kruiden en specerijen die de smaak bitter hebben.

De bittere smaak onderdrukt de eetlust en heeft een verkoelend effect. Gecombineerd met zoetheid, zoals in tonic, verkoelt hij het lichaam op een warme dag. Deze smaak neutraliseert het weeïge effect van te veel zoetigheid en de eigenschap van zout voedsel dat het ons vaak te veel doet eten. Kleine hoeveelheden van de smaak bitter versterken de andere smaken van een maaltijd. Bitterheid kan ook strategisch worden gebruikt. Als je aan het einde van een maaltijd bittere groenten in een salade eet, vermindert je eetlust en daarmee ook het verlangen naar een dessert.

Bitterheid weerspiegelt de vele natuurlijke fytochemicaliën (*phyto* is Latijn voor 'plant') in de groenten die volgens de ayurveda het verouderingsproces tegengaan en goed zijn voor de gezondheid in het algemeen. In broccoli en bloemkool zitten bijvoorbeeld veel *isothiocyanaten*, die mogelijk een rol spelen bij het voorkomen van kanker en hart- en vaatziekten. Asperges, groene paprika en kool zijn rijk aan andere flavonoïden die je kunnen beschermen tegen genetische beschadiging, infecties kunnen bestrijden en zelfs de kans op geheugenverlies kunnen verkleinen. Als we verder kijken dan ons dieet, zijn de meeste geneeskrachtige kruiden, zoals aloë, zilverkaars, echinacea, gentiaan, de Canadese geelwortel, zoethout, passiebloem, glidkruid en sint-janskruid, overwegend bitter vanwege de hoge concentraties fytochemicaliën.

Scherp

Bronnen: scherpheid is de pittige smaak die we vinden in diverse kruiden en specerijen, maar bijvoorbeeld ook in Spaanse peper, uien, knoflook, gember, radijsjes, mosterd en mierikswortel. Deze smaak zit ook in kruiden die niet direct als pittig worden gezien, zoals pepermunt, basilicum, tijm en rozemarijn.

Een scherpe smaak registreren we op de tong als heet of pittig en wordt meestal veroorzaakt door etherische oliën die natuurlijke antioxidanten zijn. Hun vermogen om bederf veroorzakende vrije radicalen te neutraliseren zou weleens de reden kunnen zijn waarom specerijen vaak werden gebruikt om voedsel in te maken toen er nog geen koelkasten waren. De natuurlijke stoffen in pittige specerijen worden binnen de ayurveda ook beschouwd als antibacterieel.

Sommige onderzoeken wijzen erop dat de natuurlijke componenten van de uienfamilie, onder andere prei, bieslook en knoflook, mogelijk de cholesterolspiegel en de bloeddruk helpen verlagen. Andere onderzoeken hebben aangetoond dat deze scherpe voedingsmiddelen je kunnen beschermen tegen kankerverwekkende stoffen uit je omgeving. En doordat ze ervoor zorgen dat de luchtwegen opengaan, worden Spaanse pepers soms aanbevolen bij aandoeningen aan de luchtwegen en voor het openen van de holten. Afgezien van de mogelijke voordelen voor de gezondheid worden kruiden en specerijen in de ayurveda vooral gebruikt om het eten gevarieerder en kleurrijker te maken. Scherp is de meest stimulerende van de zes maken. Tropische keukens over de hele wereld maken er royaal gebruik van om de mensen op te monteren en energie te geven. Kruiden en specerijen gaan het lusteloze effect van een lange warme dag tegen.

Wrang

Bronnen: de droge, je mond samentrekkende smaak van wrange voedingsmiddelen is vooral bekend van dranken zoals koffie en thee. Voedselbronnen zijn voornamelijk allerlei soorten bonen waaronder sojabonen, en linzen, gedroogde erwten en andere peulvruchten. Een mild wrange smaak is echter ook aanwezig in veel groenten en fruit waaronder zure appels, artisjokken, asperges, paprika, selderij, kersen, veenbessen, komkommers, vijgen, citroenen, paddenstoelen, granaatappels, dadelpruimen, aardappels en spinazie. Rogge en karnemelk zijn ook bijzonder wrang.

De zesde smaak, wrang, is in het Westen het minst bekend tot men erop wordt gewezen dat dit de overheersende smaak in thee is. Binnen de ayurveda breiden wrange voedingsmiddelen hun droge, samentrekkende effect tot in het hele lichaam uit. Hoewel de medische wetenschap wrangheid niet als feitelijke smaak classificeert (je tong heeft geen specifieke smaakpapillen voor scherpte of wrangheid), beschouwt men binnen de ayurveda de natuurlijke stoffen die de wrange smaak veroorzaken als heilzaam voor de mens: ze spelen een rol bij de regulering van de spijsvertering (ze gaan bijvoorbeeld diarree tegen) en ze bevorderen wondgenezing. Wrange peulvruchten zijn rijk aan complexe koolhydraten, plantaardige eiwitten en zowel onoplosbare als oplosbare vezels.

Goed nieuws voor koffieliefhebbers

Jarenlang hebben mensen die van een sterke kop vers gezette koffie houden zich schuldig gevoeld over de mogelijk negatieve invloed van koffie op hun gezondheid. Een steeds groter aantal onderzoeken wijst echter uit dat het drinken van drie tot vijf kopjes koffie per dag mogelijk een preventieve werking heeft met betrekking tot diverse aandoeningen, waaronder diabetes type II, de ziekte van Parkinson, de ziekte van Alzheimer, kanker en cardiovasculaire aandoeningen.

Hoewel onderzoekers er nog steeds achter proberen te komen waarom koffie zo heilzaam is, weten ze wel dat er krachtige antioxidanten in zitten die helpen voorkomen dat vrije radicalen weefsels in het lichaam beschadigen. Koffie bevat ook sporenelementen, zoals magnesium en chroom, die het lichaam in staat stellen insuline te gebruiken en dus de bloedsuikerspiegel te reguleren.

Kies voor biologische koffie om te voorkomen dat je pesticiden en andere toxinen binnenkrijgt die de positieve effecten van je kopje koffie teniet kunnen doen. Mijd ook kunstmatige zoetstoffen zoals zaccharine, aspartaam en sucralose; die bevatten tal van chemische stoffen die volgens de ayurveda toxiciteit in het lichaam brengen.

Hoe zit het met alcohol?

Hoewel sommige vormen van alcohol, zoals rode wijn, een antioxiderende werking hebben, wegen deze heilzame voordelen niet op tegen de negatieve effecten van alcoholgebruik. Ten eerste bevat alcohol veel suiker en calorieën en relatief weinig voedingsstoffen (geen enkele in hun pure vorm, zoals in wodka). Een halve liter bier of 240 ml wijn bevat ongeveer 200 calorieën en 30 ml sterkedrank ongeveer 80 calorieën. De calorieën die in alcohol zitten kunnen gemakkelijk bijdragen aan gewichtstoename en obesitas. Bij overmatig gebruik kan alcohol elk systeem in het lichaam beschadigen, waaronder het centrale zenuwstelsel, de lever en het spijsverteringsstelsel.

Zelfs bij matig gebruik heeft alcohol bij veel mensen een verstorend effect op de kwaliteit van hun slaap. Als je onvoldoende slaap krijgt, produceert je lichaam minder van het hormoon leptine waardoor je je minder bevredigd voelt als je eet. Bovendien veroorzaakt slaaptekort een toename van de productie van het hormoon ghreline, waardoor je eetlust toeneemt en je meer gaat eten. Deze onbalans draagt bij tot gewichtstoename.

Het derde argument tegen alcoholgebruik is dat alcohol je bewustzijn afstompt. In dit boek word je voortdurend aangemoedigd om op je bewustzijn te vertrouwen en het te ontwikkelen zodat je meer vreugde, evenwicht en welbevinden kunt ervaren. Alcoholgebruik is in strijd met die intentie omdat het je emoties afstompt, je uitput en je mentale helderheid verkleint.

Ik besef natuurlijk ook dat alcoholgebruik ondanks deze kanttekeningen voor miljoenen mensen onderdeel van het dagelijks leven is. Het zorgt ervoor dat sociale interacties soepeler verlopen, het voegt iets toe aan restaurantmaaltijden en is aan het eind van een dag hard werken een geliefde zelfmedicatie. Als je wilt drinken, beperk het dan tot een glas rode wijn of het equivalent daarvan, bijvoorbeeld een cocktail of een flesje bier, en drink dit bij de maaltijd. Je lichaam stelt het op prijs als je niet elke dag drinkt. Ondanks het feit dat artsen vanouds zeggen dat een drankje gerust mag, beginnen we pas sinds kort te ontdekken hoe we onze gezondheid en ons welbevinden optimaal kunnen houden. Het wetenschappelijke bewijs dat alcohol een rol speelt bij het ontstaan van ziekten betekent dat alcohol waarschijnlijk geen deel uitmaakt van een programma dat tot een perfecte gezondheid moet leiden.

Samenvatting van de zes smaken

Als je alle zes smaken in je maaltijden wilt verwerken, moet je wellicht met verschillende voedingsmiddelen en nieuwe specerijen gaan experimenteren. De recepten die achter in het boek staan bieden een verscheidenheid aan smaken om je te inspireren. Als je het moeilijk vindt alle zes de smaken in bepaalde maaltijden te verwerken, zorg er dan in ieder geval voor dat je elke smaak gedurende de dag ervaart. Als je eenmaal begint, wordt het steeds gemakkelijker om ze alle zes in je maaltijden op te nemen.

Smaak	Voedselbronnen	Smaakbasis	Effect op mind/ body-fysiologie
Zoet	*Kies voor:* onbewerkte granen, fruit, zetmeelrijke groenten en vetarme biologische zuivelproducten *Minder:* vlees (met inbegrip van kip en vis), stroop en honing *Schrap:* geraffineerde suikers, granen, pasta en rijst	Koolhydraten, proteïnen en vetten	Heeft een verzachtende werking op het lichaam. Geeft een tevreden gevoel en vergroot de lichaamsmassa
Zuur	*Kies voor:* citrusvruchten bessen en tomaten *Minder:* ingelegde en gefermenteerde voedingsmiddelen en alcohol	Organische zuren: ascorbinezuur, citroenzuur, azijnzuur	Bevordert de eetlust en de spijsvertering (maar kan irriterend zijn voor mensen die last hebben van brandend maagzuur).
Zout	Je hoeft niet voor zoute voedingsmiddelen te kiezen omdat zout al zoveel voorkomt in het voedsel dat we eten. *Minder:* sterk gezouten voedsel zoals chips, zoutjes, gezouten vlees en bewerkt tomatensap	Mineraalzouten	Vergroot de eetlust en maakt andere smaken lekkerder. Maar overmatig zout verzwakt de smaakervaring
Bitter	*Kies voor:* alle groene en gele groenten	Alkaloïden of glycosiden	Ontgifting van het systeem. Overconsumptie kan winderigheid of maag- en darmstoornissen veroorzaken.
Scherp	*Kies voor:* pittige voedingsmiddelen in kleine hoeveelheden, zoals paprika's, Spaanse pepers, uien, knoflook, cayennepeper, zwarte peper, kruidnagels, gember en mosterd	Etherische oliën	Bevordert de transpiratie en maakt de holten open. Stimuleert de stofwisseling.

Wrang	*Kies voor:* linzen, erwten, bonen, groene appels, bessen, vijgen, groene thee, granaatappels	Tannine	Heeft een verdrogende en samentrekkende invloed op het lichaam. Reguleert de spijsvertering en bevordert de wondgenezing.

Andersoortige smaken

Toen ik werd geboren was er voor India een nieuw tijdperk aangebroken, direct nadat het land in 1945 onafhankelijk was geworden van de Britten. Mijn ouders waren er enorm trots op dat ze van deze nieuwe generatie deel uitmaakten, maar hun blik was nog steeds op het Westen gericht. Mijn vader, een arts, moest niets hebben van de traditionele Indiase geneeskunde. Voor hem behoorde ayurveda tot de wereld van dorpsgenezers en huismiddeltjes, iets wat overtroffen was door de geavanceerde westerse geneeskunde.

Mijn broer Sanjiv en ik traden in zijn voetsporen en werden allebei arts in Boston. Er waren heel wat veranderingen voor nodig, zowel op sociaal als op persoonlijk gebied, voordat ayurveda bij mij de juiste snaar raakte. Toen dat eenmaal was gebeurd herkende ik er een eeuwenoude manier van leven in, niet slechts een medisch systeem, en deze manier van leven bood mensen een plaats in de natuur die harmonieus en holistisch van aard was. Het lichaam was geen machine die je voor reparatie mee naar de dokter nam als een onderdeel niet meer werkte. Het was een spiegel van de kosmos, zijn ritmen verbonden met de sterren en de getijden, zijn cellen gevuld met diepgaande intelligentie, en zijn doel het dagelijks bestaan vreugdevol en productief te maken.

Binnen de ayurveda is het afstemmen op het lichaam niet een toevallige keuze, maar een verbinding met de diepste intelligentie van de natuur. 'Afstemmen op' lijkt een te algemene en vormloze omschrijving als het erom gaat na te gaan of iets pijn doet of stijf is geworden. Binnen de ayurveda is 'afstemmen op' specifiek. De zes smaken laten zien hoe nauwkeurig ayurvedische kennis is en je zou kunnen zeggen dat ze slechts één frequentie zijn van het boodschappensysteem van het lichaam. Ayurveda gaat over het geven en nemen tussen de geest en het lichaam en is ons moderne begrip van terugkoppelingsystemen dus eeuwen vooruit. Nadat zij het boodschappensysteem van het lichaam tot in detail in kaart hadden gebracht, bedachten de wijzen van de ayurveda een manier van leven die zich in alle richtingen uitbreidt. Laat me je het grotere geheel tonen waar de zes smaken heen leiden.

Smaken van emotie

De ayurveda stelt dat emoties een cruciaal onderdeel zijn van het gesprek tussen lichaam en geest. De zes smaken zijn niet beperkt tot voedsel; ze worden beschouwd als kenmerken van bewustzijn die onze emoties beschrijven. Op een diep niveau herkennen we deze relatie omdat elke taal metaforen van smaak gebruikt om gevoelens te beschrijven. We zijn allemaal bekend met uitdrukkingen als 'een gezouten mening', 'pikante grappen', 'een bittere pil' en 'droge humor'.

Net zoals het belangrijk is alle zes de smaken in je maaltijden te verwerken, reageert je brein op alle smaken van het leven. Hoewel bitterheid en wrangheid bijvoorbeeld niet als positieve emoties worden gezien, is de mens geëvolueerd met een verlangen om zo veel mogelijk aspecten van het leven te ervaren, zowel het zoete als het bittere. Het drama van het leven manifesteert zich in tegenstellingen. Als iemand altijd zoet is, walg je daar op een gegeven moment van, net zoals van de hele dag ijs eten. Een vleugje wrangheid voegt er diepte aan toe maar te veel zorgt voor een grimas. Leg niet te veel nadruk op een bepaalde emotionele smaak maar negeer emotionele smaken ook niet. Elke smaak heeft zijn plaats in de stofwisseling van onze ervaringen en als je alle smaken in evenwicht houdt, maak je je ervaringen rijker.

Emoties: de smaken van het leven

Smaak	In balans	Uit balans
Zoet	Koesterend	Walgelijk, weeïg
Zuur	Stimulerend	Bijtend
Zout	Hartelijk	Geërgerd
Bitter	Energiek	Haatdragend
Scherp	Hartstochtelijk	Vijandig
Wrang	Geestig	Cynisch

Voeding en de regenboog van kleuren

Naast het verwerken van de zes smaken in elke maaltijd geeft het gebruik van de kleuren van de regenboog je gerechten een mooie aanblik. Wat het oog behaagt, behaagt het lichaam als geheel. Doe je ogen dicht en stel je voor dat je op een zonnig Caribisch strand bent. Aan het fonkelende blauwe water is een picknick voorbereid, een exotische picknick. Je eet niet van porselein maar van bananenbladeren. De maaltijd is een lust voor het oog: geroosterde vis bedekt met feloranje mango's, heerlijk geurende witte rijst met kokosschaafsel en felroze watermeloen met partjes limoen. Terwijl je deze maaltijd visualiseert, merk je waarschijnlijk dat je eetlust door de beelden wordt opgewekt en dat je een gelukkige ervaring verwacht. Deze boodschappen stromen door je lichaam.

Je kunt dezelfde boodschappen ook in werkelijkheid met echt voedsel creëren. Je hebt maar een paar minuten nodig om levendige kleuren aan een maaltijd toe te voegen met peterselie, munt en andere kruiden, een plakje citroen of limoen en/of een beetje chutney. Restaurants stoppen veel tijd en vindingrijkheid in een aantrekkelijke presentatie, die hun gerechten evenzeer aanprijst als de smaak ervan. Binnen de ayurveda wordt kleur beschouwd als een smaak op zich. Zie in gedachten een wit porseleinen bord dat gevuld is met gestoomde vis, bloemkool en rijst. Het feit dat alles wit is maakt het geheel zeer eentonig, hoewel de smaken op de tong variëren. Op zichzelf is de kleur wit echter de kleur van puurheid; het gaat erom dat je wit combineert met andere kleuren.

Hier volgen enkele suggesties om het kleurenpalet van je maaltijden te verlevendigen. In de ayurveda omvat een ideaal spectrum alle kleuren.

Rood	Frambozen, appels, kersen, aardbeien, granaatappels, tomaten, watermeloen, roze grapefruit, papaja, rode paprika, Spaanse peper
Oranje	Sinaasappels, meloenen, mango's, abrikozen, zoete aardappelen, wortelen
Geel	Citroenen, bananen, ananas, perziken, gele pompoen, maïs, gele paprika
Groen	Kiwi's, appels, limoenen, groene druiven, spinazie, sla, snijbiet, rucola, boerenkool, broccoli, artisjokken, groene asperges, selderij, avocado's, courgettes, spruitjes, groene erwten
Blauw en paars	Bosbessen, blauwe druiven, 'rode' kool, bieten, aubergine, pruimen
Wit	Peren, kokos, uien, knoflook, bloemkool, pastinaak, koolraap

De ayurveda ziet hier ook een verband met voedzaamheid. Voedingsmiddelen met een diepe, rijke kleur bevatten veel antioxidanten en fytonutriënten (voedingsstoffen uit planten), die het immuunsysteem stimuleren en de gezondheid verbeteren. Het beste recente onderzoek wijst uit dat die voedingsmiddelen het heilzaamst zijn, die vol zitten met krachtige concentraties plantaardige verbindingen die verantwoordelijk zijn voor smaak en kleur. De zes smaken zijn goed op deze verbindingen afgestemd.

Een nadeel van het ontleden van voedingsmiddelen tot chemische componenten is dat we de fytonutriënten niet daadwerkelijk ervaren. Het is onwaarschijnlijk dat je tegen een vriend zult zeggen: 'Ik heb net de heerlijkste lycopenen bij de lunch op,' of 'Dat was de lekkerste flavonoïde die ik ooit heb geproefd!' Ik geef deze informatie over fytonutriënten omdat kennis macht is maar ik moedig je aan om van maaltijden een rijke ervaring te maken. Door te genieten van het zintuiglijk genoegen waarmee bewust eten gepaard gaat, voed je je vollediger dan enige tabel met voedingswaarden ooit zou kunnen bewerkstelligen.

In onderstaande tabel staan enkele fytonutriënten in vers fruit, groenten, kruiden en specerijen, die goed zijn voor de gezondheid.

Fytochemicaliën	Werking	Bronnen	Smaken
Flavonoïden	Antioxidanten, anticarcinogeen, beschermen tegen hart- en vaatziekten	Uien, broccoli, rode druiven, appels, kersen, citrusvruchten, bessen, tomaten	Zuur, scherp, zoet
Fenol-verbindingen	Antioxidanten, remmen kwaad-aardige verande-ringsprocessen	Noten, bessen, groene thee	Wrang, zuur, zoet
Sulfiden	Antioxidanten, anticarcinogeen, remmen de bloedstolling	Knoflook, uien, bieslook	Scherp
Lycopenen	Antioxidanten, anticarcinogeen	Tomaten, rode grapefruit	Zuur
Isothiocyanaten	Remmen de groei van tumoren	Broccoli, kool, bloemkool	Wrang
Isoflavonen	Blokkeren hormo-naal gestimuleerde kankervormen, verlagen het cholesterolgehalte	Sojabonen, voedingsmiddelen op sojabasis, kikkererwten, pintobonen, witte bonen	Zoet, wrang
Anthocyanen	Antioxidanten, verlagen het cholesterolgehalte, stimuleren het immuunsysteem	Bessen, kersen, druiven, krenten	Zoet, zuur
Terpenoïden	Antioxidanten, antibacterieel, voorkomen maagzweren	Paprika, kaneel, mierikswortel, rozemarijn, tijm, kurkuma	Wrang, bitter
Lignanen	Anticarcinogeen, verlagen het cholesterolgehalte en de bloeddruk	Lijnzaad, sesamzaad, tarwezemelen, olijven	Wrang, zoet
Coumestanen	Anticarcinogeen	Klaver, alfalfa, sojascheuten, spliterwten, pintobonen, limabonen	Bitter, wrang
Phthaliden	Verlagen de bloeddruk en het cholesterolgehalte, anticarcinogeen	Selderij, wortelen, peterselie, pastinaak, venkel	Wrang, bitter, zoet

Specerijen voor je welzijn

Voordat geneesmiddelen op het toneel verschenen, maakte de traditionele geneeskunde gebruik van kruiden, specerijen en andere natuurlijke producten vanwege hun geneeskrachtige eigenschappen. De ayurveda vormt hierop geen uitzondering en vooral in India wordt nog steeds onderzoek naar deze remedies gedaan. De geneeskrachtige eigenschappen van de meeste geneesmiddelen kunnen niet met behulp van een grove chemische analyse op voorhand worden vastgesteld, zodat farmaceutische bedrijven nog steeds het medicijnkastje van natuurlijke remedies uitkammen om nieuwe middelen te vinden.

Dit boek gaat niet over remedies, maar aangezien ayurveda holistisch is, worden veel voedingsmiddelen aanbevolen die geneeskrachtige eigenschappen hebben. Hieronder staan enkele specerijen en andere sterke smaakmakers met een beschrijving van hun potentiële heilzame werking. Specerijen hebben een intense smaak en daardoor sturen ze krachtige boodschappen naar je lichaam (zonder er calorieën aan toe te voegen). Hoewel onderzoekers de actieve inhoudsstoffen van een aantal kruiden en specerijen hebben geïsoleerd en in pilvorm beschikbaar hebben gesteld, bevinden deze stoffen zich dan niet in hun natuurlijke omgeving en kun je er minder van genieten dan van onbewerkte gerechten die met verse kruiden en specerijen zijn bereid.

Opmerking: de heilzame werking die bij elke specerij wordt genoemd is afkomstig uit de ayurvedische traditie; er worden geen medische claims gedaan. In het Chopra Center ligt de nadruk op het creëren van welzijn. Bij het optreden van ziektesymptomen, die binnen de ayurveda worden beschouwd als een vergevorderd stadium van onbalans, biedt de westerse geneeskunde vaak de meest effectieve aanpak doordat zij gespecialiseerd is in het uitbreken van ziekte. De ayurveda is gespecialiseerd in het in stand houden van evenwicht en welzijn gedurende langere tijd, wat een andere benadering is.

Gember

Gember is een scherpe, aromatische specerij die al lange tijd binnen de traditionele genezingsmethoden wordt gebruikt om de spijsvertering te verbeteren en misselijkheid, winderigheid en menstruatiepijn te verlichten. De ayurveda raadt je aan verse gemberwortel te gebruiken in plaats van gedroogd gemberpoeder. Onderzoekers hebben ontdekt dat gember ontstekingsremmende fytonutriënten bevat die gingerolen worden genoemd en daarnaast sterke antioxiderende en antibacteriële eigenschappen heeft. Hieronder staan enkele recente bevindingen met betrekking tot de potentiële heilzame werking van gember.

- Regelmatige consumptie van gember kan bijdragen aan het verminderen van pijn en zwelling bij mensen met osteoartritis en reumatoïde artritis.
- Onderzoekers hebben ontdekt dat gember specifieke verbindingen bevat die een verbinding kunnen aangaan met de serotoninereceptoren in het brein, wat angstgevoelens zou kunnen verminderen.
- Gember is effectief in het voorkomen van de symptomen van reisziekte, waaronder misselijkheid, duizeligheid en braken.
- Kleine doses gember kunnen misselijkheid en braken bij zwangerschap verlichten, zonder de nadelige bijwerkingen van medicijnen tegen misselijkheid.
- Onderzoek wijst erop dat gember ook een nuttige rol zou kunnen spelen bij het stabiliseren van de stofwisseling, waaronder het verkleinen van de kans op diabetes.
- Gember remt mogelijk de groei van bepaalde kankercellen, met inbegrip van colorectale kankercellen.

Je kunt op veel manieren van gember genieten en ik heb een aantal recepten voor gemberthee en andere gerechten in het boek opgenomen. Je kunt beter verse gember gebruiken dan gedroogd gemberpoeder. De smaak is beter en in verse gember zitten meer gingerolen en andere ontstekingsremmende verbindingen. Als je gemberpoeder gebruikt, probeer dan een biologisch geteeld product te vinden dat niet bestraald is.

Nog een tip uit de ayurveda: drink voorafgaand aan elke maaltijd gemberthee of warm water. Dit bevordert de spijsvertering en verkleint de kans dat je te veel eet.

Kurkuma

In de ayurveda is deze mooie gele specerij een apotheek op zich. Om te beginnen heeft onderzoek uitgewezen dat kurkuma ontstekingsremmende en antioxiderende eigenschappen heeft. Deze eigenschappen zijn zeer waardevol gezien de verdachte connectie tussen laaggradige chronische ontstekingen en veel aan onze levensstijl gerelateerde aandoeningen. Hieronder staan enkele andere mogelijke toepassingen.

- Kurkuma heeft een beschermend effect op de lever en kan helpen bij het verlagen van een verhoogd cholesterolgehalte.
- Bij de behandeling van artritis kan kurkuma, indien afzonderlijk of in combinatie met andere verbindingen gebruikt, pijn en stijfheid verminderen.
- Verschillende onderzoeken bij dieren hebben aangetoond dat kurkuma de ontwikkeling van bepaalde kankercellen kan voorkomen of remmen.
- Kurkuma heeft een kalmerende invloed op de spijsvertering en kan helpen de kans op maagzweren en maagklachten te verkleinen.
- Als natuurlijk antibioticum kan kurkuma onder laboratoriumomstandigheden de groei van bacteriën, gisten en virussen remmen.

Een van de voornaamste werkzame bestanddelen van kurkuma staat bekend als kurkumine, dat niet zo gemakkelijk door het lichaam wordt geabsorbeerd. Een andere stof, de piperine in zwarte peper, kan de absorptie van kurkumine bevorderen. Kurkuma en peper zijn componenten van de meeste kerriepoeders. Onderzoek van epidemiologen wijst uit dat in India, waar kerriepoeder dagelijks wordt gebruikt, de ziekte van Alzheimer relatief zeer weinig voorkomt. Binnen de populatie van 70- tot 79-jarigen bedraagt het aantal gevallen minder dan 25 procent van dat in de Verenigde Staten. Hoewel een lagere levensverwachting en dood door andere oorzaken een belangrijke rol spelen, veronderstellen sommige onderzoekers dat de ontstekingsremmende en antioxiderende eigenschappen van een verbinding zoals kurkumine een belangrijke factor kunnen zijn bij het voorkomen van de ziekte van

Alzheimer. Je kunt kurkuma gebruiken in soepen, gesauteerde groenten en andere gerechten. De heldere kleur en milde pittigheid geven de gerechten een nieuwe dimensie.

Kaneel

Kaneel is een zoete, verwarmende, scherpe specerij die wordt gewonnen uit de binnenste schors van de kaneelboom. Al van oudsher wordt kaneel gebruikt ter verhoging van de energie en voor de behandeling van verkoudheid, spijsverteringsproblemen en krampen. Hoewel er circa honderd variëteiten van *Cinnamonum verum* bestaan, wordt de meest voorkomende variëteit meestal kassieboom genoemd. Kaneel is een krachtige antioxidant en bevat verbindingen die ontstekingsreacties tegengaan en bacteriën, virussen en schimmels helpen bestrijden. Kaneel kan bijdragen aan het beperken van chronische ontstekingen, die worden geassocieerd met neurologische aandoeningen zoals de ziekte van Alzheimer, de ziekte van Parkinson, multiple sclerose en hersenvliesontsteking. Onderzoekers komen voortdurend met nieuwe onderzoeksresultaten. Hieronder staan enkele van de meest recente bevindingen.

- Een aantal onderzoeken wijst uit dat kaneel van de kassieboom een rol kan spelen bij de behandeling van diabetes type II omdat deze kaneel de bloedsuikerspiegel verlaagt en de insulineproductie verhoogt.
- Kaneel bevat een ontstekingsremmende verbinding die kaneelaldehyde wordt genoemd en die helpt bij het voorkomen van de ongezonde samenklontering van bloedplaatjes.
- Onderzoek heeft aangetoond dat kaneel kan helpen bij het verlagen van het LDL-cholesterolniveau en de kans op hart- en vaatziekten kan verkleinen.
- Kaneel vermindert onder laboratoriumomstandigheden de verspreiding van leukemie en lymfeklierkankercellen.
- In combinatie met honing kan kaneel de pijn verminderen waarmee artritis gepaard gaat.
- De geur van kaneel kan cognitieve functies verbeteren, waaronder het concentratievermogen, het geheugen en de visueel-motorische snelheid.

Als je kaneel koopt, in poedervorm of als stokjes, ruik er dan even aan om na te gaan of de kaneel een sterke, zoete geur heeft.

Paprika en pepers

Paprika en pepers worden wereldwijd in gerechten gebruikt en bevatten een groot aantal fytonutriënten met antioxiderende eigenschappen. (Hoewel ze dezelfde naam hebben, behoren zwarte peperkorrels niet tot dezelfde familie als Spaanse peper en aanverwante groenten.) Verse paprika en pepers zijn er in verschillende kleuren waaronder rood, geel, groen en paars. Elke kleur wordt geassocieerd met een andere groep fytonutriënten en andere voedingsstoffen. Rode paprika's zijn bijvoorbeeld rijk aan lycopenen, luteïne (dat een positieve invloed op de gezondheid van de ogen heeft), bètacaroteen en vitamine B6, C en A.

Pittige pepers, zoals de jalapeños en habaneros, bevatten relatief grote hoeveelheden van het enzym capsaïcine, een natuurlijke antioxidant die ervoor zorgt dat het zweet je uitbreekt en je ogen gaan tranen als je een hap neemt. Onderzoekers hebben aangetoond dat pittige pepertjes de stofwisseling kunnen verbeteren en de eetlust kunnen remmen. Deze eigenschappen kunnen je helpen bij het afvallen. Hieronder staan enkele recente bevindingen met betrekking tot capsaïcine (dat slechts in kleine hoeveelheden in paprika's en andere zoete variëteiten voorkomt).

- Capsaïcine helpt pijn te verminderen door verlaging van de hoeveelheid van een stof die substantie P wordt genoemd. Deze stof stuurt pijnsignalen naar het brein. Onderzoek heeft uitgewezen dat capsaïcine de pijn verlicht bij migraine en sinushoofdpijn.
- Dierproeven hebben aangetoond dat capsaïcine effectief kan zijn bij het doden van kankercellen in de pancreas, prostaat en longen.
- Capsaïcine kan helpen bij het voorkomen van hart- en vaatziekten door het cholesterolgehalte en de hoeveelheid triglyceriden te verlagen en door ongezonde bloedstolling te voorkomen.
- Paprika en pepers hebben antibacteriële eigenschappen waarmee chronische sinusinfecties bestreden kunnen worden.

Doordat het westerse dieet steeds diverser wordt en steeds meer gerechten uit de hele wereld bevat, gebruiken koks paprika en pepers in salades, salsa, guacamole en curry's. Probeer een verscheidenheid aan paprika's en pepers te eten zodat je een breed scala aan fytonutriënten binnenkrijgt.

Knoflook

Knoflook is afkomstig uit Centraal-Azië maar was ook bekend in het oude China, Griekenland en Egypte. Dit scherp smakende kruid vormt al eeuwenlang een hoofdbestanddeel van het mediterrane dieet en wordt gewaardeerd om zowel de medicinale als de culinaire toepassingen ervan. Knoflook heeft een gevestigde reputatie als effectief middel tegen verstopte longen en stijfheid en pijn bij artritis. In traditionele geneeswijzen wordt knoflook ook gebruikt om angstgevoelens te verminderen, een regelmatige menstruatie bij vrouwen te bevorderen en het libido bij mannen te vergroten. Knoflookolie wordt topisch aangebracht bij spierpijn en versnelt de wondgenezing.

Er zijn duizenden wetenschappelijke onderzoeken over deze complexe botanische bondgenoot gepubliceerd. Knoflook bevat ongeveer tweehonderd verschillende componenten, waarvan de meeste nog niet zorgvuldig zijn onderzocht. Tot nu toe is het meeste onderzoek verricht naar allicine, een fytochemische stof in knoflook die verschillende geneeskrachtige eigenschappen heeft. Hieronder staat wat het meest recente wetenschappelijke onderzoek naar de werking van knoflook heeft opgeleverd.

- Rauwe knoflook heeft krachtige antibacteriële, antivirale en schimmelremmende eigenschappen. Knoflook kan het immuunsysteem versterken, verkoudheid voorkomen en worden ingezet bij schimmel- en gistinfecties.
- Knoflook verkleint mogelijk het risico op sommige vormen van kanker waaronder borstkanker, prostaatkanker, maagkanker en darmkanker. Onderzoekers hebben ontdekt dat bij mensen die meer dan zes teentjes knoflook per week aten colorectale kanker 30 procent en maagkanker 50 procent minder vaak voorkwam dan bij mensen die geen knoflook aten.

- Knoflook geeft verlichting bij verstopte holten.
- Sommige onderzoeken wijzen erop dat knoflook het cholesterolgehalte kan verlagen, maar verder onderzoek is nodig om deze bevindingen te bevestigen en om te bepalen welke vormen van knoflook het meest heilzaam zijn.
- Onderzoek heeft aangetoond dat regelmatige consumptie van knoflook atherosclerose en hart- en vaatziekten helpt voorkomen door plaquevorming en kalkafzetting in kransslagaderen te reduceren, ongezonde bloedstolling te verminderen en de bloedcirculatie te verbeteren.

Houd in gedachten dat als knoflook wordt gebakken of gedroogd, een groot deel van de geneeskrachtige eigenschappen verloren gaat. Om deze reden hebben knoflookpillen een geringer positief effect op de gezondheid dan het eten van verse, rauwe knoflook. Als je van knoflook in je gerechten houdt maar niet zo blij bent met het effect dat knoflook op je adem heeft, kun je na de maaltijd verse peterselie kauwen of een peterseliepil innemen (te koop in natuurvoedingswinkels).

De vroegste preventie

Doordat binnen de wetenschappelijke geneeskunde elke ziekte tot haar verschillende componenten wordt ontleed, is deze vorm van geneeskunde inmiddels zeer complex en geavanceerd geworden. Binnen enkele dagen na het uitbreken van een nieuwe stam van het griepvirus, kan dit virus al worden geanalyseerd. Kanker wordt tot op moleculair niveau opgespoord en volgens het genoom van de patiënt getypeerd.

De ayurveda stelt echter dat een geavanceerde diagnose, de grote kracht van de wetenschappelijke geneeskunde, pas aan het einde van een lange reeks gebeurtenissen een rol gaat spelen. Voordat er symptomen waarneembaar zijn – het stadium waarin medicijnen en operaties noodzakelijk worden – heeft het zelfgenezend vermogen van het lichaam een kritiek afbraakstadium bereikt.

Afbraak is het gevolg van een overbelast terugkoppelingssysteem dat op zijn beurt weer het gevolg is van een ingrijpende onbalans. Een onbalans begint op een subtiel niveau dat zich kenbaar maakt door middel van signalen van welbevinden en ongemak. Dus de lange reeks gebeurtenissen die uitmondt in een ziekte, begint eigenlijk bij alledaagse keuzen die het lichaam ofwel in balans houden ofwel uit balans brengen.

Deze eenvoudige logica wordt door de moderne geneeskunde niet ontkend. Maar artsen zijn opgeleid om pas in te grijpen als de schade zo groot is dat het lichaam niet meer voor zichzelf kan zorgen. Er bestaat geen opleiding voor het stadium voorafgaand aan ziekte, hoewel de grote rol die preventie kan spelen de afgelopen twintig jaar binnen de reguliere medische gemeenschap steeds meer aandacht heeft gekregen.

De ayurveda blijft gericht op de vraag hoe je het goede leven kunt creëren door dingen te doen die zorgen voor een samensmelting van lichaam en geest. Elke dag zou je moeten kiezen voor de meest voedende input, of je keuze nu is gebaseerd op de ayurveda of op andere principes die vervat zijn in de taal van terugkoppellussen. Een evenwichtige, harmonieuze levensstijl kan worden gezien als het vroegste preventieprogramma. Hier volgt een korte samenvatting van de levensstijl die ik in dit boek aanbeveel.

Lang voor een ziekte intreedt, zijn je beste keuzen:

Eet natuurlijk, onbewerkt voedsel.
Volg de signalen van je lichaam met betrekking tot honger en verzadiging.
Stem af op gevoelens van ongemak en geef er gehoor aan.
Besteed aandacht aan dagelijkse bioritmen, vooral aan slaap.
Blijf in een toestand van kalme alertheid.
Bevorder energie en lichtheid in je dieet en lichaamsbeweging.
Ga bewust om met stress.
Cultiveer een visie van welzijn en volg die visie.

De beste manier om ziekte te voorkomen is zo harmonieus leven dat de subtiele voorboden van ziekte (dat wil zeggen verstoringen van de balans die zich in een vroeg stadium bevinden) geen houvast in het mind/body-systeem krijgen. Dat is de veronderstelling die binnen de ayurveda geldt en hoewel de ayurvedische principes meer dan tweeduizend jaar voor de opkomst van de wetenschap zijn geformuleerd, zonder technische kennis van homeostase of terugkoppellussen in het brein, komt de hedendaagse kennis over welzijn en ziekte opmerkelijk dicht bij de belangrijkste thema's van de ayurveda.

Er is niets mysterieus aan de eerste voortekenen van onbalans; die kennen we allemaal. Denk maar aan al die laaggradige symptomen zoals vermoeidheid, een gebrek aan energie, slapeloosheid, bevattelijkheid voor verkoudheid en griep, hoofdpijn, spijsverteringsproblemen, vage pijn, depressie en angstgevoelens. Omdat ze laaggradig zijn en (meestal) nog niet het niveau van ernstige symptomen hebben bereikt, betekenen deze signalen binnen de westerse geneeskunde niet veel, tenzij ze blijven bestaan. Zelfs dan wordt verondersteld dat dit soort marginale ongemakken niet zo ernstig is als volledig tot ontwikkeling gekomen ziekten.

Ayurveda bekijkt het van de andere kant en ziet een vroege onbalans als de eerste schakel in de reeks gebeurtenissen die uiteindelijk tot een volledig ontwikkelde ziekte leidt. Dit perspectief wint binnen de wetenschappelijke geneeskunde snel terrein. Onderzoekers beseffen intussen namelijk dat genetische veranderingen die gerelateerd zijn aan diabetes, autisme, depressie, schizofrenie en de ziekte van Alzheimer – om maar een paar veelvoorkomende aandoeningen te noemen – jaren en soms decennia eerder optreden dan de symptomen van ziekte. We beseffen ook dat keuzen op het gebied van onze levensstijl pas op de lange termijn de genetische output veranderen. Genen worden niet aan- en uitgezet als een lichtknopje maar werken op een glijdende schaal, net als een dimmer of regelbare weerstand.

Dat is de reden waarom de dagelijkse input in het mind/body-systeem zo belangrijk is. Het lichaam is gebouwd als een zandduin, met één korrel tegelijk, en niet als een muur, met één baksteen tegelijk. Dus elke dag is een microkosmos van je hele leven: wat je eet, denkt, voelt en doet voorspelt je toekomst. Als je vandaag harmonieus leeft, creëer je een harmonieuze toekomst. Dit is iets heel anders dan erop los leven tot de dag aanbreekt waarop het mis begint te gaan en je je moet haasten om je verleden goed te maken. Soms is dat namelijk niet mogelijk.

Kan de ayurveda het probleem van 'therapieontrouw' oplossen? Ik denk van wel. Na decennia van campagnes op het gebied van de volksgezondheid, blijft de westerse mens een voornamelijk zittend leven leiden en de verkeerde voeding kiezen. Een van de belangrijkste redenen hiervoor is het angstklimaat rondom kanker, hart- en vaatziekten, beroerten, de ziekte van Alzheimer en andere ernstige ziekten. Dit zijn grotendeels aandoeningen die zich op middelbare of latere leeftijd aandienen en de meeste mensen zijn er zo bang voor omdat ze onderdeel zijn van een angstaanjagend beeld van algehele aftakeling. Op angst gebaseerde motivatie werkt op de lange termijn maar zelden. In de dagelijkse realiteit houden mensen een harmonieuze levensstijl niet vol omdat ze bang zijn.

Binnen de ayurveda wordt de situatie omgedraaid doordat de focus ligt op vroege verstoringen van de balans. Die zijn niet beangstigend. Integendeel. Een harmonieus, evenwichtig leven draagt bij aan je geluk en houdt het schrikbeeld van wat je in je latere levensjaren zou kunnen overkomen op afstand. Als je in evenwicht bent, hoef je niet af te takelen. De 'nieuwe ouderdom' heeft de ergste veronderstellingen over oude mensen al vervangen. Zij worden niet meer gezien als eenzame bejaarden die nutteloos in een schommelstoel zitten en niet worden opgemerkt. De babyboomers zien 70 als het einde van de fase van de middelbare leeftijd. Uit een enquête waarin de ondervraagden antwoord moesten geven op de vraag wanneer volgens hen de ouderdom begint, bleek dat het gemiddelde antwoord 85 was. De beste manier om een lang, actief leven te leiden is die verwachting in je achterhoofd te houden.

Waar het om gaat is dat je een levensstijl creëert die je op je twintigste, dertigste, vijftigste en tachtigste gelukkig maakt. Ik geloof dat de ayurveda een goede basis legt voor een dergelijke levensstijl. Als je er nog een ander element aan toevoegt, kun je van je gehele levensduur een oplopende curve maken zonder angst voor aftakeling. Dat toegevoegde element is een hoger bewustzijn dat je ten volle wilt verkennen. Bewust eten is slechts één toepassing van bewustzijn. Er ontvouwt zich een bredere horizon als je ontdekt dat bewustzijn de sleutel in zich draagt tot de hogere staat van mentale en spirituele vervulling.

DEEL TWEE

JE BEWUSTZIJN VERGROTEN

De vreugde van bewustzijn

Kernpunten

- Als je eet ben je je ofwel bewust van wat je doet, ofwel je staat daar niet bij stil en werkt je eten onbewust naar binnen.
- Veel mensen eten onbewust en hebben daardoor geen controle over hun eetpatroon. Je kunt alleen iets controleren waarvan je je bewust bent. Als je onbewust eet, sta je er niet bij stil en besef je niet wat je doet. Dat is een keuze; je hoeft het dus niet te doen.
- Mindfulness biedt je een eenvoudige manier om af te stemmen op je brein, dat vier soorten boodschappen naar je stuurt: gewaarwordingen, beelden, gevoelens en gedachten.
- De vreugde van bewustzijn ontstaat als je uit je conditionering ontsnapt. Bij bewustzijn gaat het erom dat je gebruikmaakt van je vrijheid om te kiezen wat je wilt in plaats van wat je verleden je oplegt.

Ik heb verschillende keren benadrukt dat je geen controle hebt over iets waarvan je je niet bewust bent. Voor mij was dit aanvankelijk een verrassende les omdat ik mijn eigen bewustzijnsniveau overschatte, niet op alle levensgebieden maar bijvoorbeeld wel in mijn medische carrière. Jarenlang heb ik door middel van zelfdiscipline naar succes gestreefd, waarbij ik 's morgens om 5 uur opstond zodat ik in twee lokale ziekenhuizen mijn rondes kon lopen; daarna reed ik naar mijn privépraktijk waar mijn patiëntenrooster enkele duizenden namen bevatte. Het succes kwam maar het gevoel van voldoening, waarvan verondersteld wordt dat het een van de beloningen van succes is, bleef uit.

Op een dag vroeg een wijze vriend mij: 'Weet je, volgens mij heb je genoeg wilskracht. Maar hoe zit het met acceptatie? Je hoeft niet de hele tijd te blijven rennen.' Misschien noemde hij nog wel een paar dingen die belangrijk zijn voor het vinden van voldoening, zoals het tonen van dankbaarheid en het leren leven in het hier en nu.

Ik moest nog veel leren over de kunst van het leven. Uiteindelijk slaagde ik daarin, dat hoop ik althans, en in de rest van dit boek wil ik je graag laten zien wat dat betekent. Ik ben verontrust en ook geraakt door het feit dat miljoenen mensen zo weinig bewust met hun leven omgaan. Het is niet de bedoeling dat geluk zo ongrijpbaar is. Geluk is het natuurlijke bijproduct van beseffen wie je bent en waarom je hier bent. Daar kun je alleen achter komen door middel van een vergroot bewustzijn, maar een vergroot bewustzijn hangt af van iets wat daaraan voorafgaat: de moed om naar je situatie te kijken zonder ontkenning en zonder toe te geven aan de verleiding niet bewust te zijn.

Laten we beginnen met de manier waarop onbewust gedrag van toepassing is op overgewicht, omdat dit de situatie is waarin de lezers van dit boek zich bevinden. Hopelijk ben je al veranderingen aan het aanbrengen en pas je de actiepunten van bewust eten al toe. Maar zoals we zullen zien, kan bewustzijn nog veel meer voor je betekenen.

Het ontbrekende element

Alison is voor in de dertig en kwam bij me voor een consult omdat ze steeds zwaarder werd maar geen flauw idee had hoe dat kwam. In haar beleving deed ze alles goed.

'Mijn ouders hebben me geleerd gezond te eten en dat doe ik nog steeds,' zei ze. 'Toen ik in verwachting was van mijn dochter – die is nu vier – werd ik tijdens mijn zwangerschap extra voorzichtig. Ik dronk geen alcohol en at geen junkfood meer. Dat hield ik na haar geboorte vol, maar er moet iets met mijn hormonen zijn gebeurd omdat ik ruim 11 kilo zwaarder ben dan ik ooit ben geweest.'

Ik vroeg haar of de gewichtstoename kort na de geboorte van haar baby was begonnen. Alison dacht even na maar wist het niet zeker.

'Het was alsof er twee jaar voorbij waren gegaan en mijn kleren ineens niet meer pasten,' zei ze.

We spraken over de veranderingen die in haar leven hadden plaatsgevonden nadat ze moeder was geworden. Ze kon het zich niet veroorloven bij haar kind thuis te blijven en moest vlak na de geboorte weer gaan werken. Dit legde een druk op Alison die ze nooit eerder had ervaren. Er waren ook wat spanningen in haar huwelijk doordat haar man het gevoel had dat Alison al haar aandacht aan de baby gaf en minder in hem geïnteresseerd was, vooral in de slaapkamer. Meestal zei ze dat ze te moe was, maar vier jaar later was dezelfde druk nog steeds aanwezig. Ze had veel op haar bordje en dat is vaak een reden om bepaalde dingen te verdringen uit angst helemaal overweldigd te raken.

Ik stelde voor dat we voorlopig nog geen medische tests zouden doen (die zouden waarschijnlijk geen duidelijkheid geven aangezien haar hormonale onbalans, als we die al zouden vinden, wel eens het gevolg en niet de oorzaak van de gewichtstoename zou kunnen zijn). In plaats daarvan vroeg ik Alison om naar huis te gaan en elke dag bij te houden wat ze at en dronk en hoeveel.

Toen we elkaar een week later weer zagen, keek ze chagrijnig. Het bleek dat ze meer at dan ze had gedacht, maar niet overdreven veel.

Ik zei tegen Alison dat onderzoek waarbij mensen met overgewicht zorgvuldig calorieën tellen uitwijst dat ze meer consumeren dan ze denken, terwijl ze de hoeveelheid beweging die ze kregen overschatten. 'Als je meer eet dan je denkt en minder actief bent dan je denkt, dan kom je aan,' zei ik.

'Je kunt natuurlijk bijhouden wat je elke dag eet en drinkt,' zei ik, 'maar de meeste mensen stoppen daar na een tijdje mee. Het is saai om te doen en ze verliezen hun motivatie. Ik denk dat jouw probleem opgelost kan worden door je bewust te zijn van wat je eet.'

Alison was verbaasd en geïntrigeerd. De meeste mensen die te veel eten doen dat onbewust. Ze staan helemaal niet stil bij wat ze allemaal binnenkrijgen en al snel komen ze kilo's aan. In plaats van alert te zijn op hoeveel je eet (niemand kan dat bijhouden als hij er niet bewust op let), kun je de connectie tussen lichaam en geest gebruiken en eten met bewustzijn. Hieronder staan de verdachte elementen die je met de grootste waarschijnlijkheid tegenkomt als je die onbewuste momenten onderzoekt.

Je meest waarschijnlijke blinde vlekken

Gehaast eten; niet echt proeven wat je eet.
Tijdens het tv-kijken tussendoortjes eten.
Nog een portie nemen als je al vol zit.
Automatisch je hele bord leegeten.

Eten als je moe bent.
Eten als je gestrest bent.

Alison zag zichzelf als een gezonde eter. Daarom zei ik tegen haar dat het waarschijnlijk al zou volstaan zich bewust te worden van deze blinde vlekken. Tot op heden is dat inderdaad waar gebleken. Alison herkende een grote blinde vlek, namelijk spanning aan de eettafel tussen haar en haar echtgenoot. Ze hadden zich op emotioneel vlak allebei teruggetrokken, wat nooit een oplossing is voor onderliggende spanningen. Doordat ze niet in staat was op een ontspannen, waarderende manier van haar maaltijd te genieten was Alison telkens op zoek naar een andere vorm van bevrediging, die ze vond in nog meer eten.

Veel mensen vinden het bedreigend om naar hun eetgewoonten te kijken omdat ze bang zijn dat ze dan met nog veel meer problemen worden geconfronteerd. Ze blijven liever eten zonder naar hun emotionele of relatieproblemen te kijken. Maar als jij dit soort onbehagen ook ervaart, raad ik je aan er op een andere manier naar te gaan kijken. Ontkenning en vermijdingsgedrag zijn voorbeelden van niet-bewust zijn. Je kunt iets waarvan je je niet bewust bent niet veranderen. Sterker nog, met de tijd worden verdrongen problemen alleen maar erger. Zoals een therapeut tegen me zei: 'Iets waartegen je weerstand biedt, blijft voortbestaan.'

Alison had geluk, want eigenlijk vroeg ze toestemming om wakker te worden. Ze wilde niet niet-bewust zijn. Ze wist hoe ongemakkelijk ze zich aan de eettafel voelde en raapte al haar moed bij elkaar om het probleem aan te pakken. Het eerste wat ze deed was tegen haar man zeggen dat ze zich zo ongemakkelijk voelde. Het zal je niet verbazen dat hij zich aan zijn kant van de eettafel ook zo voelde. Ze wilden allebei hun huwelijksproblemen bespreken en het goede nieuws is dat ze zich veel beter voelden nadat ze hun gevoelens hadden geuit. De angst en wrok werden minder (in het begin met behulp van een relatietherapeut) en Alison had steeds minder redenen om te veel te eten. Ze kreeg weer greep op haar leven en begon bijna als neveneffect kilo's kwijt te raken.

Gezinsdynamiek

Alisons verhaal herinnert ons eraan dat maar weinig mensen in hun eentje eten en dat we zeker niet in ons eentje hebben leren eten. Elk kind ontwikkelt eetgewoonten als onderdeel van een gezin. Een van de vele redenen waarom je je slechte eetgewoonten nu nog in stand houdt is eveneens je gezinssituatie. Haal je eens voor de geest hoe het avondeten in je gezin verloopt. Hoe is de stemming? In hoeverre is er interactie tussen de gezinsleden? Wat je antwoord ook is, er gebeurt aan tafel veel meer dan het zout doorgeven en je maag vullen.

Onderzoek heeft aangetoond dat gedrag aanstekelijk is. Het verbreidt zich als een virus van de ene naar de andere persoon. Als iemand in je gezin of vriendenkring graag beweegt, is de kans veel groter dat jij dat ook gaat doen. Aan de andere kant geldt dat als je veel familie en vrienden hebt die met overgewicht kampen, jij meer kans hebt hetzelfde probleem te krijgen zelfs als je je niet bewust bent van wat er gaande is. In relatie tot eten werkt de virale verbreiding van gedrag ofwel positief, ofwel negatief.

Quiz:
jouw gezin aan tafel

Hieronder staan twee categorieën 'infectueus' gedrag. De eerste categorie bevat positieve invloeden met betrekking tot eten; de tweede categorie bevat negatieve invloeden. Kruis de invloeden aan die op jou en je gezin van toepassing zijn als jullie samen aan tafel zitten. Gebruik hiervoor de afgelopen twee weken.

Positieve invloeden

__ We genieten van het samenzijn en creëren een vrolijke stemming.
__ De sfeer is ontspannen.
__ Het eettempo is rustig.
__ Niemand eet gehaast om weer zo snel mogelijk van tafel te kunnen gaan. Vaak blijven we na het eten nog even zitten.
__ We laten onze waardering blijken aan degene die het eten heeft klaargemaakt.

__ We zeggen dank voor het eten.
__ We genieten van het eten. Niemand uit bezwaren tegen bepaalde gerechten of klaagt over wat de pot schaft.
__ We beseffen als gezin dat gezond eten plezierig is.
__ We eten voor en na de maaltijd geen tussendoortjes.
__ We eten bescheiden porties. Niemand valt op doordat hij of zij te veel of te weinig eet.
__ We zijn open over onze eetgewoonten. Als iemand regelmatig te veel eet, kan dat onder zijn of haar aandacht worden gebracht zonder dat zijn of haar gevoelens worden gekwetst.
__ We geven de maaltijd onze volledige aandacht. De tv staat niet op de achtergrond aan.

Score: __________

Negatieve invloeden

__ Als we samen eten, hebben we de neiging elkaars aanwezigheid als vanzelfsprekend te zien. Er wordt niet veel gepraat. Een of twee gezinsleden nemen nauwelijks aan het gesprek deel.
__ De sfeer is neutraal of gespannen. Er worden persoonlijke opmerkingen gemaakt.
__ Het eettempo ligt hoog, zodat iedereen zo snel mogelijk kan gaan doen wat hij of zij wil.
__ Zodra we klaar zijn met eten, gaat iedereen van tafel. Niemand blijft nog even zitten.
__ Degene die het eten heeft klaargemaakt wordt vaak niet gecomplimenteerd, of iemand mompelt een paar plichtmatige woorden.
__ We bidden en danken niet voor en na het eten.
__ Iemand klaagt over wat er op zijn of haar bord ligt of zegt dat het eten niet lekker is.
__ Er wordt niet gepraat over gezond eten.
__ Ten minste een of twee gezinsleden nemen voor of na de maaltijd een tussendoortje.
__ De porties zijn groot. Desondanks is er altijd wel iemand die nog een keer opschept.
__ We praten niet over onze eetgewoonten. Als iemand te veel eet, stelt hij of zij het niet op prijs als iemand anders dat merkt. Hoe iemand eet is zijn eigen zaak.

__ We besteden niet echt veel aandacht aan wat we eten. Soms staat de tv op de achtergrond aan.

Score: __________

Beoordeling

Als je *acht tot twaalf positieve items* hebt aangekruist is je gezinsdynamiek gezond. Het avondeten is voor iedereen een complete en bevredigende ervaring. Omdat jullie zo'n goede band met elkaar hebben, 'infecteren' jullie elkaar met positief gedrag en jullie inspanningen om het eten voor iedereen nog gezonder te maken zullen door iedereen worden verwelkomd. Gefeliciteerd.

Als je *drie tot zeven positieve items* hebt aangekruist is je ervaring tijdens het avondeten goed. Jouw gezin steunt je waarschijnlijk wel als je je eetpatroon gaat veranderen om af te vallen of ongewoon gezonder te gaan eten. (Minder dan drie positieve items betekent dat je waarschijnlijk tot de groep met voornamelijk negatieve invloeden behoort.)

Als je *acht tot twaalf negatieve items* hebt aangekruist is je gezinsdynamiek aan tafel niet zo goed. Het is onwaarschijnlijk dat je je eetgewoonten probleemloos kunt veranderen, of je dat nu wilt doen om af te vallen of om gezonder te gaan eten. Je moet de 'infectie' van slechte gewoonten stoppen door aan jezelf te werken. Begin bij het volgen van de principes van bewust eten en leid je gezin geleidelijk in de juiste richting tot aan het invoeren van een gezond dieet toe. De beste manier om verandering te bewerkstelligen is weg van de tafel. Als je eventuele veranderingen zonder aankondiging doorvoert, zul je te veel weerstand krijgen. Praat met zijn allen over manieren om gezonder te eten waarmee iedereen het eens is, ook al zijn de veranderingen klein. Profiteer intussen van de voordelen die het werken aan jezelf met zich meebrengt. De gezinssituatie is wellicht niet ideaal, maar daardoor moet je je niet laten tegenhouden.

Als je *drie tot zeven negatieve items* hebt aangekruist, zit de gezinsdynamiek vast in slechte gewoonten en onbewust gedrag. Waarschijnlijk heb je niet het gevoel dat de situatie nu zo ernstig is, maar zelfs 'neutraal' eten kan niet bevredigend worden genoemd. De eettafel in jouw huis is waarschijnlijk een plek waar een wapenstilstand geldt. Eén of meer gezinsleden voelen zich niet prettig of er hangt een sfeer van onverschilligheid. Het goede nieuws is dat je een goede kans maakt iedereen zover te krijgen dat ze met je meedoen als je wilt afvallen of gezonder wilt gaan eten. Jullie maaltijden moeten meer bevredigend worden en daar is voldoende ruimte voor. Raadpleeg de adviezen uit de ayurveda voor het lekkerder en levendiger maken van de maaltijden.

Als je koppige eters in huis hebt die totaal niet willen veranderen, pak het dan slim aan. Nodig hen uit om met je mee te doen. Geef ze een week of twee om te zien hoezeer je nieuwe manier van eten je bevalt. Als je dan nog steeds op veel weerstand stuit, zeg dan tegen iedereen binnen het gezin die 16 jaar of ouder is dat zij de verantwoordelijkheid moeten nemen voor wat ze eten. Dit kan verschillende keuzen inhouden:

- Geef hun gedrukte informatie over gezond eten (bijvoorbeeld een boek of internetartikel), waarbij je duidelijk maakt dat je even serieus wilt praten over de risico's die een ongezond dieet heeft op de lange termijn.
- Bespreek de voorwaarden. Bepaal een aantal beperkingen met betrekking tot de inname van vetten, suiker, zout en het totale aantal calorieën. Bij alles wat ze minder mogen gaan eten beloof je dat het eten lekker zal blijven smaken; blijkt dat niet zo te zijn, dan ben je bereid je tafelgenoten een aangenamer alternatief te bieden.
- Als je bij de discussie over gezond eten op een muur van weerstand stuit, zeg dan tegen de betreffende persoon dat hij of zij maar voor zichzelf moet koken, zonder extra geld voor junkfood en bezoekjes aan fastfoodketens. Je verwacht van deze persoon dat hij of zij samen met de rest van het gezin zal blijven eten.
- Het lijkt wellicht niet haalbaar om het stadium te bereiken waarin voor jouw gezin alle twaalf positieve items gelden, maar toch is het mogelijk. De eerste stap is je bewust worden van wat er aan de eettafel allemaal gebeurt; vervolgens help je alle gezinsleden op een diplomatieke manier om net zo bewust te worden als jij, zonder oordeel, verwijten of klachten.

Je hebt het recht om bewust te zijn

Hoezeer je ook zult profiteren van het feit dat je meer bewust bent, anderen zien dat niet zo. Zij hebben als doel jou niet-bewust te houden. De voedingsindustrie krijgt vaak (terecht) de schuld van het feit dat ze te veel suiker, zout en vet in haar bewerkte producten stopt. Maar nog verderfelijker is dat ze probeert te voorkomen dat je bewust omgaat met wat je eet. Voedingsmiddelen worden met opzet zo gemaakt dat ze je ertoe aanzetten te eten als een robot, in een 'kauwritme'. De snackindustrie en fastfoodketens willen dat je gehoor geeft aan de automatische hongerreflex die veroorzaakt wordt door een teveel aan zout en vet, die beide eetlustopwekkend zijn. Bovendien maken ze veelvuldig gebruik van de smaken zout, zoet en zuur, die tot speekselvorming leiden. Je weet het nog wel: de ayurveda beschouwt dit als de smaken die het meest waarschijnlijk leiden tot onbalans.

De snack- en fastfoodindustrie is afhankelijk van een publiek dat gehoorzaamt aan onbewuste signalen en niet alleen op het gebied van smaak. Je raakt op deze voedingsmiddelen gefixeerd zonder dat je het doorhebt. Om dit aan jezelf te bewijzen, kun je een eenvoudig mind/body-experiment doen. Doe je ogen dicht en haal je het beeld van een citroen voor de geest. Pak in gedachten een mes en snijd de citroen doormidden. Nu zie je er een druppel citroensap uit komen. Wat gebeurt er terwijl je dat ziet? Bij vrijwel iedereen wordt dan speeksel gevormd. Alleen al het zien van een citroen is voldoende om je hogere brein te omzeilen. Junkfood wordt verslavend omdat je herinneringen hebt aan al dat zoute, zoete en zure eten waardoor je in het verleden bent geprikkeld. De voedingsindustrie rekent erop dat die herinneringen worden geactiveerd als je naar verleidelijke foto's van sappige hamburgers kijkt, het kraken van chips in een tv-commercial hoort of de uitdrukking van halforgastisch genot ziet als een model een hap van een chocoladereep neemt.

Je moet je recht om bewust te zijn terugpakken. Als je dat niet doet, zal een lawine aan suggestieve verkooptechnieken je blijven overhalen om als een robot te blijven eten. En de extra kilo's zitten er dan binnen de kortste keren (weer) aan. Een kind dat op zaterdagochtend tv zit te kijken en geprikkeld wordt om van papa en mama te eisen dat ze bij

McDonald's gaan eten, zou met een grote combomaaltijd 1842 calorieën binnenkrijgen. Eén Big Mac bevat al 700 calorieën, meer dan de helft van wat een klein kind per dag nodig heeft. Een onbewust verlangen naar zoet, zout, vet voedsel wordt versterkt, terwijl de hoeveelheid calorieën in een combomaaltijd voldoende is voor een volwassen man van 80 kg die op die dag verder niets zou eten. (In een onthullende documentaire uit 2004, *Super Size Me*, kwam filmmaker Morgan Spurlock zo'n 11 kilo aan door een maand lang uitsluitend maaltijden van McDonald's te eten. Terwijl die kilo's erbij kwamen, merkte Spurlock dat zijn gezondheid verslechterde en dat zijn cholesterolgehalte en bloeddruk omhoogschoten. Zijn libido verminderde aanzienlijk. Hoewel de documentaire natuurlijk als stunt kan worden gezien, kwam *Super Size Me* voor veel mensen toch wel erg dichtbij omdat ze een versnelde versie zagen van wat ze hun eigen lichaam aandoen.)

De beleidsverandering om op scholen McDonald's-maaltijden te serveren als kostenbesparende maatregel is beschamend, temeer als je bedenkt dat dit ongezonde spul ook in ziekenhuizen wordt verkocht. Het is aan jou om je recht op bewustzijn terug te pakken. De oplossing is bewust eten. Mindfulness is van oorsprong een boeddhistische term en is nu ook in het Westen populair geworden. Mindfulness betekent dat je bewust stilstaat bij wat je doet, denkt en voelt. Ik gebruik graag het acroniem SIFT (schiften), dat door de vernieuwende psychiater en schrijver dr. Daniel Siegel in het leven is geroepen. Dit acroniem heeft betrekking op de vier dingen waarvan de geest zich op elk willekeurig moment bewust is:

S = Sensations (gewaarwordingen)

I = Images (beelden)

F = Feelings (gevoelens)

T = Thoughts (gedachten)

Op dit moment is je bewustzijn gericht op een van deze mentale gebeurtenissen. Er is een lichamelijke gewaarwording die signalen van welbevinden of ongemak verstuurt. Of je geest toont je een prettig dan wel onprettig beeld. Je kunt ook een gevoel (stemming, emotie) ervaren dat positief of negatief is. Ten slotte kan je geest in beslag genomen worden door gedachten en net als de andere gebeurtenissen kunnen gedachten aangenaam of onaangenaam zijn.

Ik benadruk de dualiteit tussen aangenaam en onaangenaam omdat je bij niet-bewust eten de onaangename kant van SIFT vermijdt en jezelf probeert te verdoven. Niet-bewust worden is hetzelfde als iets uitschakelen en we hebben allemaal geleerd hoe we de dingen die we niet willen zien, horen, voelen of denken uit kunnen schakelen.

Als je besluit daarmee te stoppen, kun je mindful zijn. De vijanden van mindfulness zijn bekend:

Ontkenning: je weigert naar het probleem te kijken.
Afleiding: je vindt een vorm van afleiding zodat je het probleem niet onder ogen hoeft te zien.
Vergeetachtigheid: je herinnert je niet dat het probleem bestaat.
Verdoofdheid: je voelt niets, dus is er geen probleem.

Een of meer van deze mechanismen hebben tijdens onbewust eten de overhand. Niet weten wanneer je maag vol is – een van de meest voorkomende situaties bij mensen met overgewicht – is een vorm van verdoofdheid. Verdoofd raken is nooit een oplossing en zelfs als iemand zich bijvoorbeeld niet bewust is van zijn of haar overgewicht, is er een andere laag in de geest die om hulp schreeuwt en een nog diepere laag waar de oplossing zich bevindt. Deze diepere lagen komen aan het licht als je mindful bent, want je kunt er zeker van zijn dat ze gehoord willen worden.

De dingen die je verdringt zijn er nog wel. Wat je jezelf hebt ontnomen is de mogelijkheid deze dingen met betrekking tot eten te verbeteren. Mindful zijn is effectief voor het in stand houden van de connectie tussen lichaam en geest. De meest elementaire vorm van mindfulness is gemakkelijk te bereiken en kan op elk moment van de dag in de praktijk worden gebracht.

Oefening: zo ben je mindful

Kies een rustige ruimte waarin je alleen kunt zijn. Zit met je rug recht en je voeten uit elkaar op de vloer. Leg je handen op je knieën en doe je ogen dicht. Als je je ontspannen voelt en klaar om te beginnen, richt je je aandacht kalm op wat er binnenin je gaande is. Laat je bewustzijn naar elk van de volgende plekken reizen.

Gewaarwordingen: ga na hoe je lichaam voelt.

Beelden: let op de vluchtige beelden die je met je geestesoog ziet.

Gevoelens: let op de emoties die naar boven komen. Voel wat je algemene stemming is.

Gedachten: let op de gedachten die komen en gaan.

Neem telkens een minuut voor elk gebied voordat je je ogen weer opendoet. En reageer niet op datgene waarvan je je gewaar wordt. Observeer alleen maar, zonder oordeel en zonder iets te willen veranderen. Waarnemer zijn is hetzelfde als uit de weg gaan en als je uit de weg gaat, geef je je lichaam en geest de ruimte om tot rust te komen en zich te herordenen.

Deze oefening is een bewerking van de technieken die dr. Siegel op een indrukwekkend effectieve wijze heeft toegepast. Zijn therapeutische werkwijze is ook gerelateerd aan de connectie tussen lichaam en geest. Hij richt zich specifiek op alle hersengebieden door een verband te leggen tussen deze gebieden en ongemak, gespannenheid of een verdoofd gevoel in het lichaam. Door bewust met deze symptomen om te gaan kan hij de patiënt begeleiden naar het opnieuw activeren van het specifieke hersengebied dat onbenut of gebrekkig is geworden. Aandacht is zeer krachtig als je je bewust bent van datgene waar je je aandacht op moet richten en je lichaam vertelt je wel waar je met je aandacht heen moet. De oefening die ik zojuist heb aanbevolen vindt plaats in stilte maar het is geen passieve oefening. Vanbinnen word je je bewust van de realiteit.

Ik realiseer me dat mensen ervoor terugdeinzen hun aandacht te richten op pijnlijke herinneringen, gevoelens en gewaarwordingen. Als je te zwaar bent, klinkt alleen al het idee meer aandacht te schenken aan je lichaam niet bepaald aanlokkelijk. Maar mindfulness heeft niets te maken met zelfkritiek, het onder ogen zien van onaangename waarheden of schuldgevoelens. Mindfulness gaat over de vreugde van bewust zijn. Er zijn zoveel mooie dingen in het leven die aan je aandacht voorbijgaan als je niet bewust bent. Als je echter ontwaakt, word je totale ervaring van het leven versterkt. Je hebt dan toegang tot innerlijke krachten die voorheen aan je oog onttrokken waren. Creativiteit vereist bewustzijn. Hetzelfde geldt voor het vinden van de oplossing voor welk probleem ook.

Wat betreft je eetgedrag zijn er vele stappen van bewustwording die geen van alle gepaard gaan met pijnlijke aanpassingen, zoals hieronder wordt uitgelegd.

Actiepunt:
12 manieren om bewust te eten

Alles wat je aandacht op de handeling eten vestigt, helpt je om meer bewust te eten. Dit geldt voor wat je in je mond stopt, maar ook voor gedragspatronen zoals hoe snel je eet. Bekijk onderstaande lijst en begin met het toepassen van elke tip. Neem één tip tegelijk en begin met de veranderingen waar jij gezien je eetgewoonten het meest baat bij hebt. (Opmerking: een aantal items vormt een samenvatting van eerdere onderwerpen. Ze komen in het licht van mindfulness nog een keer aan de orde.)

1 Eet alleen als je honger hebt. Merk je hongergevoel op en voel het. Dit is de basis van bewust eten.
2 Stimuleer dat je er met je volledige aandacht bij bent door altijd rustig te gaan zitten in een rustige omgeving zonder afleiding.
3 Begin met een niet al te grote portie, bijvoorbeeld een half bord vol. Als je dat op hebt, neem je even de tijd om na te gaan hoeveel honger je nog hebt. Drink een beetje water voordat je verder eet.

4 Geniet van de smaak van elke hap door op de smaak te letten en wat langer te kauwen dan je gewend bent. Met andere woorden, maak van de smaak van het eten een ervaring op zich.
5 Wees je ervan bewust dat je eetlust wordt aangewakkerd door dingen die vet, zout en zoet smaken. De eetlust wordt onderdrukt door bittere voedingsmiddelen. Drink voor het eten een slokje sodawater met een scheutje Angostura bitter (tonic is ook bitter maar bevat te veel suiker).
6 Verwijder het vel van kip en het vet van vlees voordat je het opeet. In een restaurant kun je dit soort ongewenste dingen in het broodschaaltje leggen of aan degene die je bedient vragen het mee te nemen.
7 Eet in het traagste tempo dat prettig voelt. Een gematigd tempo bevordert een optimale spijsvertering. Vul je vork of lepel niet voordat je de vorige hap hebt doorgeslikt.
8 Als je een snelle eter bent, en vooral als je het eten tijdens het praten snel naar binnen werkt, neem dan kleine porties voordat je gaat zitten. (Je eet zo snel dat je nauwelijks in de gaten hebt hoeveel er op je bord ligt.)
9 Als je weet dat je vaak impulsief eet en dat dit gedurende de maaltijd steeds erger wordt, zeg dan tegen je tafelgenoten hoeveel je van plan bent te eten en houd je vervolgens aan je woord. (Maar vraag je tafelgenoten niet om je eraan te herinneren. Het gaat er juist om dat je je eigen eetgedrag in de gaten houdt, niet dat anderen dat voor je doen.)
10 In een restaurant waar je het eten dat je niet opeet mee mag nemen kun je degene die je bedient vragen om het meteen in te pakken. Laat het niet op je bord liggen, want dan heb je wellicht de neiging om toch telkens kleine hapjes te nemen tot alles op is.
11 Als je een dessert bestelt en het dessert leent zich hiervoor, vraag dan in een restaurant waar dit mogelijk is of ze de helft meteen willen inpakken. Geef dit als geschenk aan een van je tafelgenoten.
12 Vul je maag voor ongeveer twee derde (neem twee derde van de portie waar je normaal gesproken vol van zit). Als dat punt bereikt is, laat je je bord meenemen of ga je van tafel. Merk bewust op dat je best een prettig gevoel kunt hebben als je nog wat ruimte in je maag overlaat.

De beperkingen van conditionering

Als je stopt met je onbewuste gedrag kun je meer bewust omgaan met hoe je eet. Tegelijkertijd begin je je te bevrijden uit je oude conditionering. Er is niets belangrijker dan dit. Het vinden van meer vrijheid maakt de weg vrij voor de vreugde van bewustzijn. Zonder het te weten leef je in een gevangenis die geen zichtbare muren heeft. De grenzen van je cel worden gevormd door de gewoonten en conditionering van je geest. Je hebt er zelf geen schuld aan dat je binnen onnodige beperkingen leeft. Maar tegelijkertijd ben jij de enige die de sleutel tot vrijheid bezit. Ook die is onzichtbaar. Deze sleutel is de verschuiving van niet-bewust naar bewust zijn.

Ik heb je door die verschuiving heen geleid door je te laten zien hoe je je verhaal kunt veranderen. Hier wil ik graag schetsen wat de beloning is voor het losbreken uit je verborgen beperkingen. Conditionering is iets anders dan niet-bewust zijn; het is hoe je jezelf hebt geleerd te zijn. Ter illustratie kan ik twee patiënten noemen die hun gewichtsprobleem verschillend hebben aangepakt. Cheryl is al zolang ze zich kan herinneren te zwaar. Toen ik haar over haar jeugd vroeg, zei ze niets over de pesterijen of de preken van haar moeder of haar diepe teleurstelling over het feit dat jongens geen interesse in haar hadden.

Hoewel ze op haar veertigste 35 kilo te zwaar is en daar een ellendig gevoel over heeft, heeft Cheryl een groot aantal barrières opgeworpen. Ze gebruikt nooit het woord 'dik' maar noemt zichzelf 'een flinke vrouw'. Als ze erop wordt gewezen dat ze misschien te veel eet (wat vanzelfsprekend lijkt), wordt ze meteen defensief. Ze hangt van geconditioneerde reacties aan elkaar. Ze heeft een dikke muur om zich heen die ze niet kan zien. Hoewel ze voortdurend over haar gewicht nadenkt, mag niemand er met haar over praten behalve andere 'flinke vrouwen'. Ze accepteert geen voedingsadvies omdat ze alles weet wat er over de toestand waarin ze zich bevindt te weten valt.

Bij haar komt alles neer op het volgende excuus: 'Ik ben altijd zo geweest. Dit is gewoon hoe ik ben.' Als ze geen diabetes type II had gehad, zou ze niet eens naar de dokter gaan.

De andere persoon die ik in gedachten heb, is de eveneens 40 jaar oude Sean, een relaxte man die zich binnen een groot bouwbedrijf tot manager heeft opgewerkt. Doordat hij over de 1,90 m is en te veel tijd zittend doorbrengt in zijn kantoor of thuis voor de tv heeft Sean rugproblemen. Onlangs zag ik dat hij er een kilo of 10 slanker uitzag dan de laatste keer dat we elkaar troffen. Ik vroeg hem wat hij had gedaan om de kilo's kwijt te raken. Hij haalde zijn schouders op.

'Ik moest wel,' zei hij. 'Mijn vrouw vindt het niet leuk als ik dik ben.'

Maar wat had hij nu daadwerkelijk gedaan?

'Soms verveel ik me en eet ik 's avonds chips en zo, gewoon wat er in huis is. Daar krijg ik een dikke buik van. Dus daar ben ik mee gestopt.' Hij glimlachte. 'En mijn vrouw is nu gelukkiger.'

Er is een schril contrast tussen deze twee mensen. Een van hen is afgevallen doordat hij zich bewust was van de oorzaak van zijn probleem en daar iets aan deed. Gelukkig zat er geen ernstige dwangmatigheid of hunkering achter Seans eetgedrag. Cheryl daarentegen is geconditioneerd om dwangmatig te eten. Ze beschrijft zichzelf zelfs als verslaafd aan eten. Ze heeft liever een aandoening dan dat ze de confrontatie aangaat met wat nodig is om haar probleem op te lossen. Voor haar is eten 'gewoon wie ik ben'. Helaas geldt dat ook voor vechten tegen haar overgewicht en deze strijd verliezen.

De realiteit is zoals we haar waarnemen. Zo wordt de werkelijkheid, in al haar aspecten, persoonlijk. In jouw persoonlijke realiteit zal je lichaam nooit je bondgenoot worden als je het waarneemt als lelijk. Als je van mening bent dat afvallen 'te moeilijk' is, dan blijft dat zo. Uiteindelijk komt het erop neer dat de maatschappij ons bepaalde overtuigingen heeft opgelegd waarvan we denken dat ze waar zijn. In het beste geval zijn deze overtuigingen de waarheden van iemand anders. Meestal zijn ze gewoon stenen die gebruikt worden om nog dikkere muren rond jouw gevangenis te bouwen.

Bewustzijn leidt tot vrijheid

Voor iemand die zich heeft geïdentificeerd met dik zijn, moet het hele verhaal vanaf een diepliggend niveau worden veranderd. (Een kleine minderheid van de mensen die lijden aan obesitas zegt 'dik is mooi' en als ze er trots op zijn om deze weg te gaan, dan is dat prima. Hun trots helpt hen echter niet bij de ernstige gezondheidsrisico's die ze lopen en hun houding is vaak vrij defensief, wat erop wijst dat er sprake is van diepere, negatieve gevoelens.) Zulke mensen zijn letterlijk gevangenen die zo weinig hoop hebben dat ze hebben geleerd de gevangenis waarin ze zitten hun thuis te noemen. Er moet een berg negatieve ervaringen, herinneringen, gewoonten, mislukkingen en frustraties worden verplaatst. Precies datgene wat ze hebben opgegeven, vrijheid, moet het thema worden dat ze elke dag volgen en bekrachtigen.

Gelukkig zijn we meer dan ons brein. Als er een pizza voor je staat en je brein de boodschap geeft 'Daar moet je van eten' of zelfs 'Die moet je helemaal opeten', dan kun je nee zeggen. Mensen die geen nee kunnen zeggen hebben het gevoel dat ze gevangenzitten omdat hun impulsen hen in hun macht hebben. Een deel van hen kijkt vol ontzetting toe terwijl de pizza tot het laatste stuk wordt opgegeten, als een hulpeloze toeschouwer die een auto-ongeluk waarneemt in slow motion. Maar wat er ontbreekt is simpel: een venster van vrijheid.

Ik heb het over de kleine ruimte die in je geest ontstaat voordat je een beslissing neemt. Als je normaal eet, heb je keuzevrijheid. Als je dan een pizza ziet, reageer je niet meteen op een geconditioneerde manier. In plaats daarvan is er ruimte tussen honger en keuze. In die ruimte stel je jezelf de vraag: 'Heb ik honger? Hoeveel wil ik eten? Is dit eten mijn ideale keuze?' Iemand die dwangmatig die hele pizza opeet, heeft geen keuzevrijheid meer.

De ruimte tussen honger en eten waarin je de keuze kunt maken die je wilt maken, is geen lege ruimte. Ze is gevuld met bewustzijn. Bewustzijn lijkt op wat mensen een 'open mind' noemen. Je bent vrij om te denken wat je wilt. Conditionering is het tegenovergestelde van een open mind. Je hebt dan geen bewuste controle over je gedrag: je brein heeft de touwtjes in handen en valt terug op oude, ingesleten patronen die in het verleden zijn gecreëerd.

De vreugde van bewustzijn is dat je aan elke beperking die je is opgelegd kunt ontsnappen. Probeer er niet achter te komen waar deze beperkingen vandaan komen. Het gaat erom dat je brein ze heeft geaccepteerd. Dus de eerste stap is het creëren van een ruimte waarin jij, de gebruiker van je brein, nee kunt zeggen tegen de oude hersenpaden en kunt beginnen met het vormen van nieuwe.

Actiepunt: nieuwe gedachten in plaats van oude

Als je brein is geconditioneerd stuurt het elke keer opnieuw automatisch dezelfde gedachten naar je toe. Tenzij jij zelf een nieuwe gedachte creëert, worden de oude paden versterkt. Het is niet zo moeilijk dit te doen. Je moet er gewoon een prioriteit van maken en voortdurend streven naar vrijheid. Zie het maar als een vorm van vervangingstherapie.

Hieronder staan enkele typische gedachten die worden ingegeven door een slecht lichaamsbeeld, frustratie en slechte gewoonten. Als jij dit soort gedachten hebt, vervang ze dan zodra ze zich voordoen. Herhaal de vervangende gedachte meermaals tot ze echt binnenkomt. Als de nieuwe gedachte je een onprettig gevoel geeft of bepaalde emoties in je opwekt, ga dan rustig ergens zitten met je ogen dicht en laat je reactie voorbijgaan. Bied er geen weerstand tegen. Observeer gewoon wat er gebeurt. Als je weer tot jezelf bent gekomen, herhaal je de gedachte nog een keer.

Oude gedachte: ik heb het mezelf aangedaan. Het is mijn eigen schuld.
Nieuwe gedachte: wat maakt het uit wiens schuld het is? Iemand de schuld geven heeft geen zin; ik wil al mijn energie in de oplossing stoppen.

Oude gedachte: ik ben zwak en lelijk. Ik ben niet goed genoeg.
Nieuwe gedachte: ik ben goed genoeg. Ik hoef mezelf niet met anderen te vergelijken, het gaat niet om goed of slecht. Zelfs filmsterren komen aan, dus het heeft niets met lelijk zijn te maken.

Oude gedachte: ik ben een mislukkeling. Moet je zien hoe vaak ik al heb gefaald.
Nieuwe gedachte: in het verleden wist ik niet wat ik nu wel weet. Op de lange termijn is het volgen van een dieet niet de juiste aanpak. Ik ga van mijn verhaal een verhaal van vervulling en voldoening maken. Als dat niet perfect lukt, dan is dat ook prima. Ik leer elke dag weer iets bij.

Oude gedachte: ik houd mezelf gewoon voor de gek. Moet je mij toch eens zien. Ik krijg nooit iets voor elkaar.
Nieuwe gedachte: ik hoef niet de hele tijd naar mijn lichaam te kijken. Ik kan naar mijn nieuwe verhaal kijken en zien hoe succesvol dat verloopt. Mijn lichaam volgt wel. Op dit moment zoek ik iets waarvan ik geniet en stop ik met zelfmedelijden.

Oude gedachte: ik heb de tijd en energie niet om te proberen af te vallen.
Nieuwe gedachte: eerlijk gezegd denk ik de hele tijd aan mijn gewicht dus als ik niet meer zo geobsedeerd ben, heb ik genoeg tijd om mijn verhaal te veranderen. Ik heb voldoende energie om te doen wat ik echt leuk vind en op dit moment vind ik het erg leuk om mijn verhaal te veranderen.

Zoals je ziet is het niet zo dat je simpelweg iets negatiefs in iets positiefs verandert. Dat kan wel een tijdje werken, maar op een gegeven moment verlies je je motivatie. Negativiteit wordt steeds getriggerd als je in de spiegel kijkt of als je naar andere mensen kijkt die iets doen wat jij niet kunt. Bij dit actiepunt gaat het erom dat je je brein redenen geeft om te veranderen. Het hogere brein is verantwoordelijk voor rationele keuzen en rationeel gedrag. Als je het blijft voeden met nieuwe gedachten die rationele oplossingen bevatten, worden deze nieuwe gedachten ingeprent als 'mijn manier van doen'. Het is allemaal onderdeel van het veranderen van je waarneming zodat de realiteit, dat wil zeggen jouw persoonlijke realiteit, ook verandert.

Bewust tegenover onbewust

Je hele levensstijl wordt bepaald door hoe bewust je bent. Elke keuze voert terug naar de geest. Veel problemen zijn geworteld in het niet-bewust zijn, de ontkenning, de verdoofdheid en de conditionering die in dit hoofdstuk aan de orde zijn gekomen. Wat voor je ligt is een helderder visie en in deze visie leid je een bewust leven. Om daar te komen moet je een bewuste levensstijl hebben en ik heb je laten zien hoe je dat voor elkaar kunt krijgen, waarbij je hogere brein wordt bevrijd van de impulsen, drang en hunkering van je lagere brein.

Als je van een afstandje kijkt naar je huidige levensstijl, met al zijn positieve en negatieve aspecten, zul je zien dat de aantrekkingskracht van niet-bewust zijn sterk is. Als dat niet zo was, zouden ontkenning en het zoeken naar afleiding niet zo vaak voorkomen. Tegelijkertijd is ook de aantrekkingskracht van bewust zijn een feit, ook al leert de maatschappij ons dat niet. De advertenties die we om ons heen zien, niet alleen voor junkfood maar voor alle consumptiegoederen, doen het lijken alsof impulsiviteit leuk en spannend is. Het antwoord op alles is steeds meer consumeren, alsof het maskeren van pijn met plezier de juiste oplossing is.

Het is nuttig naar de realiteit te kijken en na te gaan wat er daadwerkelijk gebeurt als je kiest voor een bewuste in plaats van voor een onbewuste levensstijl.

Onbewuste levensstijl

Als je niet bewust leeft, heb je je levensverhaal niet onder controle. Je bent dan als het ware een breinmarionet, wat betekent dat de keuzen die je maakt niet echt de jouwe zijn maar mechanische herhalingen van eerder gemaakte keuzen. Je geeft toe aan kortstondige impulsen. Je neemt overhaaste beslissingen waar je later spijt van hebt. Onbedoelde gevolgen lijken als onkruid uit de grond te schieten. Mensen die een onbewuste levensstijl hebben kunnen hun problemen niet op een realistische manier oplossen. Ze zijn vatbaar voor de volgende gedachten:

> Waarom overkomt dit mij?
> Waarom kan ik niets gedaan krijgen?
> Waarom voel ik me zo overweldigd?
> Iemand moet me helpen.
> Ik heb mezelf niet meer in de hand.

Dit zijn geen prettige gedachten en ze kunnen gemakkelijk tot paniek leiden. Toch zijn we onder bepaalde omstandigheden allemaal regelmatig niet-bewust. Bij zware stress worden we door pure uitputting uitgeschakeld. Doordat we niet in staat zijn een moeilijk persoonlijk probleem op te lossen, leggen we ons erbij neer. Hierbij is een mind/body-proces aan het werk, namelijk ons natuurlijke instinct om pijn te vermijden. Een onbewuste levensstijl ontkoppelt je van moeilijke situaties. Op de korte termijn voelt dat als een opluchting want je gevoeligheid voor pijn is dan minder sterk.

Maar op de lange termijn vertoon je als je niet-bewust bent te veel vermijdingsgedrag. De negativiteit die je probeert buiten te sluiten wordt niet verholpen. Je blijft nare dingen meemaken en dat gebeurt steeds vaker, want als je geen overlevingsstrategieën ontwikkelt kun je je problemen niet oplossen.

Als niet-bewust zijn een gewoonte is geworden, blijf je het nemen van belangrijke beslissingen uitstellen. Waarschijnlijk ben je dan vergeetachtig en besluiteloos. Je vindt het dan moeilijk jouw waarheid uit te spreken omdat je niet precies weet wie je bent.

Typische kenmerken van niet-bewust zijn

Impulsiviteit
Depressiviteit
Angstgevoelens
Rusteloosheid
Slachtoffergedrag
Hulpeloosheid

Bewust zijn

Als je bewust leeft, heb je controle over je impulsen. Je brein heeft je nog niet tot zijn marionet gemaakt. In plaats daarvan gebruik jij je brein als het magnifieke geschenk van de geest. Het maakt je intenties werkelijkheid, het laat je dromen uitkomen en het geeft je een voortdurende stroom van creativiteit. Het hogere brein wordt aangesproken omdat het ons intelligentie en evolutie verschaft. Als je een bewuste levensstijl hebt, kun je rationele beslissingen nemen. Dit geeft je de kracht om je toekomst vorm te geven. Onvoorziene gevolgen komen dan niet zo vaak voor en als ze al voorkomen, vertrouw je erop dat je de oplossing kunt vinden. Je creëert je eigen geluk.

Bewust zijn betekent dat je weet hoe je met onvoorspelbaarheid en onzekerheid om moet gaan. De ervaring heeft geleerd dat er in onzekerheid wijsheid schuilt; zonder onzekerheid zou het leven maar saai en voorspelbaar zijn. Dus ga met de stroom van onzekerheid mee. In plaats van kopje onder te gaan ben je alert en speel je in op de veranderende situaties in je leven. Als je een bewuste levensstijl hebt, zou een momentopname van je geest het volgende type gedachten kunnen bevatten.

Ik moet vooruitplannen.
Ik heb de touwtjes in handen.
Wat is in deze situatie de beste keuze die ik kan maken?
Lopen de dingen zoals ze zouden moeten lopen?
Ik zal hier eens een poosje over nadenken. Ik heb tijd nodig om alles in overweging te nemen.
Ik weet wat ik doe.

Deze gedachten worden als geruststellend beschouwd. Hoe meer bewust je bent, hoe meer je het gevoel hebt dat je de regie over je leven hebt; dan schrijf je een trots, bevredigend verhaal. Niemand schrijft het verhaal voor je en als iemand het probeert, zul je er veel moeite voor doen om je rechten terug te winnen. Bewustzijn is ook gekoppeld aan het beheersen van een vaardigheid. Meesterschap vereist het vermogen om je je fouten te herinneren en ervan te leren, om geduld te hebben met je leercurve en om directe resultaten uit te stellen ten gunste van resultaten op de lange termijn. Bewustzijn baant de weg voor het succesvol omgaan met de problemen waarvoor het leven je stelt.

Typische kenmerken van bewust zijn

Wakker zijn
Waakzaamheid
Interesse
Nieuwsgierigheid
Innerlijke rust
Zelfverzekerdheid
Openheid
Flexibiliteit

Een van de redenen waarom we ons met thema's hebben beziggehouden is dat een thema, in tegenstelling tot een eenvoudig advies, iets is wat je vast kunt pakken en waarmee je creatief kunt zijn. Als je een of meer thema's in je leven introduceert, of dat nu lichtheid, puurheid, energie of balans is, kun je jezelf uit een onbewuste levensstijl bevrijden en kiezen voor een bewuste levensstijl. Het is belangrijk op je ideale gewicht te komen maar eerlijk gezegd maken de meeste dieetboeken en boeken over gewichtscontrole en voeding niet dat het persoonlijk leven van iemand evenzeer verandert als ze beloven. Dit geldt zelfs voor de meest geloofwaardige boeken (die een kleine minderheid vormen). Alleen bewust zijn kan dat bewerkstelligen.

Als je je een bewuste levensstijl hebt aangemeten, vier je je totale bestaan. Houd dat elke dag in gedachten. Maak dat tot jouw visie en gebruik deze visie als basis voor al je keuzen. Hieronder staat een versie van mijn eigen persoonlijke visie. Het is een manifest dat voortkwam uit mijn recht om bewust te zijn. Neem het over, maak het tot jouw persoonlijke manifest. Heb je het gevoel dat je de focus bent kwijtgeraakt, pak dan je manifest erbij en bekrachtig het zoveel je kunt.

Een mindful manifest

Ik verwacht van mijn lichaam dat het projecteert wat ik wil.
Ik wil op mijn ideale gewicht zitten.
Ik wil me licht, energiek en vreugdevol voelen.
Ik wil pijnvrij zijn.
Ik wil een goed gevoel hebben over hoe mijn lichaam eruitziet.
Ik wil uitgerust zijn en bij mezelf blijven.
Ik wil welbevinden ervaren.

Je conditionering uit het verleden voorkomt dat je je manifest volledig ten uitvoer kunt brengen. Maar niets kan je ervan weerhouden een visie te hebben en als je die eenmaal nastreeft, heb je meer mogelijkheden in het leven terwijl je bewustzijn zich uitbreidt. Alle traditionele vormen van wijsheid doen deze belofte al duizenden jaren en talloze mensen hebben vervulling gevonden op het pad dat jij nu bewandelt.

Persoonlijke invulling: 'Hoe sta ik ervoor?'

Als wat je doet begint in je geest, dus als je wilt veranderen moet je eerst leren hoe je je geest aanstuurt. Er schuilt een grote waarheid in het gezegde 'Je bent slechts zo veilig als je gedachten'. Als je gedachten gerelateerd zijn aan verleidingen, niet toegeven, onbedwingbare trek en niet in staat zijn je gewicht onder controle te houden, dan voel je je niet veilig. Hierbij gaat het er niet om hoeveel je weegt. Het gaat erom dat je het bewustzijn van gewichtsverlies in stand houdt. Dit bewustzijn bestaat uit de volgende elementen:

Niet tegen jezelf vechten.

Geen calorieën meer tellen.

Geen light producten gebruiken.

Voor natuurlijke voeding kiezen.

Weten hoeveel honger je hebt.

Het evenwicht herstellen als dat van belang is.

Dingen het hoofd bieden die je uit evenwicht brengen.

Je aandacht richten op je gewenste doel, namelijk het bereiken van je ideale gewicht.

Je bevredigd voelen zonder te veel te eten

Als je bewust met gewichtsverlies bezig bent, bewandel je het gewenste pad. Ongeacht hoe je het precies aanpakt, alle paden bevinden zich binnen het domein van bewustzijn, het domein waar alle overtuigingen, hoop, wensen, dromen en angsten worden geactiveerd.

Neem vandaag 's morgens even de tijd om na te gaan hoe je gemoedstoestand is. Geef jezelf bij elk bewustzijnselement een cijfer tussen de 1 en de 5:

5 Ik heb het onder de knie; ik ben trots op waar ik nu ben.
4 Ik ben goed bezig.
3 Ik moet er meer aandacht aan besteden.
2 Ik ben in de fout gegaan; ik moet me echt concentreren.
1 O jee, ik ben het helemaal vergeten.

Kies het item dat je het meest wilt veranderen en maak gedurende de dag ruimte in je geest vrij om eraan te werken. Het is je doel je brein een eenvoudig geheugensteuntje te bieden. Als je dit voldoende herhaalt, wordt het een krachtig hulpmiddel voor het hertrainen van je brein.
Wees je ook bewust van waar je wel in slaagt. Geef jezelf een compliment voor het feit dat je goed bezig bent. Vereenzelvig je met je positieve bewustzijnstoestand, want dat gaat je leven veranderen.

Zelfregulering: Laat je lichaam voor je zorgen

Kernpunten

- Je lichaam/geest is een zelfregulerend systeem. Zelfregulatie wordt homeostase genoemd, dynamische onveranderlijkheid te midden van verandering.
- Alle lichaamsfuncties zijn zelfregulerend door middel van terugkoppellussen. Je gedachten, gevoelens en verlangens vormen de belangrijkste input die je lichaam binnen dat systeem ontvangt.
- De signalen voor lichaamsbewustzijn zijn verzadiging/honger, welbevinden/ongemak, energie/lusteloosheid en lichtheid/zwaarte.
- Honderden terugkoppellussen zorgen ervoor dat je in leven, gezond, vitaal en in beweging blijft zonder dat je daar bewust mee bezig hoeft te zijn. Maar jouw input is wel nodig om de belangrijke bioritmen, vooral slaap, goed te laten verlopen.
- Optimale bioritmen zijn gerelateerd aan een optimale spijsvertering, die leidt tot meer energie en een normaal gewicht. Verstoorde bioritmen veroorzaken verstoring van de hormonale balans, waardoor terugkoppellussen ontregeld raken. Overgewicht verergert de negatieve effecten.
- Je lichaam weet bewust dat het een symfonie van in elkaar grijpende processen is. Het ziet zichzelf niet als een machine of 'ding'. Je moet je lichaam zien als een werkwoord, niet als een zelfstandig naamwoord.

Je kunt je lichaam negeren, maar je lichaam negeert jou nooit. Het zorgt al sinds de conceptie voor je. Het maakt niet uit hoezeer je het verwaarloost of misbruikt, je lichaam blijft in zijn missie volharden. Het bestaat om voor je te zorgen als je het daartoe de gelegenheid geeft. Als je 's nachts slaapt, reguleert je lichaam duizenden processen zonder dat je daarop hoeft te letten. De missie van je lichaam is jou in leven, gezond, en mobiel houden. Dit vermogen wordt zelfregulering genoemd. Vijftig triljoen cellen die zogezegd hun erewoord houden.

Als je je lichaam bewust voor je laat zorgen wordt het je grootste bondgenoot en een betrouwbare partner. Het belangrijkste wat je nu kunt doen is stoppen met het verstoren van de zelfregulering. In gevallen van ernstig overgewicht heeft deze verstoring een fysieke vorm aangenomen. Overtollige kilo's zetten het hele systeem onnodig onder druk. Als het lichaam een supercomputer is die voortdurend input en output verwerkt, helpt het niet om gesmolten rundvet en karamel in de computer te gieten.

Ik bedoel dit slechts voor een deel ironisch omdat de boel nog veel erger wordt verziekt als er ook nog mentale en emotionele toxinen bij komen. Elke negatieve overtuiging verzwakt de samenwerking tussen lichaam en geest. We hebben het al even gehad over homeostase, het zeer belangrijke vermogen van het lichaam om terwijl er van alles gebeurt, onveranderlijkheid in stand te houden. Die abstracte woorden wijzen op de wonderbaarlijke mogelijkheden van zelfregulering. Het leven is zodanig gestructureerd dat de zelfregulering 'onzichtbaar' is, zodat jij kunt doen wat je wilt. Je kunt bijvoorbeeld je joggingkleding aantrekken en denken: het is weer tijd voor een rondje door het park, wat een eenvoudige boodschap lijkt te zijn. Je vraagt je lichaam om te gaan bewegen. Maar op een verborgen niveau heeft je instructie ook invloed op je bloedsuikerspiegel, cholesterolgehalte, bloeddruk, lichaamstemperatuur, lichaamsvet, spiermassa, botdichtheid, metabolische activiteit, immuunsysteem en lichaamsgewicht. Er is nooit een moment waarop deze functies niet worden gereguleerd. En het belangrijkste doel is homeostase, die je in staat stelt iets dynamisch te doen (joggen door het park) terwijl er in je lichaam sprake is van een constante evenwichtstoestand.

Als homeostase verstoord raakt, stuurt je lichaam je een signaal. Stel, je hebt al drie maanden niet gejogd en wordt ineens door een mooie lentedag geïnspireerd tot een rondje in het park. Je lichaam is niet voorbereid op dit plotselinge besluit maar doet wat het kan om voor je te zorgen. Als het te veel wordt belast, stuurt het je signalen van ongemak en stress: je begint te hijgen, je spieren verslappen, je gewrichten doen pijn, je wordt kortademig en je hart bonkt. Dit zijn de automatische effecten van het feit dat de homeostase zover onder druk komt dat je moet ingrijpen. Wat je nu doet, is aan jou.

Hoe lichaamsbewustzijn werkt

Er vinden in het lichaam te veel processen tegelijkertijd plaats om het te kunnen zien als een zelfstandig naamwoord. Zoals eerder gezegd zie ik het lichaam als een werkwoord. Je bewuste geest is gewoonweg niet in staat alle biologische processen in het lichaam te bewaken. Je lichaam wil dat je je bewust bent van enkele basissignalen die overeenkomen met de reeds besproken thema's:

verzadiging/honger
welbevinden/ongemak
energie/lusteloosheid
lichtheid/zwaarte

Het eerste woord in elk paar duidt op een toestand van evenwicht; homeostase zorgt ervoor dat het goed met je gaat zonder onnodige druk, stress en spanning. Het tweede woord in elk paar geeft aan dat de homeostase onder druk staat. Je ontvangt feedback van een automatisch systeem die je erop wijst dat je de situatie bewust moet corrigeren. Als je deze correctie aanbrengt, keert de zelfregulering terug naar haar normale wonderbaarlijke werking en verloopt alles weer naar behoren. De beste manier om een onbalans te corrigeren is je bewust te zijn van je lichaam, wat in feite geen inspanning vereist. Je houdt in de gaten hoe je je voelt waarbij je aandacht besteedt aan de signalen die hierboven vermeld staan: verzadiging/honger, welbevinden/ongemak, energie/ lusteloosheid en lichtheid/zwaarte.

Actiepunt:
je bewust zijn van honger

Hoe meer verfijnd je bewustzijn is, hoe beter je in contact bent met je lichaam. We zeggen maar al te vaak 'Ik verrek van de honger' en eten dan veel, terwijl het lichaam eigenlijk zegt: 'Ik heb een beetje honger' en tevreden zou zijn met een boterham of een groene salade.

De volgende keer dat je honger hebt moet je even pauzeren; geef de mate van je honger een cijfer op een schaal van 0 tot 8.

0-1 Je maag is helemaal leeg; je hebt niet het gevoel dat er nog voedsel van de vorige maaltijd in je systeem zit. Tegelijkertijd heb je een hongergevoel. Dit is het moment waarop je zou moeten beginnen met eten.

2-4 Zo voel je je als je genoeglijk zit te eten of als je net hebt gegeten en het voedsel rustig aan het verteren bent. Je hebt dan geen hongergevoel.

5 Terwijl je aan het eten bent, begin je je voldaan te voelen.

6 Dit is het punt van maximaal welbevinden. Je voelt je volledig voldaan. Je hebt geen hongergevoel en hebt ook niet het gevoel dat je te veel hebt gegeten. Als je dit voelt, kun je het best stoppen met eten.

7-8 Je bent verder gegaan dan het punt waarop je je nog prettig voelde. Na het eten heb je een gevoel van ongemak zoals zwaarte, sufheid en een opgezette buik.

Veel mensen voelen de drang om te eten terwijl hun lichaam zegt dat ze allang vol zitten. Dit zijn misschien geen dwangmatige eters, maar ze ondervinden een zekere mate van druk en hebben daardoor een soort troost nodig. En soms gebeuren bepaalde dingen gewoon. Een klant kan bijvoorbeeld onverwachts bellen en je vragen of je met hem of haar kunt gaan eten, zodat je gedwongen bent naar een restaurant te gaan terwijl je een paar uur daarvoor hebt geluncht.

Wat de situatie ook is, als je je ervan bewust bent hoeveel honger je hebt en daaraan gehoor geeft, houd je de feedback tussen lichaam en geest in stand.

Enkele tips:

- Geeft gehoor aan je hongerniveau. Eet niet verder als je al vol zit. Maar honger jezelf ook niet uit als je echt honger hebt (wat mensen doen die denken dat ze daardoor kilo's kwijtraken).
- Houd tijdens het eten je hongergevoel in de gaten. Als je vol zit,

wat inhoudt dat je op een schaal van 0-8 op een 6 zit, stop je met eten. Ga van tafel of vraag of de bediening je bord meeneemt.
- Leer een licht hongergevoel te waarderen als een positieve boodschap van je lichaam. Gebruik het niet als een excuus om meteen weer iets te gaan eten.

Je bewust zijn van je lichaam is iets natuurlijks. Als iets bijvoorbeeld pijn doet, is ongemak een onaangenaam signaal en je wilt instinctief dat de pijn weggaat. Maar de reactie van de geest is niet altijd zo eenvoudig. Veel mensen met overgewicht hebben al zo lang bepaalde negatieve overtuigingen dat ze zich daar niet eens bewust van zijn. Niettemin kun je ze herkennen door de schadelijke gedachten die ze creëren. Wat is de aard van de samenwerking tussen lichaam en geest als je dit soort gedachten hebt?

Mijn lichaam is lelijk en minderwaardig.
Ik moet het met dit lichaam doen. Daar kan ik niets aan veranderen.
Hoe hard ik ook probeer af te vallen, mijn lichaam werkt niet mee.
Ik ben zo teleurgesteld in mijn lichaam.
Het is gewoon een kwestie van tijd voordat er vanbinnen echt iets misgaat.
Ik kan maar het best negeren hoe mijn lichaam eruitziet en voelt.

Het moge duidelijk zijn dat de samenwerking tussen lichaam en geest dan niet optimaal is. In mijn ervaring hebben mensen met een verleden van gewichtsproblemen meestal geen voeling met de connectie tussen lichaam en geest. Ze gebruiken deze connectie in ieder geval niet in hun voordeel.

Amanda, een patiënt van mij, kreeg op haar vijftigste diabetes type II nadat ze al sinds haar tienertijd te zwaar was. Ik was slechts één arts in een lange reeks die ze had bezocht, wat niet die zo verrassend was omdat diabetes op het hele systeem van invloed is. Haar oogarts zei tegen Amanda dat haar vertroebelde gezichtsvermogen het gevolg was van retinale degeneratie, die gelukkig nog mild van aard was. Andere artsen hielpen haar met haar vermoeidheid, stemmingswisselingen, overgevoeligheid voor medicijnen, onregelmatige bloedsuikerspiegel en lage rugpijn (dit laatste probleem was niet aan haar diabetes gerelateerd).

Amanda is een stoïcijnse en openhartige vrouw. Ze sjokt van arts naar arts en is vastbesloten haar problemen op te lossen. Het eerste wat ze tegen me zei was: 'Ik beschouw mezelf als een genezer. Ik doe lichaamswerk maar dat is wel holistisch. Mijn cliënten zeggen tegen me dat ik hun leven heb veranderd.'

'En nu vraag je je af waarom je niet je eigen leven kunt veranderen,' onderbrak ik haar. Ze knikte.

Ik vroeg Amanda wat ze voor zichzelf deed en dat was een hele waslijst. Ze bezocht een grote verscheidenheid aan alternatieve therapeuten. Ze slikte supplementen en deed haar uiterste best om bewerkte voedingsmiddelen te vermijden. Eén keer per maand deed ze een reinigingskuur. Al deze dingen waren proactief, maar er zat een addertje onder het gras.

'Ik vind de dingen die je doet prima,' zei ik. 'Maar hoe voel je je?' Ik vond dat ze er bezorgd en gespannen uitzag.

'Ik ben helemaal op,' gaf Amanda toe. 'Ik haat al die doktersbezoeken. Ik wil gewoon dat mijn problemen weggaan.'

'Ik heb het idee dat al dat gepieker ervoor zorgt dat je te veel eet,' zei ik. Sinds onze laatste afspraak twee maanden eerder was ze bijna 5 kilo aangekomen. Amanda knikte en keek verdrietig. Haar lichaam zei tegen haar dat ze een probleem had, maar haar antwoord op nog meer stress was nog meer eten. Dus haar lichaam werkte niet meer met haar samen en dat moest ze veranderen. Naast de medische problemen was er ook een hoop melodrama.

'Je bent bezorgd over de hele situatie,' zei ik. 'Maar je reageert op een negatieve manier. Je lichaam is zo ver uit evenwicht geraakt dat het noodsignalen verstuurt. Je moet de stress die je lichaam ondervindt verminderen. Als je dat doet, zul jij je ook beter voelen. Die twee dingen zijn namelijk nauw met elkaar verbonden.'

De juiste zorg voor je lichaam helpt het bij het herstellen van de homeostase. Als dit herstel niet plaatsvindt, treedt er ook geen genezing op. Amanda kon een hoop doen om haar lichaam de kans te geven zich te resetten:

Ze zou ermee kunnen stoppen zoveel te eten.
Ze zou kunnen gaan mediteren.
Ze zou maatregelen kunnen treffen om haar stressniveau omlaag te brengen.
Ze zou haar negatieve overtuigingen onder de loep kunnen nemen.
Ze zou de connectie tussen lichaam en geest met positieve bekrachtiging van vervulling kunnen voeden.

Dat zijn allemaal vormen van positieve feedback. Ik had ook een directe suggestie. Ik vroeg Amanda haar ogen dicht te doen en even rustig te gaan zitten. Vervolgens leidde ik haar door de volgende meditatie:

'Visualiseer je lichaam als gezond en in balans. Visualiseer je lichaam op zijn ideale gewicht. Voel de tevredenheid die dit je geeft. Visualiseer dat je glimlacht en tevreden bent met je lichaam. Zeg tegen jezelf: "Dit is wie ik ben. Ik wil het lichaam hebben dat ik zie. Dat wordt zo snel mogelijk mijn lichaam."'

Amanda glimlachte tijdens de meditatie. Je kon zien hoe de spanning uit haar systeem wegvloeide. Haar gezicht ontspande zich tot een uitdrukking van tevredenheid en hoop.

Waarom konden Amanda's andere artsen haar niet helpen? Omdat die haar lichaam zagen als een kapotte machine die gerepareerd moest worden. Ze hadden maar weinig expertise (of belangstelling) op het gebied van de holistische mens. Maar voor haar was de holistische benadering juist zo belangrijk. 'Stop ermee zoveel te eten' was slechts de kleine opening naar een mind/body-aanpak die ertoe leidde dat ze haar leven weer op de rails kreeg.

De behoefte aan feedback

Je lichaam wil positieve input. De terugkoppellussen werken automatisch, vandaar dat je maanden- of jarenlang in leven kunt blijven als je in coma ligt. Maar het zenuwstelsel heeft ook nog een andere helft, het somatische zenuwstelsel, dat jouw medewerking nodig heeft. Het reageert op wat je zegt, denkt en doet.

Onthechting betekent dat je weigert mee te werken. Je geeft je brein en zenuwstelsel dan de instructie om zonder jou door te gaan. Dat klinkt misschien neutraal, maar dat is het niet. Onthechting neemt verschillende vormen aan die geworteld zijn in zelfveroordeling. De belangrijkste zijn ontkenning, matheid, lusteloosheid en gelatenheid. Mensen met gewichtsproblemen kennen ze maar al te goed. Zij hebben niet de wijze, kalme onthechting van een boeddha. Spirituele onthechting is een vredige gemoedstoestand. Het soort onthechting waarmee je negeert wat je lichaam tegen je zegt komt voort uit negativiteit; daar is niets vredigs aan. Een mengelmoes van toxische gevoelens en overtuigingen komt hierop neer: mijn lichaam is tegen mij.

Het is belangrijk die geesteshouding te veranderen omdat je lichaam weet wat je denkt en voelt. Je voedt het met je negativiteit. Biljoenen cellen ontvangen op elk willekeurig moment chemische boodschappen van je brein die gecodeerd zijn als chemische stoffen. Een stresshormoon als cortisol speelt een cruciale rol bij twee functies die essentieel zijn voor het leven: eten en slapen. Toen ik dit als endocrinoloog bestudeerde, keken we alleen maar naar de structuur van het cortisolmolecule en hoe die reageerde met andere hormonen. De interactie was complex en fascinerend. Ik was in de ban van het feit dat plotselinge stress, die bijvoorbeeld veroorzaakt wordt door de woorden 'Je bent ontslagen', een onmiddellijke afgifte van stresshormonen tot gevolg heeft. Twee minuten later is het hele lichaam veranderd en dat allemaal als gevolg van drie woorden.

Daardoor zie ik cortisol nu niet als een molecule maar voornamelijk als een bedreiging. 'Je bent ontslagen' wordt als een sms'je met slecht nieuws door het bloed gestuurd. Tijdens de geneeskundeopleiding werden deze boodschappen genegeerd want alles was materialistisch; de menselijke kant was minder van belang. Maar natuurlijk is 'Je bent ontslagen' een menselijke boodschap. Hetzelfde geldt voor de negatieve gedachten over overgewicht. 'Je bent dik' zijn drie woorden die niemand wil horen en ze kunnen net zo verwoestend of misschien zelfs meer verwoestend zijn dan 'Je bent ontslagen'.

Hormonen resetten je lichaam

Laten we eens wat dieper ingaan op wat er met de boodschappen gebeurt die voortdurend door je lichaam circuleren. Er zijn honderden terugkoppellussen in je lichaam die elkaar via onderlinge verbindingen reguleren. Hoe kun je ze nu op een eenvoudige, effectieve manier resetten?

Zoals ik al eerder zei is evenwicht de belangrijkste factor van homeostase, maar wat betekent in evenwicht zijn fysiologisch gezien precies? De belangrijkste elementen zijn dagelijkse cycli die bioritmen worden genoemd. Lichamelijke processen vinden niet willekeurig plaats. Ze zijn ritmisch en elke ritme sluit aan op alle andere ritmen. Denk maar aan een klokkenwinkel waar honderd klokken dezelfde tijd aangeven ook al tikken ze in een verschillend tempo. Je bloeddruk volgt bijvoorbeeld een dagelijks golfpatroon waarbij hij omhoog- en omlaaggaat. Het hormoon cortisol volgt het ritme van waken en slapen (als je de chemische cyclus van cortisol verstoort, leidt dat bijvoorbeeld tot een jetlag of klachten na een nachtdienst. Hoewel mensen die 's nachts werken vaak denken dat ze zich hebben aangepast aan het nachtelijke waken, vertelt hun cortisolniveau een ander verhaal).

De menstruatiecyclus bij vrouwen is afhankelijk van hormonen en hoewel de oorzaken van het premenstrueel syndroom (PMS) nog niet helemaal worden begrepen, vermoeden onderzoekers dat een cyclische verschuiving van hormonen, die gepaard gaat met veranderingen in het brein, weleens de sleutel zou kunnen zijn. Mannen hebben een andere fysiologie maar ze hebben natuurlijk ook hormonen en als je op Google zoekt naar 'mannelijke menstruatie', vind je pleitbezorgers van een mannelijke testosteroncyclus die gerelateerd is aan humeurigheid, seksuele opwinding en depressie. Vanuit medische hoek is er nog maar weinig over een dergelijke cyclus gemeld en nog minder onderzocht, maar testosteron heeft wel een dagelijkse cyclus met een piek in de ochtend.

Er stroomt een hele symfonie van hormonen door je lichaam en als ze met elkaar in evenwicht zijn, volgen je bioritmen een natuurlijk patroon. Als je lichaam uit balans is, komt dat ook in de hormoonspiegels tot uiting. Slaapgebrek verstoort bijvoorbeeld het cortisolgehalte en daardoor ook het hongergevoel. Dit is de reden waarom mensen de neiging hebben meer te eten als ze slecht slapen. Deze factor is zo belangrijk dat het verlies van je natuurlijke slaapritme weleens de reden zou kunnen zijn waarom je te veel eet (voor mensen die aan een chronische depressie lijden is een onregelmatig slaappatroon vaak het eerste signaal van een aanval. Als daar meteen aandacht aan wordt besteed kan de opkomende depressie wellicht worden voorkomen).

Hormonen zijn regulatoren of poortwachters. Ze houden de belangrijkste lichaamsfuncties binnen een bepaalde marge, dus niet te sterk en niet te zwak. Hieronder vallen de ademhaling, het drinken van water, het eten van voedsel, de spijsvertering, de stofwisseling, de uitscheiding van afvalstoffen en zintuiglijke ervaringen door middel van geluid, aanraking, zicht, smaak en reuk. Al deze functies moeten binnen bepaalde grenzen zelfregulerend zijn. Als je ineens bang wordt en sneller en onregelmatiger gaat ademhalen (een fysieke uitdrukking van de vecht-of-vluchtreactie), heeft het hormoon adrenaline je hart tot het uiterste gedreven. Je lichaam weet dat deze extreme situatie slechts kort op een veilige manier kan worden gehandhaafd dus de adrenaline verlaat het systeem snel.

Hoe zijn hormonen gerelateerd aan overgewicht? We hebben al besproken hoe te veel eten of de verkeerde dingen eten je bloedsuikerspiegel verstoort, het insulineniveau beïnvloedt en een risicofactor voor het ontstaan van diabetes is (hoewel de prediabetische fase ook ongezond is; het feit dat je nog geen ziektesymptomen hebt wil niet zeggen dat er niets aan de hand is). Meer verontrustend is wellicht het buikvet dat zich rond het middel bevindt. Alleen al het feit dat het vet hier wordt afgezet maakt verschil. Bij vrouwen die voorafgaand aan de menopauze buikvet hadden, werd in een onderzoek geconstateerd dat hun botkwaliteit slechter was en dat bij hen minder botvorming plaatsvond dan bij vrouwen bij wie het vet op andere plekken op het lichaam zat.

Bij beide geslachten wordt het schadelijke effect van buikvet, dat pas sinds kort door wetenschappers wordt onderzocht, veroorzaakt doordat deze vetcellen voortdurend hormonen uitscheiden die in de bloedstroom terechtkomen. Het gaat vooral om leptine, het hormoon dat je eetlust vergroot en dat van nature wordt geneutraliseerd door ghreline, het hormoon dat het verzadigingsgevoel veroorzaakt. Nu blijkt dat het leptineniveau direct evenredig is met het lichaamsgewicht. Met andere woorden, hoe zwaarder je weegt, des te hongeriger je je voelt. Op een wrede manier is dit natuurlijk ironisch, omdat je lichaamsvet wordt opgeslagen voor tijden van schaarste. Leptine speelt ook een centrale rol bij de vetstofwisseling, eveneens een cyclisch proces. Je vetstofwisseling is negen tot tien uur na het avondeten het grootst. Als je voor je naar bed gaat nog wat eet, zou dat deze cyclus kunnen verstoren. Je veroorzaakt dan op twee manieren problemen: doordat je iets eet waaraan je lichaam geen behoefte heeft en doordat je het vermogen van je lichaam om vet te metaboliseren verstoort.

Leptine is ook gerelateerd aan het 'diëten werken niet'-syndroom. Het jojo-effect, waarbij mensen die met een crashdieet stoppen weer aankomen en zelfs zwaarder worden dan ze aanvankelijk waren, is gerelateerd aan een toename van leptine. Je lichaam ervaart een crashdieet als schaarste doordat je ineens veel minder calorieën binnenkrijgt. Als de schaarste voorbij is, stijgt de leptinespiegel zodat je meer honger krijgt terwijl je stofwisseling ook wordt aangepast (ook weer door hormonen) zodat meer voedsel in vet wordt omgezet. De truc om een uurtje voor de maaltijd iets te eten werkt, doordat dit de leptine/ghreline-cyclus ertoe aanzet over te gaan van eten op stofwisseling. Hierdoor wordt het hongergevoel op natuurlijke wijze onderdrukt.

Actiepunt: voeding, stemming en energie met elkaar verbinden

Het is wetenschappelijk aangetoond dat wat je eet en hoe je je voelt zijn gerelateerd aan een symfonie van hormonen. Maar jij bent degene die je eigen situatie het best kunt beoordelen. Nu je hebt geleerd om aan te geven hoe sterk je hongergevoel is, kun je dit gaan koppelen aan de manier waarop eten je stemming en energieniveau beïnvloedt.

Houd gedurende de komende twee weken dagelijks een logboek bij waarin je deze drie factoren beschrijft. Het voorbeeld hieronder laat zien hoe elke bladzijde eruit zou kunnen zien:

	Eetlust voor het eten	Eetlust na het eten	Stemming voor het eten	Stemming na het eten	Energieniveau voor het eten	Energieniveau na het eten
Ontbijt						
Lunch						
Avondeten						

Om je stemming te peilen kun je gebruikmaken van een schaal van 1 tot 10, waarbij 10 staat voor een staat van gelukzalig welbevinden en 1 voor je diep ongelukkig voelen en emotionele pijn ervaren. Geef ook je energieniveau een cijfer op een schaal van 1 tot 10, waarbij 10 staat voor het hoogste niveau van bruisende energie en 1 voor het gevoel dat je helemaal uitgeteld bent en te moe om uit bed te komen.

Toen ik zelf mijn eetlust, stemming en energieniveau ging bijhouden begon ik patronen te zien. Als ik bijvoorbeeld op niveau 4 tot 6 stopte met eten (na een lichte maaltijd zou dat dan zijn), voelde ik me vrijwel altijd energiek en tevreden. Als ik echter te veel at, merkte ik elke keer dat ik me sloom en ongeïnspireerd voelde.

Als ik daarentegen te lang wachtte met eten en qua eetlust tot niveau 1 tot 2 zakte, kwam het regelmatig voor dat ik de volgende maaltijd als het ware verslond, me moe voelde en prikkelbaar was.

Houd in gedachten dat het bijhouden van een logboek een mindfulness-hulpmiddel is om je zelfbewustzijn te vergroten. Stel eventuele patronen zonder oordeel of zelfkritiek vast. Als je bewustzijn zich uitbreidt, word je op natuurlijke wijze geleid om veranderingen in je eetpatroon aan te brengen die je gelukkiger en energieker maken.

Stress-eten

Het is duidelijk dat je lichaam een normale hormoonspiegel nodig heeft om het natuurlijk verloop van bioritmen in stand te houden. Als bioritmen zijn verstoord moet je een manier zien te vinden om dat te herstellen. Als we kijken naar de onbalans die wordt veroorzaakt door gewichtstoename, is het nuttig mensen die te zwaar zijn in twee categorieën in te delen. De eerste categorie heeft problemen met insuline en bloedsuiker. De belangrijkste manier om het insulineniveau in je lichaam te herstellen is door middel van je voeding, waarbij je je moet richten op natuurlijke producten en geraffineerde suiker en andere eenvoudige koolhydraten moet vermijden. Meer hierover in het gedeelte over de voedingsfilosofie van het Chopra Center.

De tweede categorie heeft problemen met stress. Er bestaat een direct verband tussen te veel suiker eten en een onbalans in je bloedsuikerspiegel, maar het verband tussen stress en gewichtstoename is meer indirect. Hierbij zijn enkele hormonen betrokken die op het eerste gezicht weinig met honger en lichaamsvet te maken hebben. Niettemin zijn ze verweven in de symfonie van hormonen, omdat deze stoffen niet afzonderlijk van andere stoffen werken.

De scheidslijn tussen problemen met je bloedsuiker en problemen die gerelateerd zijn aan stress is vaag. Voor beide categorieën geldt namelijk dat als je eenmaal extra lichaamsvet hebt, die extra vetcellen hormonen uitscheiden die van invloed zijn op je bloedsuikerspiegel en eetlust. Geldt dit ook voor jou?

Quiz: ben jij een stress-eter?

Kruis aan wat op jouw eetpatroon en algemene situatie van toepassing is.

__ Ben je een vrouw? (Vrouwen zijn vaker stress-eters. Zij gebruiken voedsel als troost, terwijl mannen eerder naar alcohol en tabak grijpen.)

__ Heb je een zittend leven en beweeg je niet regelmatig? (Lichaamsbeweging heeft als effect dat je er op korte termijn honger van krijgt maar als je regelmatig vrij intensief beweegt, lijkt het de stressrespons te resetten.)

__ Ben je eenzaam of sociaal geïsoleerd? (Het ontbreken van een sociaal vangnet betekent dat je geen uitlaatklep hebt voor het kwijtraken van je dagelijkse stress.)

__ Eet je tussendoortjes als je zenuwachtig of rusteloos bent?

__ Ga je helemaal in je eentje met je stress om?

__ Maken je dagelijkse stress en spanningen het moeilijk voor je om in slaap te vallen en minimaal zeven tot acht uur te blijven slapen? (Onregelmatige slaap verstoort de dagelijkse cortisolcyclus.)
__ Eet je tussen de maaltijden door omdat je je verveelt of last hebt van werkdruk?
__ Als je gestrest bent, eet je dan meteen iets waar veel suiker en/of vet in zit?
Score:

Beoordeling
Als je ***één of twee*** items hebt aangekruist, ben je waarschijnlijk geen stress-eter. Er is geen wisselwerking tussen je dagelijkse stress en voeding. Een score van ***vijf tot acht*** wil zeggen dat je tot de categorie stress-eters behoort. Je gebruikt wat je eet en drinkt om je staande te houden in het leven en er is sprake van een wisselwerking tussen wat je eet en hoe je je voelt. Hoe meer je eet om jezelf te troosten, hoe minder effectief het is, wat weer leidt tot meer eten.

Wat moet ik nu doen?

Beter leren omgaan met stress is de sleutel tot het tegengaan van stress-eten. Bied geen weerstand tegen je eetlust; leer je brein dat je op een effectieve manier met de stressrespons kunt omgaan. Zoals bij de quiz al werd opgemerkt, moet het omgaan met stress bestaan uit een selectie uit het antistressmenu:

meditatie;
yoga;
ontspanningstechnieken, waaronder ademhalingsoefeningen
een goede nachtrust;
lichaamsbeweging, indien intensief en regelmatig;
nauwe sociale contacten.

Stress is zo'n belangrijke verdachte in de huidige obesitasepidemie dat er nadere aandacht aan dient te worden geschonken, dus kijk onder het kopje 'Persoonlijke invulling' aan het einde van dit hoofdstuk.

Daar ga ik dieper op dit probleem in. De meeste mensen hebben er op een verborgen manier last van, zelfs wanneer ze denken dat ze geen stressvol leven hebben.

Stress-eten is een paradox. Op de korte termijn zorgt adrenaline, dat het vecht-of-vluchtsyndroom veroorzaakt, ervoor dat het spijsverteringskanaal als het ware wordt afgesloten en je eetlust vermindert. 'Ik ben te zeer van streek om iets te eten' is een veelgehoorde eerste reactie op stress. (Chemisch gezien is dit gerelateerd aan een klier in de hersenen, de hypothalamus, die het corticotropine-releasing hormoon uitscheidt; dit zegt in wezen tegen het lichaam: dit is een noodgeval; dit is niet het moment om te eten.) Sommige mensen eten meer als ze zenuwachtig zijn en blijven slank; ze reageren sterk op kleine, alledaagse stressoren waardoor hun hormonen een hongergevoel voorkomen.

Dankzij het hormoon cortisol, dat de eetlust opwekt en voor een sterke motivatie zorgt, kun je na beëindiging van stress echter de drang voelen om te gaan eten. Na een gevecht of het winnen van een voetbalwedstrijd ben je zo opgeladen dat eten een sterke directe behoefte wordt. Het cortisolniveau daalt van nature als de stress voorbij is maar als stress voortdurend aanwezig is, ook al is hij niet zo groot, kan eten iets dwangmatigs worden. (Ik herinner me het ontroerende verhaal van een man die net zijn vrouw had verloren; als onderdeel van zijn rouwproces reed hij de hele avond over de Pacific Coast Highway en ging hij in elk wegrestaurant een biefstuk eten.)

Hoewel het onderzoek op dit gebied minder duidelijk is, lijkt stress ervoor te zorgen dat mensen naar zoete en vette voedingsmiddelen verlangen. Men denkt dat dit ook weer met hormonen te maken heeft, omdat suiker en vet het deel van het brein dat op stress reageert lijken te onderdrukken. Er is een fysiologische reden voor het feit dat een groot stuk chocoladetaart troostvoedsel genoemd kan worden. De oplossing schuilt echter niet in het eten van meer en meer chocoladetaart om je getroost te blijven voelen; dat leidt wat je lichaam betreft tot een ramp. Wat je beter kunt doen is leren omgaan met de stress die je hormoonbalans heeft verstoord.

Vijfendertig jaar geleden, toen ik nog in opleiding was en geïnteresseerd raakte in wat toen 'moleculen van emotie' werd genoemd, ging er een wereld voor me open. Hormonen spelen een cruciale rol bij zelfregulering en de connectie tussen lichaam en geest kon niet worden genegeerd als je eenmaal had gezien hoeveel invloed hormonen hebben op hoe we denken, hoe we ons voelen, hoe we ons gedragen en op hoe we eten. We hebben al gezien welke vier hormonen direct gerelateerd zijn aan eten (leptine, ghreline, insuline en adiponectine). Met betrekking tot gewichtsproblemen is er een bijrol weggelegd voor vier andere hormonen:

adrenaline
cortisol
endorfine
schildklierhormonen

De twee stresshormonen, adrenaline en cortisol, werden voorheen nooit aan het lichaamsgewicht gerelateerd, totdat werd ontdekt dat ze een toename van de afzetting van buikvet veroorzaken. Endorfinen, de natuurlijke opiaten die in de hersenen worden geproduceerd, functioneren als pijnstillers. Het endorfineniveau stijgt door lichaamsbeweging, verliefd worden, orgasmen en het eten van pittig voedsel. Hierin lijkt geen eenduidige boodschap te zitten, tot je een stapje terugzet en beseft dat endorfinen deel uitmaken van de 'bevredigingscocktail' van het lichaam. Als zodanig is het endorfineniveau duidelijk van invloed op hoe vervuld je je voelt en wat je doet om meer vervulling te vinden.

Ik vraag je niet de functies van elk hormoon uit je hoofd te leren, integendeel. Je hormonen worden georkestreerd en zijn met elkaar verweven. Ze vertalen je gevoelens naar chemische boodschappen die je cellen kunnen begrijpen. Het is verbazingwekkend dat dit kan gebeuren en niemand weet hoe het precies werkt. Waarom zou een chemische stof, adrenaline, je het gevoel geven dat je bang bent of weg wilt rennen? Wetenschappers weten het niet. Cruciaal is echter dat hormonen je in staat stellen een innerlijk evenwicht en innerlijke vrede in stand te houden terwijl ze je tevens de mogelijkheid bieden snel te reageren als er iets verandert in je leven.

Voor je gewicht betekent dit dat je verder moet kijken dan een enkel 'hongerhormoon' of 'vethormoon' om het hele plaatje te kunnen zien. De beschrijving van hormonen in leerboeken is te beperkt, omdat die volledig is losgekoppeld van de menselijke situatie. De schildklier komt altijd ter sprake in discussies over stofwisseling en obesitas. Voor een endocrinoloog is de connectie tussen schildklieractiviteit, emoties en stofwisseling niet eenduidig. Maar het is logisch dat een lage schildklierfunctie die gekoppeld is aan depressie of stress van invloed is op je stofwisseling. Dat is een eenvoudig voorbeeld van kijken naar het hele plaatje en stilstaan bij de vraag waarom iemand in een negatieve emotionele toestand hormonale signalen naar het lichaam stuurt die een breed effect hebben. (In het hoofdstuk over emotioneel welzijn worden er nog drie hormonen aan de chemische symfonie toegevoegd.)

Slaap, het belangrijkste bioritme

Hormonen laten zien hoe lichaam en geest volledig met elkaar verbonden zijn. Als je één belangrijk bioritme verandert, zijn de gevolgen overal merkbaar. Dit geldt vooral voor slaap, het belangrijkste bioritme dat bepaalt hoe je je elke dag voelt. Zoals je wellicht weet is de reden waarom we slapen nog steeds een raadsel. Vrijwel alle ontdekkingen die met behulp van slaaponderzoek worden gedaan zijn gerelateerd aan slaaptekort. Als je iemand dwingt wakker te blijven, verschijnen al snel de eerste symptomen: versuftheid, een minder goede coördinatie, verwarring en fysieke vermoeidheid. Als iemand langer dan 24 uur gedwongen wordt wakker te blijven, wat zelfs in een laboratorium moeilijk te bewerkstelligen is, worden de symptomen ernstig en leiden ze tot hallucinaties en chaotische fysieke processen in het lichaam.

Doordat slaaponderzoek is gebaseerd op slaaptekort bevinden we ons in vrijwel dezelfde positie als bij het onderzoek naar vitaminen, dat gebaseerd is op tekorten. Als je vitamine C wegneemt, leidt dat onder andere tot scheurbuik maar het leert ons niet hoe je het vitamine C-gehalte kunt optimaliseren. Dat is de andere helft van het verhaal die zeker de belangrijkste is voor het dagelijks leven.

Wat betreft slaap moeten we helaas eerst naar slaaptekort kijken, aangezien de helft van de Amerikaanse volwassenen slaapproblemen zegt te hebben en twee derde zegt dat ze meer zouden moeten slapen.

Wat staat een goede nachtrust in de weg? Om te beginnen:

- werk mee naar huis nemen
- angstgevoelens
- 's avonds laat eten
- te veel geluiden of licht in de slaapkamer
- jetlag
- ziekte
- kleine pijntjes
- bepaalde medicijnen
- naar de wc moeten om te plassen
- onregelmatige gewoonten
- een verleden van slapeloosheid
- opgehoopte stress

Al deze factoren kunnen eenvoudig aan te veel eten worden gerelateerd. Maar op zichzelf verstoort een slaaptekort de hormoonbalans ook al. Een gevolg hiervan is dat je honger krijgt en geen controle hebt over wat je eet (doordat je vermogen tot het nemen van beslissingen afneemt). Het normale ritme van leptine, ghreline en cortisol wordt verstoord. Er zijn ook secundaire gevolgen. Een slaaptekort kan ervoor zorgen dat je prikkelbaar of depressief wordt en dit leidt er dan weer toe dat je wellicht gaat eten om je beter te voelen.

Het is wetenschappelijk aangetoond dat sommige mensen geprogrammeerd zijn als nachtbrakers; ze worden pas na middernacht moe en moeten uitslapen. Andere mensen zijn zo geprogrammeerd dat ze vroeg naar bed gaan en weer vroeg opstaan. Als je met iemand hebt samengeleefd die niet in jouw categorie thuishoort, dan weet je uit eerste hand hoe moeilijk deze programmering te veranderen valt. Er is nog geen degelijk onderzoek gedaan naar de vraag of verandering van een dergelijk fundamenteel bioritme überhaupt mogelijk is.

Maar twee dingen staan buiten kijf. Slaap is een cyclisch proces. Slaap is een chemisch proces. Omdat het een cyclisch proces is, zou je je best moeten doen om te respecteren dat je lichaam zich op het ritme van de seizoenen en de overgang van licht naar donker probeert af te stemmen. Omdat slaap een chemisch proces is, moet je beseffen dat je brein bepaalde stoffen moet uitscheiden om je te laten slapen en weer wakker te laten worden. Je begaat een grote vergissing als je dit proces verstoort door bijvoorbeeld alcohol, tabak of drugs te gebruiken. Maar zelfs als je je slaapritme verstoort door grote schommelingen in je dagelijkse routine, vraag je als het ware vrijwillig om een jetlag of nachtdienst, twee dingen die slaap niet zo leuk vindt.

De richtlijnen voor een goede nachtrust zijn bekend en moeten eerst worden bekeken voor je kunt bepalen of je een slaapstoornis hebt.

Wat leidt tot een goede nachtrust?

1. Ga op vaste tijden naar bed.
2. Zorg ervoor dat de slaapkamer zo donker mogelijk is. Zelfs een beetje licht kan de pijnappelklier activeren. Dat is een klein gebied in het brein dat de dagelijkse ritmen reguleert op basis van licht en donker.
3. Zorg ervoor dat de slaapkamer zo stil mogelijk is. Tijdens de slaap heb je perioden waarin je bijna wakker bent en zelfs zachte geluiden (een tikkende klok of een druppelende kraan in de badkamer) kunnen ervoor zorgen dat je voortijdig wakker wordt.
4. Houd de temperatuur aan de koele kant. Als je in bed ligt, warmt je lichaam op en te veel warmte kan ervoor zorgen dat je wakker wordt.
5. Zorg ervoor dat je geen pijntjes hebt. Die voel je namelijk beter als je naar bed gaat. Een half aspirientje voor het slapengaan kan alles zijn wat je hiervoor nodig hebt.
6. Doe in het laatste uur voor het slapengaan geen mentale activiteit.
7. Ga niet naar bed als je boos of overstuur bent.
8. Verzet je tegen woelen. Lig stil en wacht tot de slaap vanzelf komt.
9. Ga op tijd naar bed zodat je minimaal acht uur ononderbroken kunt slapen.
10. Als je 's nachts vaak naar de wc moet, drink dan niets tijdens de laatste twee uren voor je naar bed gaat.
11. Gebruik geen wekker om wakker te worden. Zo bied je het natuurlijke slaap/waak-ritme de kans zich te herstellen.

Als je al deze maatregelen hebt geprobeerd (niet één keer maar minimaal twee weken lang) en nog steeds moeite hebt om in slaap te komen, is er nog een overvloed aan advies op internet te vinden. Het huidige onderzoek blijkt echter tegenstrijdig te zijn. Vroeger dacht men dat als je tijdens de werkweek onvoldoende slaap kreeg, je dat in het weekend niet kon inhalen. Men dacht ook dat de stadia van diepe slaap en rem-slaap (rem staat voor *rapid eye movements*, snelle oogbewegingen die waargenomen kunnen worden als iemand droomt) uitsluitend plaats konden vinden tijdens zeven tot acht uur ononderbroken slaap.

Nu lijkt het erop dat de diepe slaap en de rem-slaap veel sneller bereikt kunnen worden, dus onderzoekers onderschrijven de waarde van een dutje en het inhalen van slaap als er sprake is van een tekort. Maar ik zou willen aanvoeren dat slaaponderzoek niet kan worden gescheiden van alles wat met het leven te maken heeft. Niets verstoort slaap zo erg als verdriet, stress, verlies, mislukking, angst, depressie en alledaagse zorgen. In ernstige gevallen van slapeloosheid moet je vaak naar andere gebieden van je leven kijken. Dat hebben we in dit boek ook met eten en bewustzijn gedaan, voor slapen en bewustzijn geldt hetzelfde. De meeste oplossingen gelden ook voor bewustzijn en slapen.

Je slaapt beter als je gelukkig bent.
Hoe tevredener je bent, hoe beter je slaapt.
Te veel inertie en stagnatie komen je slaap niet ten goede; actief en betrokken zijn, zijn wel bevorderlijk voor je slaap.
Sloom en moe zijn leidt tot een slechte nachtrust en een slechte nachtrust maakt je slomer en vermoeider.
Toxinen en afhankelijkheid van medicijnen, met inbegrip van slaapmiddelen, verstoren bioritmen en veroorzaken vaak slaapproblemen.

Ik zeg niet dat je je hele leven onder de loep moet nemen als je last hebt van slapeloosheid. Wees je bewust van wat bij jou stress oplevert (zie 'Persoonlijke invulling' hieronder) en je lichaam uit balans brengt. Je kunt beter voorzorgsmaatregelen treffen dan een slachtoffer worden en willekeurig om je heen grijpen naar snelle oplossingen. Een klein overzicht dat door mij en enkele van mijn vrienden is opgesteld bevat enkele onschadelijke hulpmiddelen voor beter slapen, en er is minimaal één persoon die bij elk van die hulpmiddelen zweert:

- Loop tijdens de eerste vijf minuten dat je in bed ligt je dag nog eens langs. Laat elke belangrijke gebeurtenis langskomen. Voel je goed over je dag en besef dat alles wat je nog niet helemaal hebt gedaan of afgewerkt morgen gedaan en afgewerkt kan worden. Door deze oefening vergeet je je kleine zorgen en vervang je ze door een tevreden gevoel. Er is niets zo waardevol als dat.
- Ga op je rug liggen en houd je ogen open. Dreigen ze dicht te vallen, doe dan je best om ze open te houden. Deze truc werkt doordat je het tegenovergestelde doet van 'in slaap proberen te vallen', wat onmogelijk is.
- Lig volledig bewegingloos op je rug. Tijdens de diepe slaap zijn je spieren verlamd en door deze immobiliteit na te bootsen, wordt je brein getriggerd om de diepe slaaptoestand in te gaan.
- Visualiseer het getal 100. Als het beeld vervaagt of je met je gedachten afdwaalt, ga je terug naar het beeld van het getal 100. Mensen blijven vaak wakker door hun gedachten. Het zien van een beeld is niet cognitief; er zijn geen woorden of gedachten bij betrokken. Doordat je je op het getal 100 concentreert, denk je niet zoveel over allerlei dingen na.

Persoonlijke invulling: omgaan met stress zonder te eten

Als je de gewoonte wilt doorbreken dat je gaat eten als je gestrest bent, heb je een betere manier nodig om met stress om te gaan. Het is nuttig eerst iets meer te weten te komen over stress, vooral over de zogenaamde normale stress van het dagelijks leven. Deze stress wordt om twee redenen als normaal gezien. De stress wordt niet door een dramatische gebeurtenis veroorzaakt en het stressniveau dat we allemaal ervaren is over het algemeen laag. Deze stress is meestal niet op de radar te zien. Maar als je merkt dat je gaat eten zonder dat je precies kunt aangeven waarom je ineens trek hebt, is de kans groot dat het een manier is om met je stress om te gaan.

Wat je eet of drinkt kan weliswaar troost bieden, maar mag niet de belangrijkste manier zijn om met stress om te gaan en zeker niet de manier waar je het eerst naar grijpt. Er zijn drie factoren die stress in het dagelijks leven verergeren (zie blz. 178).

Ineffectief met stress omgaan

In hoeveel van de onderstaande gedragingen verval jij als je gestrest bent?

___ Ik eet iets als ik gestrest ben.
___ Ik reageer emotioneel en soms ontplof ik.
___ Ik voel me paniekerig en verstikt. Ik moet de stress buitensluiten of ervoor vluchten.
___ Ik negeer de stress en zoek afleiding zoals tv-kijken, online gaan of een spelletje spelen.
___ Ik klaag over de druk die ik ondervind, meestal tegen mensen die deze druk niet veroorzaken.
___ Ik geef de stress door en belast iemand anders ermee.
___ Ik keer de mensen die de meeste stress bij me veroorzaken de rug toe, zodat ik hen zo veel mogelijk kan buitensluiten.
___ Ik pik de stress tot ik de kans krijg om me uren later te ontspannen (door bijvoorbeeld naar de sportschool te gaan of een cocktail te drinken).
___ Ik creëer nog meer druk op mezelf en anderen, omdat ik denk dat ik daar sterker en meer competitief van word.

Met dit soort gedrag verminder je de schadelijke effecten van stress niet. Stress is een terugkoppellus. De input is de stressor (bijvoorbeeld een strakke deadline, een onaangename baas, een onbereikbaar verkoopdoel); de output is je reactie erop. Je kunt op elk punt binnen de terugkoppellus ingrijpen. Hoe bewuster je ingrijpt, hoe groter de kans dat je de negatieve effecten van stress vermindert.

We weten nu wat niet werkt, maar wat werkt wel?

- Je bewust zijn van wat er om je heen gebeurt.
- In de gaten houden hoe je je vanbinnen voelt.
- Je emoties niet onderdrukken.
- Manieren vinden om de controle over je leven te krijgen.
- Waar mogelijk volharden in het verlagen van je stressniveau.
- Meer te weten komen over de manier waarop stress werkt.

Dankzij zelfregulering keert je lichaam na een stresssituatie terug naar de toestand van evenwicht. Je schrikt bijvoorbeeld als je plotseling een knal hoort, maar enkele minuten later is er niets meer te merken van het feit dat je hart sneller ging kloppen en je bloeddruk steeg. Er zijn echter drie factoren die na verloop van tijd zo invloedrijk kunnen worden dat ze deze terugkeer naar de toestand van evenwicht beletten en je langzaam maar zeker in een toestand van chronische onbalans brengen:

herhaling

onvoorspelbaarheid

gebrek aan controle

Beschouw deze maar als De Grote Drie als het om chronische stress gaat, want ze kunnen letterlijk het verschil tussen leven en dood maken. In een klassiek laboratoriumexperiment werden muizen op een metalen rooster geplaatst dat ze een milde schok toebracht; die was niet groot genoeg om schade aan te richten, maar wel sterk genoeg om ze te doen schrikken. De schokken werden in willekeurige volgorde toegediend en de muizen konden niet wegrennen. Dus de drie ergste factoren, herhaling, onvoorspelbaarheid en gebrek aan controle, waren allemaal aanwezig.

Hoewel de schokken afzonderlijk van elkaar niet sterk genoeg waren om schade toe te brengen, gingen de muizen snel achteruit en dood. Hun lichaam was niet meer in staat naar de toestand van homeostase terug te keren. Ze waren niet in staat zich aan te passen en legden het loodje. De les lijkt duidelijk: een laag stressniveau lijkt onschuldig, maar onder de verkeerde omstandigheden leidt het tot een verminderd aanpassingsvermogen.

Als je bewust met stress om wilt gaan kun je hem in de volgende drie componenten opsplitsen en ze in je terugkoppellus minimaliseren.

Herhaling: telkens opnieuw hetzelfde doen stompt de geest af; dit is op zich al stressvol omdat de geest dan wordt uitgeschakeld. Als het brein herhaaldelijk stress ondervindt (bijvoorbeeld door colportage of telemarketing, het moeten omgaan met dezelfde incompetente werknemer, het moeten pikken van het lompe gedrag van je baas), zoekt het een manier om daarmee om te gaan en valt het terug op een bekend patroon. Afhankelijk van je temperament reageer je in de vorm van boosheid, frustratie, onderdrukte wrok, verveling of het opwerpen van een mentale blokkade (de obstructietactiek). Deze overlevingsstrategieën werken na verloop van tijd niet meer en dan is er minder stress nodig om een negatieve reactie bij je op te roepen.

Zodra je terugkerende stress herkent, word je met andere keuzen geconfronteerd. Als je de herhaling ondraaglijk vindt (bijvoorbeeld als er sprake is van constant hetzelfde harde geluid), loop dan weg. Als je maar een beetje door herhaling wordt afgestompt, verander dan iets aan je dagelijkse routine (praat bijvoorbeeld eens met iemand met wie je nog nooit hebt gepraat in plaats van altijd met dezelfde mensen). De meeste mensen zitten ergens tussen deze twee uitersten in. Ze kunnen niet weglopen of de situatie veranderen zonder problemen te veroorzaken. In dat geval moet je aan jezelf werken. Het helpt als je vaststelt welk gezeur, welke repetitieve dingen je irriteren en als je je dagelijkse routine zo verandert dat deze dingen uit je leven verdwijnen of in elk geval minder worden. Terwijl je deze stressfactoren op een rijtje zet, kun je voor elk ervan nagaan hoe je er op dit moment mee omgaat. Vraag je af of er een betere manier is en maak je die vervolgens eigen.

Onvoorspelbaarheid: deze vorm van stress is wellicht ook erger dan een bepaalde stressfactor die telkens terugkeert, want als je niet kunt voorspellen welke vervelende ervaring je te wachten staat, blijf je voortdurend waakzaam en ongerust, zelfs wanneer er niets aan de hand is. Kinderen uit gezinnen waarin sprake is van huiselijk geweld zijn extreem waakzaam. Als alles rustig is kunnen ze zich niet ontspannen, omdat ze geconditioneerd zijn om zo'n situatie te zien als de stilte voor de storm. Er kan altijd iets gebeuren.

Als je merkt dat je voortdurend over je schouder kijkt in afwachting van iets ergs, of als je voortdurend rekening houdt met het slechtst mogelijke verloop van gebeurtenissen, is onvoorspelbaarheid je vijand. Wordt de stress veroorzaakt door iemand die op emotioneel vlak onvoorspelbaar is, blijf dan bij die persoon uit de buurt. De kans dat jij in staat bent invloed uit te oefenen op zijn of haar stemmingswisselingen, woede-uitbarstingen of grillige werkprestaties is nihil. Wordt de onvoorspelbaarheid veroorzaakt door externe factoren, doe dan wat je kunt om ze meer voorspelbaar te maken of bedenk een overlevingsstrategie (ouders van baby's doen dit als ze 's nachts om beurten uit bed gaan om de huilende baby te troosten). Het ergste wat je kunt doen is jezelf openstellen voor angstgevoelens en bezorgdheid. Wapen je met realistische scenario's zonder dat je fantasie met je aan de haal gaat. Op die manier verklein je de onvoorspelbaarheid van de situaties waarin je terechtkomt. Zo worden brandweerlieden en politieagenten getraind om met veel verschillende situaties om te gaan zodat ze zo weinig mogelijk hoeven te improviseren.

Gebrek aan controle: dit is mijns inziens de grootste stressfactor. Het is erg belangrijk dat je controle over je eigen leven hebt. Dat is waarschijnlijk de belangrijkste reden waarom mensen voor zichzelf beginnen of ervoor kiezen alleen te leven. Control freaks gaan nog een stapje verder en proberen volledige controle te krijgen over elk detail van hun leven, om maar te zwijgen van de mensen om hen heen. Maar voor iedereen geldt dat gebrek aan controle frustratie en een gevoel van hulpeloosheid tot gevolg heeft. Het helpt niet om dan maar gewoon passief te worden, want opgekropte frustratie levert zo haar eigen problemen op.

De beste remedie is controle uit te oefenen als dat van belang is. Je kunt je baas niet commanderen en je kunt werkopdrachten ook niet negeren. Je kunt jezelf echter wel doen gelden bij dingen waarover controle mogelijk is, bijvoorbeeld:

Sta erop dat anderen je respecteren.

Vraag om een menswaardige werkomgeving.

Geef andere mensen de ruimte en vraag die ook voor jezelf.

Werk aan dingen die je het best kunt.

Neem niet meer werk op je dan je aankunt.

Vraag om een geldelijke beloning die in verhouding staat tot wat je presteert.

Dring erop aan dat je zo weinig mogelijk werk krijgt dat alleen maar bedoeld is om je bezig te houden.

Accepteer het niet als je geen fouten mag maken.

Houd kritiek die je krijgt tussen jou en de persoon van wie je de kritiek krijgt.

Sta erop dat je nooit persoonlijk wordt aangevallen.

Werk samen met mensen die je kunt vertrouwen zonder dat je het risico loopt verraden te worden.

Vraag om waardering voor je kennis en ervaring.

Deze lijst is gericht op de werkvloer hoewel dezelfde waarden thuis en binnen je vriendenkring gelden. Ga voor elk item op de lijst na of je de dingen zover hebt laten komen dat de situatie stressvol voor je is geworden. Als dat zo is, neem dan de nodige maatregelen. Je verdient het om je eigen verhaal te schrijven en de regie hebben over je eigen leven is een belangrijk element in elk verhaal.

We moeten nog verder ingaan op stress op het werk. Het moderne beroepsleven zit net als het moderne dagelijks leven voor de meeste mensen zo in elkaar dat het gevoel van controle van het individu wordt ondermijnd. Door de invloedrijke factoren waarmee je te maken hebt, variërend van winsteisen tot onzekerheid over baan en pensioen, wordt de noodzaak jezelf te doen gelden groter. Ik heb het hier niet over controle om de controle of om te laten zien wie de baas is. Het gaat om controle als middel om je dagelijkse stress te reduceren. Als je dat voor elkaar krijgt, zet je de deur open voor een meer bewuste benadering van je leven. Als je echter niet-bewust met stress omgaat, raakt je bewustzijn ingesnoerd en gebeurt hetzelfde met je toekomstmogelijkheden.

Tot nu toe hebben we het gehad over de stress die jou beïnvloedt, maar er zijn ook situaties waarin jij de stress voor anderen vergroot. Het is goed om de stress die jij veroorzaakt wat in te dammen. Iemand die bewust leeft neemt zijn of haar verantwoordelijkheid voor beide. Onthoud dat stress een terugkoppellus is: hoe meer je kunt doen om je eigen input te verbeteren, hoe meer je daarvan zult profiteren.

Je creëert onnodige stress in het leven van anderen als je het volgende gedrag vertoont:

Je bent veeleisend, kritisch en perfectionistisch: het perfecte recept voor stress.

Je geeft onduidelijke bevelen en voert vaak onvoorspelbare veranderingen door.

Je toont geen respect voor andere werknemers en/of hun werk.

Je creëert een onwaardige werkomgeving (bijvoorbeeld een plek waar vloeken, roddelen en seksueel getinte opmerkingen aan de orde van de dag zijn).

Je geeft andere mensen geen ruimte.

Je schuift je eigen werklast af op anderen, gewoon omdat je dat kunt.

Je belast anderen met persoonlijke problemen die je zelf zou moeten oplossen.

Je bekritiseert een ondergeschikte in het openbaar.

Je valt anderen persoonlijk aan.

Je bent niet te vertrouwen.

Je houdt regelmatig je woord niet.

Je waardeert de ervaring en kennis van andere werknemers niet.

Dit zijn niet alleen voorbeelden van negatieve gedragingen, want ze leiden er ook toe dat de stressrespons bij andere mensen wordt geactiveerd. Dit kun je gemakkelijk inzien, want ze zouden bij jou hetzelfde oproepen als jij er het slachtoffer van was. Het is een mythe dat een harde opstelling, confronterende tactieken en constante druk goed zijn voor de productiviteit. Op de beste werkplekken hebben de werknemers de ruimte, wordt creativiteit gestimuleerd, kunnen de werknemers hun eigen werktijd indelen, doen ze datgene waar ze goed in zijn en heerst er een sfeer van algemeen respect.

Stresssignalen kunnen weliswaar subtiel zijn, maar als je erop let kun je ze niet over het hoofd zien. Laten we even aannemen dat jij een ander stress bezorgt en laten we als voorbeeld weer de werkplek nemen, in de wetenschap dat thuis hetzelfde aan de hand kan zijn. Mensen vinden het bijvoorbeeld niet leuk om onder jou te werken. Ze vermijden direct oogcontact. Ze melden zich ziek of lopen de kantjes ervan af. Ze lijken in jouw aanwezigheid nerveus te zijn. Het wordt stil en er ontstaat spanning als je een ruimte binnen komt en bevelen geeft. Er is sprake van stil verzet tegen het uitvoeren van je opdrachten; je moet er nog een keer om vragen en zelfs dan gebeurt het niet meteen. Je werknemers verzinnen smoesjes of zijn niet meer gemotiveerd om hun best te doen. (Je kunt 'werknemers' vervangen door 'je kinderen' of 'je partner' en nagaan in hoeverre dit ook op je thuissituatie van toepassing is.) Als je je niet kunt identificeren met de rol van baas of leidinggevende, is er misschien iemand in je leven die maakt dat je je zo gedraagt.

Al deze symptomen zijn duidelijk. Het maakt niet uit of je de algemeen directeur van een multinational bent of een vader die aan het hoofd van de eettafel zit. Stress vormt in elke situatie een bedreiging en dat is de reden waarom we het volgende hoofdstuk wijden aan het tegenovergestelde van stress: emotioneel welzijn.

Emotioneel welzijn is een keuze

Kernpunten

- Als je bewuster bent, kun je betere keuzen maken. Deze keuzen voegen ofwel iets toe aan je gevoel van emotioneel welzijn, of ze doen er afbreuk aan.
- Net als je lichaam verzendt je geest signalen over de algemene toestand waarin hij verkeert. De signalen voor mentaal bewustzijn zijn vreugde/leed, liefde/angst, mededogen/egoïsme, innerlijke rust/innerlijke onvrede.
- Van elke dag een vreugdevolle dag maken is een fundamentele sleutel tot geluk.
- Mensen die gelukkig zeggen te zijn hebben een gemeenschappelijke eigenschap: ze maken elke dag een uurtje of twee echt contact met vrienden en geliefden.
- Er bestaat echter geen vast recept voor het waarborgen van geluk, omdat geluk niet kan worden gekwantificeerd. Ervaringen van genot en pijn, die wel kunnen worden gekwantificeerd, zijn niet hetzelfde als welzijn.
- In een toestand van rustige alertheid is de geest in evenwicht en staat hij open voor de voortdurende veranderingen die bij het leven horen.

Als je bewuster omgaat met welk aspect van het leven ook, zul je daar profijt van hebben want bewustzijn vertelt je hoe je ervoor staat. Het is een onfeilbare soort radar als je hem aanzet. Bewustzijn stelt je in staat uit te zoeken wat je doet, hoe je je voelt, waar je bang voor bent, wat je hoopt en wat je wenst, dus eigenlijk alles in het leven. Het is tragisch dat zoveel westerlingen niet bepaald bewust leven of alleen bewuster naar hun leven kijken als ze minder leuke dingen meemaken, zoals angstgevoelens en depressie, waaraan miljoenen mensen lijden. Obesitas is evenzeer een ongelukkige gemoedstoestand als een ongelukkige lichamelijke toestand.

Je bent niet langer bewust als je leeft onder de volgende omstandigheden:

Je handelt onbewust, volgens gewoonten, en vertoont mechanisch gedrag.
Je laat anderen de leiding over je leven nemen.
Je hebt het gevoel dat je slachtoffer bent en emotioneel gevangen zit.
Je zondert je af en hebt geen hechte band met andere mensen.
Je bent passief en gelaten met betrekking tot dingen die je ongelukkig maken.
Je weet niet echt wat je wilt.

Dat laatste punt is zo belangrijk dat dit hele boek is gebaseerd op het streven hierin een beter inzicht te krijgen. Je moet weten wat je wilt, anders blijf je ronddobberen. Of je leven gaat een ongewenste richting op. Zoals we al hebben vastgesteld stoppen te veel mensen voedsel in hun mond als ze eigenlijk hunkeren naar aandacht, waardering, liefde en genegenheid. Wat ze echt willen, is een nieuwe richting in hun leven.

De menselijke geest is ongelooflijk complex maar draagt ook een aantal basisgesteldheden in zich die alles wat je gedurende de dag zoal denkt en voelt domineren. Je kunt het vergelijken met een marmeren mozaïek dat een totaalbeeld vormt in plaats van een wirwar van kleine gekleurde steentjes. De signalen die door de geest worden verzonden fungeren als de lichamelijke signalen van welbevinden en ongemak. Als je mentaal bewust bent, zijn dit de primaire signalen:

vreugde/leed
liefde/angst
mededogen/egoïsme
innerlijke rust/innerlijke onvrede

Links staan de boodschappen die tot emotioneel welzijn leiden. Rechts staan de boodschappen die afbreuk doen aan je welzijn. Je kunt zelf een kant kiezen. Het vinden van welzijn gebeurt niet vanzelf.

De beste gewoonte die er is: zelfbewustzijn

Als je acht slaat op de boodschappen die je van je geest krijgt, ben je zelfbewust. Lichaamsbewustzijn hoort hier ook bij want je hebt immers tot doel lichaam en geest met elkaar te verbinden. Net zoals je je op je lichaam afstemt om de boodschappen die het stuurt te ontvangen, stem je via zelfbewustzijn af op je innerlijke wereld. Als dat eenmaal een gewoonte is geworden, wordt het een tweede natuur. Op elk willekeurig moment van de dag kun je je de volgende vragen stellen.

Voel ik vreugde of leed?
Voel ik liefde of angst?
Toon ik mededogen of ben ik egoïstisch?
Voel ik innerlijke vrede of innerlijke onrust?

Het leven van mensen zou worden getransformeerd als ze zich deze fundamentele vragen zouden stellen, dus waarom doen ze dat niet? Het antwoord hierop is geen geheim: je afstemmen op de wereld van emoties werpt hindernissen op. Als je nu in levenden lijve bij mij zou zijn en ik zou zeggen: ‘Ga naar binnen en vertel me hoe je je voelt,’ weet ik uit ervaring dat er allerlei dingen zouden kunnen gebeuren.

Je zou je ertegen kunnen verzetten en kunnen weigeren je blik naar binnen te richten.
Je zou te bang kunnen zijn voor wat je zou kunnen tegenkomen.
Je zou een onjuiste boodschap kunnen ontvangen gebaseerd op wat je denkt te moeten voelen.
Je zou twee dingen tegelijk kunnen voelen, niet wetend welk gevoel juist is.
Je zou emotioneel kunnen worden als gevolg van een stortvloed aan onverwachte gevoelens of herinneringen.

Psychologen plakken etiketten op de obstakels die ons beletten ontspannen om te gaan met wat onze geest ons wil vertellen: ontkenning, onderdrukking, neurosen, obsessies, angst – de lijst is lang. Maar als je zelfbewustzijn oefent, kun je door de mentale mist heen breken, hoe dik die ook lijkt. Laten we aannemen dat je in jezelf kijkt om erachter te komen of je liefde dan wel angst ervaart. Dit zijn eenvoudige woorden maar achter de woorden ligt een wereld van innerlijke ervaring. Als 'liefde' niet meer was dan romantiek en 'angst' eenvoudigweg betekende dat je doodsbang bent, zouden de meeste mensen niet erg gebaat zijn bij een blik in zichzelf. Laten we dit dus op een meer zelfbewuste manier doen en kijken wat liefde allemaal kan zijn:

weten dat er sprake is van wederzijdse liefde: anderen houden van jou en jij houdt van anderen;
genieten van wat je doet;
waarderen waar je nu staat;
je goed voelen over wie je bent;
een liefdevolle, stabiele relatie hebben;
het gevoel hebben dat je een bruisend en stimulerend leven leidt;
een diepe connectie ervaren met een hoger soort liefde.

Als je even de tijd neemt om je aandacht bewust op deze dingen te richten, weet je wel of je ze ervaart. Ze maken liefde meeromvattend en dieper. Het gaat niet alleen om romantiek. Mensen die kunnen zeggen elk van deze dingen te ervaren, hebben daar hun best voor gedaan. Ze hebben een levensverhaal geschreven waarin liefde een plaats had, waarin ze de moed hadden ook te kijken naar het tegenovergestelde van liefde, angst, en hebben vervolgens keuzen gemaakt die hen uit die angst haalden.

Angst is ook meer dan (doods)bang zijn. Angst heeft te maken met het volgende:

je onzeker voelen;
geen vertrouwen hebben in wat er gebeurt;
bang zijn dat je nooit echt een band met anderen krijgt;
jezelf zien als onwaardig;
jezelf in een slachtofferpositie plaatsen;
geen goede keuzen zien, je hulpeloos en machteloos voelen;
mensen om je heen hebben die je kunnen domineren en beheersen;
anderen zien als 'zij', je vijanden of tegenstanders;
ongerust zijn over de toekomst.

Liefde lost angst op. Daarom kun je keuzen maken die je van angst naar liefde leiden. Als de geest anders in elkaar zou zitten, zou liefde niet het antwoord zijn. Dan zou angst een gele vlek op een linnen servet zijn die je verwijdert met bleekwater waardoor er een uitgebeten vlek achterblijft. Angst is meer dan een vlek. Het is een gemoedstoestand die welbevinden blokkeert. Dus welbevinden, waarvan liefde ook onderdeel is, wordt groter als je ervoor kiest uit je angst te stappen.

Aangezien dit een mind/body-boek is, hebben we het over terugkoppellussen gehad en net zoals honger onderdeel is van een terugkoppellus met verzadiging, vormt liefde een terugkoppellus met angst. Dezelfde dingen zijn van toepassing. Als de terugkoppellus correct werkt, voel je liefde van nature en handel je volgens de impuls die je voelt. Als de terugkoppellus niet goed werkt, wat betekent dat er iets mis is met de input of output, verandert de hele situatie. Denk er eens over na hoe eenvoudig het mechanisme eigenlijk zou moeten zijn. Je wilt liefde ontvangen dus wend je je tot iemand die je liefde kan geven en je vraagt om wat je wenst. Baby's en jonge kinderen hebben er geen moeite mee de liefde van hun moeder te vragen. Ze willen worden getroost, omhelsd, gerustgesteld en verteld dat mama van hen houdt.

Als volwassene maken we vaak een probleem van deze terugkoppellus. We vragen niet om liefde. Of we doen het wel maar aan de verkeerde persoon, iemand die niet in de positie verkeert ons te geven wat we willen hebben. We kiezen dan voor surrogaten van liefde zoals geld verdienen of meer bezit vergaren. Liefde geeft ons een diepe bevestiging van onze waarde en op de een of andere manier ontglipt die ons; en hoe meer we het zonder die bevestiging moeten stellen, hoe groter onze angst dat de liefde er nooit zal zijn. Het eindigt ermee dat niemand ons bemint en we onbeminnelijk zijn.

Als je je herkent in liefde die niet geheel bevredigend is, moet het wel belangrijk voor je zijn een oplossing te vinden. Zelfs als je je versuft, verveeld, buitengesloten of eenzaam voelt of op een andere manier ervaart dat liefde geblokkeerd wordt, ligt het antwoord altijd in zelfbewustzijn want wat je tegenhoudt is een mentale terugkoppellus. Ik besef dat mensen de neiging hebben liefde te zien als iets buiten henzelf. De fantasie bestaat dat alles goed zal komen als je 'de ware' hebt gevonden. Maar de oplossing tot het vinden van 'de ware' is zélf de ware zijn. Je moet naar je innerlijke terugkoppellus kijken en angst in liefde veranderen. Als dat gebeurt, verandert de uiterlijke situatie automatisch. Al duikt 'de ware' morgen niet als bij toverslag op, door terug te keren naar een normale, gezonde staat van innerlijke liefde ben je niet meer zo naarstig op zoek naar de perfecte zielsverwant uit je fantasie. Elke vermindering van angst is een stap op weg naar liefde.

Wat maakt jou gelukkig?

Welbevinden is hetzelfde als geluk en als we de statistieken mogen geloven zegt minstens 70 procent van de Amerikanen, en vaak aanzienlijk meer, dat ze gelukkig zijn. Vaak is dat echter een aangeleerde reactie, het antwoord dat van je wordt verwacht. Als er wat dieper gegraven wordt, blijkt dat minder dan een derde van de Amerikanen zowel qua innerlijke als qua uiterlijke beleving een bevredigend leven heeft. De rest houdt net het hoofd boven water of heeft het gevoel dat zijn situatie steeds slechter wordt. Hoewel de economische crisis hierbij een rol speelt, zijn mensen vooral ongelukkig doordat ze geen manier hebben gevonden om gelukkig te zijn. Gelukkig zijn is een doel van ieder mens, maar hoe je dit doel bereikt blijft een mysterie. Laten we eens kijken naar de meest betrouwbare onderzoeksresultaten die afkomstig zijn uit recent psychologisch onderzoek.

De ingrediënten van geluk: wat zegt het onderzoek?

Voor zover psychologen het weten, kun je jezelf gelukkig maken als je aan enkele fundamentele, algemene voorwaarden voldoet:

1. Je neemt geen genoegen met ongelukkig zijn als een voldongen feit. Ongeveer de helft van je geluksgevoel hangt af van persoonlijke keuzen, niet van genen of omstandigheden.
2. Je hebt materiële zekerheid. Armoede draagt sterk bij aan een ongelukkig gevoel, dus is het belangrijk dat je voldoende geld hebt. Voorbij een bepaald punt maakt het bezit van nog meer geld je echter niet gelukki-

ger. Niet alle rijke mensen zijn gelukkig en vaak zijn ze minder gelukkig dan iemand met een middeninkomen.

3 Je probeert gelukkig te zijn in het hier en nu. Als er al een formule voor een gelukkig leven bestaat, dan komt die erop neer dat je van elke dag een gelukkige dag maakt. Vervulling uitstellen is jezelf vervulling ontzeggen.
4 Je onderhoudt contact met andere mensen. De gelukkigste mensen staan één of twee uur per dag actief in contact met mensen van wie ze houden. Ze bellen met elkaar en sturen elkaar e-mails en sms'jes. Ze nemen hun gevoel van verbondenheid niet als vanzelfsprekend aan.
5 Je hebt geen last van fysieke pijn. Het blijkt dat chronische pijn psychisch erg moeilijk, zo niet onmogelijk te overwinnen is. Hetzelfde geldt voor depressie, die geldt als een van de grootste vijanden van geluk omdat er geen positieve manier is om je eraan aan te passen.
6 Iedereen lijkt een basisniveau van geluk te hebben, een soort emotioneel referentiepunt. Een gelukkige of verdrietige gebeurtenis verwijdert je van je referentiepunt maar dat is zelden blijvend. Binnen zes maanden keert vrijwel iedereen weer terug naar zijn of haar referentiepunt en voelt zich ongeveer even gelukkig als toen de betreffende gebeurtenis nog niet had plaatsgevonden.

Dit is een vrij karige lijst maar het veld van de positieve psychologie, waarbinnen onderzoek wordt gedaan naar geluk in plaats van naar psychische stoornissen, is nog niet zo oud en de onderzoeksresultaten hebben nog geen consensus opgeleverd. Toch lijkt een aantal belangrijke onderzoeken het erover eens te zijn dat de meeste mensen niet zo goed kunnen voorspellen wat hen gelukkig zal maken. Ze noemen vooral trouwen, kinderen krijgen of rijk en beroemd worden. Als hun wens echter uitkomt, blijkt de realiteit niet met hun verwachtingen overeen te komen. Moeders die voor het eerst een kind hebben gekregen zeggen bijvoorbeeld dat het verzorgen van een klein kind een van de grootste stressfactoren in hun leven is.

Een andere niet zo positieve bevinding is dat blijvend geluk weleens een illusie zou kunnen zijn. Sommige psychologen geven het advies dat we vooral moeten streven naar een staat van stabiele tevredenheid. Momenten van geluk komen en gaan. Ze zijn onvoorspelbaar en aangezien we zo slecht kunnen voorspellen wat ons gelukkig maakt, kunnen we maar beter geen geluksplan maken dat uiteindelijk toch niet werkt. We lopen tegen geluk aan zoals we in het donker tegen meubelen aan lopen. Leven met de onvoorspelbaarheid van geluk is niet meer dan realistisch.

Ik vind deze houding somber en kortzichtig. Ze druist in tegen elk oude wijsheidsleer, zowel de oosterse als de westerse. Toen Jezus onderwees dat het koninkrijk der hemelen zich in ons bevindt, wees hij een weg naar geluk van de hoogste orde. De hemel is een staat van vreugde en de reden waarom we zoveel moeite hebben met het ervaren van geluk is dat we de juiste innerlijke weg nog niet hebben gevonden. In de Indiase vedische traditie is het bewustzijn zelf doordrongen van gelukzaligheid of *ananda*. We verbinden ons van nature met gelukzaligheid omdat ze in ons bewustzijn aanwezig is. Als we ons niet gelukzalig voelen, wordt de weg geblokkeerd en alle blokkades bevinden zich in onszelf. Ook hier geldt weer dat er een innerlijke weg moet worden gevonden.

In zekere zin zijn psychologen 'gedwongen' kortzichtig te zijn als ze zelf de weg naar welbevinden ook nog niet hebben gevonden. Het begrijpen van het mechanisme van de menselijke psychologie is niet hetzelfde als deze in praktijk brengen. Leven in een staat van welbevinden betekent dat je de weg van zelfbewustzijn bewandelt. Intellectueel begrip helpt daar natuurlijk wel bij, maar we hebben vooral leiding nodig, geen feiten. We willen dat ons wordt voorgedaan hoe we moeten evolueren en groeien, hoe we innerlijke blokkades kunnen overwinnen en, op het meest fundamentele niveau, hoe we kunnen ontdekken wat we echt willen.

Van hier naar daar komen

Als je onbewust eten gaat veranderen in bewust eten, is het volgende stadium – bewust leven – niet ver weg. Als je eenmaal nieuwe keuzen hebt gemaakt kan geluk in elk aspect van het leven worden verweven. Het ligt binnen je bereik zelf te bepalen hoe gelukkig of ongelukkig je bent, maar daarvoor moet je wel je bewustzijn uitbreiden. Veel mensen proberen zichzelf gelukkiger te maken door te kiezen voor meer plezier en minder pijn. Dit lijkt een werkbare strategie, maar dat is het niet. Ik zal uitleggen hoe het zit.

Je hebt hormonen die rechtstreeks verbonden zijn met de ervaring van genot en plezier. In het vorige hoofdstuk kwamen de endorfinen voorbij, de natuurlijke pijnstillers van het brein. Om beter uit te kunnen leggen wat ons een goed gevoel geeft, kunnen we daaraan drie hormonen toevoegen:

serotonine
dopamine
oxytocine

Deze hormonen behoren voor de meeste mensen tot de interessantste omdat ze ons iets vertellen over basisprocessen in het brein en volgens veel neurowetenschappers spelen ze een belangrijke rol in de wereld van stemmingen en emoties. Twee van deze hormonen, serotonine en dopamine, horen tevens tot de neurotransmitters die twee zenuwcellen in staat stellen met elkaar te communiceren en daarbij de ruimte die ze van elkaar scheidt, de synaps, te overbruggen. Deze gespecialiseerde moleculen vertalen gedachten en stemmingen naar een chemische vorm, waardoor ze via een ingewikkeld netwerk van interacties kunnen communiceren met de rest van het lichaam. Als ik zeg dat biljoenen cellen je geest afluisteren, dan gebeurt dat via velerlei 'boodschappermoleculen', zoals ze oorspronkelijk werden genoemd.

Enerzijds is er een sterke koppeling met onze psychische toestand. Je zou kunnen denken dat geluk binnen handbereik is als er gewoon wat wordt gegoocheld met chemische stoffen in het brein. Serotonine wordt gezien als een belangrijke factor bij iemands gevoel van welzijn, terwijl een onbalans wordt geassocieerd met depressie. (Van de populairste antidepressiva werd lang gedacht dat ze een bijdrage leverden aan de regulering van het serotoninegehalte in het brein, vandaar hun naam: *selective serotonin reuptake inhibitors* of SSRI's, selectieve serotonine-heropnameremmers. De grondgedachte was dat in het brein van depressieve mensen te veel serotonine opnieuw werd geabsorbeerd waardoor er te weinig overbleef voor het reguleren van de emoties. Het slikken van een antidepressivum zou de onbalans corrigeren.)

Dopamine wordt geassocieerd met het prettige gevoel dat we ervaren als we een succes behalen en krijgen wat we willen. Sommige mensen zijn er bijzonder goed in hun beloning te halen uit wat ze presteren. Het blijkt dat deze door beloning gedreven mensen een hoog dopaminegehalte hebben. (Verslavende drugs zoals cocaïne danken hun werking aan hun invloed op het dopaminesysteem.) Oxytocine, dat in de volksmond werd bestempeld als het 'liefdeshormoon', wordt geassocieerd met seksuele orgasmen en sociale binding; moeders van een pasgeboren kind hebben bijvoorbeeld veel oxytocine.

Anderzijds is het zo dat geluk niet chemisch van aard is. Iemand kan ontdekken dat cocaïne een echte geluksexplosie geeft, die op chemische wijze is opgewekt. Maar cocaïnegebruik verstoort het subtiele chemische evenwicht in het brein en na een poosje, als de verslaving intreedt, ontdekt de gebruiker dat cocaïne een kwellende gevangenis is. In een normaal leven kunnen we onszelf uitbarstingen van plezier bezorgen maar die kunnen niet chemisch in stand worden gehouden. Als je gewoon wat beter naar de bovengenoemde drie hormonen kijkt, kun je zien dat er geen eenvoudige chemische weg naar geluk bestaat.

Neem bijvoorbeeld serotonine en dopamine, die in zeer kleine hoeveelheden worden aangetroffen als iemand een goed gevoel over zijn of haar leven heeft. Dit zijn complexe hormonen die een connectie hebben met alle andere hormonen, om maar te zwijgen van meer dan een dozijn andere neurotransmitters en meer dan vijftig gelijksoortige moleculen die peptiden worden genoemd. Het samenspel tussen al deze stoffen bestrijkt velerlei gebieden zoals slaap, eetlust, spijsvertering en stress. De symfonie van hormonen is niet slechts een metafoor. Je hebt wellicht gemerkt dat je iets lekkers kunt eten (een aangename ervaring) terwijl je je tegelijkertijd schuldig voelt (een onaangename ervaring).

Er bestaat bewijs dat als er sprake is van een hormonale onbalans waarbij serotonine en dopamine betrokken zijn, je stemming drastisch kan worden beïnvloed (hoewel de lang gekoesterde overtuiging dat serotonine de belangrijkste factor is bij depressie intussen in diskrediet is geraakt; dit zegt veel over de reden waarom antidepressiva bij veel mensen niet werken en uiteindelijk niet meer betrouwbaar blijken dan een placebo). Maar nog veel belangrijker is het feit dat de geest de chemie van het lichaam beïnvloedt. Als je de verkeerde keuzen maakt (het maken van keuzen is een mentaal proces), heeft dit ook een negatief effect op de chemie van het lichaam.

Ik zal een voorbeeld geven. Stel je voor dat je aan het autorijden bent. Je hebt haast, dus je hebt één hand op het stuur en gebruikt je andere hand om een boterham te eten. En dan houd je ook nog je mobieltje tussen je oor en schouder geklemd. Wie onlangs in een grote stad een taxi heeft genomen, heeft waarschijnlijk wel een taxichauffeur gezien die deze drie dingen tegelijkertijd aan het doen was. Doordat je afgeleid bent, rijd je bijna een fietser omver of rijd je bijna door rood. Er gebeurden tegelijkertijd drie dingen:

Je at onbewust.
Je was met te veel dingen tegelijk bezig.
Je kwam in een stressvolle situatie terecht.

Op hormonaal niveau zijn al deze dingen van invloed; ze worden onderdeel van de chemie van je lichaam. Hoewel een endocrinoloog elk hormoon kan isoleren en de functie ervan kan benoemen, is er in het echte leven geen sprake van een dergelijke precisie. Alles grijpt in elkaar. Er bestaat geen duidelijke grens tussen stress, eetlust, spijsvertering, buikvet en stemming. De chemie van het brein vertelt het hele verhaal. Je kunt geen gelukkig leven leiden door de formule 'meer plezier, minder pijn' toe te passen want elke staat van geest en lichaam is met elke andere staat van geest en lichaam verweven.

Een sjabloon voor geluk

Laten we de wereld van chemie even verlaten. Chemische stoffen zijn slechts voetafdrukken die ons vertellen waar de geest is geweest. Daarom werkt bewust eten zo goed: jij hebt de controle over de echte schakelaar achter de connectie tussen lichaam en geest. Geluk is een uitgebreide vorm van bewustzijn; diezelfde schakelaar heeft nog veel meer functies dan eten. De term 'bewust leven' vertelt je wat je moet weten.

Hoe bewustzijn tot geluk leidt

Bewustzijn vertelt je wat er werkelijk gaande is.
Als je weet wat er werkelijk gaande is, kun je je richten op een oplossing.

Oplossingen zijn een kwestie van keuzen maken.
Het maken van de juiste keuze leidt tot nieuwe chemische boodschappen.
De nieuwe boodschappen worden ingeprent in de vorm van nieuwe neurale paden.
Deze 'gelukspaden' zijn net zo gemakkelijk in te prenten als de 'ongelukspaden'.

Het is jammer dat maar zo weinig mensen weten dat de laatste stelling waar is, namelijk dat het net zo gemakkelijk is om gelukspaden te maken als om ongelukspaden te maken. Ze missen dit belangrijke punt of hebben nooit geleerd dat het bestaat, doordat oude gewoonten, conditionering, herinneringen, vooroordelen, overtuigingen en het ego bij iedereen een nevel van illusie veroorzaken. Als mensen in zo'n nevel ronddolen, kun je ze ook niet kwalijk nemen dat ze niet inzien hoe ze hun problemen moeten oplossen.

In termen van welbevinden kunnen we onze blik verhelderen door te kijken naar datgene waarnaar we hunkeren. Hierdoor begin je met stap 1 van het proces van gelukkig worden: je bewust zijn van wat er werkelijk gaande is. Je kunt niet weten wat er werkelijk gaande is als je niet oplet. Je bewustzijn vertelt je of je deze dingen wilt:

comfort, zekerheid, veiligheid;
liefde en genegenheid;
een gevoel van verbondenheid;
verwezenlijking, succes, dingen presteren;
een gevoel van eigenwaarde;
creatieve expressie;
zingeving en doelgerichtheid.

Deze elementen zijn van boven naar beneden gerangschikt van de meest fundamentele tot de meest verfijnde behoeften van de mens. Als je kijkt naar de manier waarop mensen op hun eigen behoeften reageren, dan zie je dat mensen onder stress, onder andere ten gevolge van een gebrek aan voldoening en vervulling, terugvallen op hun lagere behoeften. Ongeacht of je wel of niet daadwerkelijk terugrent naar huis om jezelf ervan te verzekeren dat iemand van je houdt, of een groter huis bouwt om jezelf belangrijker te voelen, vanbinnen zoekt iedereen naar comfort, zekerheid en veiligheid. Waar hoort voeding in dit rijtje thuis? Voeding is eveneens een fundamentele behoefte.

Het in kaart brengen van geluk als een hiërarchie van behoeften, een omschrijving die enkele decennia geleden beroemd werd door de psycholoog Abraham Maslow, lijkt logisch. De onzekere Hollywood-magnaat die per se in een enorm herenhuis wil wonen, het mooie cat-walkmodel dat zich in het geheim overgeeft aan eetbuien, de moeder wier kinderen het huis uit zijn en die zich voortdurend zorgen om hen maakt: ze zoeken allemaal op hun eigen manier naar comfort, zekerheid en veiligheid terwijl ze gefrustreerd raken als ze een hogere behoefte proberen te vervullen. Maar de symfonie van hormonen zou ons eraan moeten herinneren dat al onze behoeften worden vervuld (of genegeerd) in een morsige chemische soep die weerspiegelt hoe gecompliceerd de menselijke geest altijd zal zijn.

Gelukkig is het zo dat als je tegemoetkomt aan je hogere behoeften, je niet wordt gedwongen terug te gaan naar je lagere behoeften. Gevoel van eigenwaarde stelt je in staat naar een chocoladetaart te kijken en te zeggen: 'Dat ga ik mezelf niet aandoen'. Creativiteit vult je dag met zoveel vervulling en voldoening dat je geen reden hebt om uit verveling tussendoortjes te eten. Zingeving en het hebben van een doel zorgen ervoor dat je niet het lege gevoel hebt dat mensen tevergeefs proberen op te vullen door te veel te eten. Als je je hogere behoeften hebt vervuld, zijn er maar twee redenen voor een mogelijke gewichtstoename: ofwel je hebt een sterke hunkering over het hoofd gezien, ofwel je hebt niet goed opgelet. Beide zijn een voorbeeld van een verslappend bewustzijn en door je weer bewust te worden van wat er gaande is, los je het probleem op.

Actiepunt: een inventaris van behoeften

Een eerlijke inventaris van je behoeften en de manier waarop je ze vervult helpt je enorm bij je bewustwording. Neem de zeven behoeften die op bladzijde 197 e.v. staan en geef op een schaal van 'heel goed' tot 'slecht' aan hoe goed je met die behoeften omgaat. Als je het spannend vindt om de balans op te maken, bedenk dan dat je niet iets kunt veranderen waarvan je je niet bewust bent en dat het juist de bedoeling is om in positieve richting veranderingen aan te brengen.

Schrijf vervolgens op wat je doet om de betreffende behoefte te vervullen. Bedenk manieren waarop je dat beter kunt doen. Hierdoor kom je beter in contact met wat er werkelijk in je leven gaande is en met dat bewustzijn begin je het proces van het vinden van welzijn.

Behoefte 1: *comfort, zekerheid, veiligheid*

Ik doe het **Heel goed Gemiddeld Benedengemiddeld Slecht**

Ik kom op de volgende manieren aan deze behoefte tegemoet:

(Voorbeelden: het bezitten van een huis, een partner hebben op wie je kunt vertrouwen, een vast inkomen hebben, in een veilig deel van de stad wonen, een verzekering afsluiten, sparen voor je pensioen.)

Ik kan deze behoefte op de volgende manieren beter vervullen:

(Gebruik bovenstaande voorbeelden als leidraad; hoe zou je elk ervan kunnen verbeteren?)

Behoefte 2: *liefde en genegenheid*
Ik doe het **Heel goed Gemiddeld Benedengemiddeld Slecht**

Ik kom op de volgende manieren aan deze behoefte tegemoet:

(Voorbeelden: een liefdevolle partner, goede vrienden, een gezin waarin iedereen genegenheid voor elkaar toont, gewaardeerd worden voor je goede daden, dienstverlening aan en mededogen voor anderen, geloven in Gods liefde.)

Ik kan deze behoefte op de volgende manieren beter vervullen:

(Gebruik bovenstaande voorbeelden als leidraad; hoe zou je elk ervan kunnen verbeteren?)

Behoefte 3: *een gevoel van verbondenheid*

Ik doe het **Heel goed Gemiddeld Benedengemiddeld Slecht**

Ik kom op de volgende manieren aan deze behoefte tegemoet:

(Voorbeelden: deel uitmaken van een gemeenschap, je inzetten voor een goed doel, dienstbaar aan anderen zijn, een goede band met collega's creëren, in een coöperatieve sfeer werken, hechte vriendschappen aangaan, andere mensen met dingen begeleiden, een vertrouwenspersoon vinden.)

Ik kan deze behoefte op de volgende manieren beter vervullen:

(Gebruik bovenstaande voorbeelden als leidraad; hoe zou je elk ervan kunnen verbeteren?)

Behoefte 4: *verwezenlijking, succes en dingen presteren*

Ik doe het **Heel goed Gemiddeld Benedengemiddeld Slecht**

Ik kom op de volgende manieren aan deze behoefte tegemoet:

(Voorbeelden: een uitdagende baan hebben, een promotie op het werk krijgen, een leider worden, respect van anderen krijgen, de concurrentie verslaan, goed met een crisis omgaan, naam maken op je vakgebied, je kinderen goed opvoeden.)

Ik kan deze behoefte op de volgende manieren beter vervullen:

(Gebruik bovenstaande voorbeelden als leidraad; hoe zou je elk ervan kunnen verbeteren?)

Behoefte 5: *gevoel van eigenwaarde*

Ik doe het **Heel goed Gemiddeld Benedengemiddeld Slecht**

Ik kom op de volgende manieren aan deze behoefte tegemoet:

(Voorbeelden: je waarheid uitspreken, voor jezelf opkomen, trots zijn op wie je bent, waarderen wat je hebt bereikt, anderen laten zien wie je werkelijk bent, anderen waarderen zoals je jezelf waardeert, je op een waardige manier gedragen.)

Ik kan deze behoefte op de volgende manieren beter vervullen:

(Gebruik bovenstaande voorbeelden als leidraad; hoe zou je elk ervan kunnen verbeteren?)

Behoefte 6: *creatieve expressie*

Ik doe het **Heel goed Gemiddeld Benedengemiddeld Slecht**

Ik kom op de volgende manieren aan deze behoefte tegemoet:

(Voorbeelden: schrijven, een dagboek bijhouden, creatieve hobby's hebben, zoals musiceren, schilderen en amateurtoneel, je nieuwsgierigheid volgen, nieuwe dingen ontdekken, een andere cultuur verkennen, het ontwikkelen van je vaardigheden als healer en therapeut.)

Ik kan deze behoefte op de volgende manieren beter vervullen:

(Gebruik bovenstaande voorbeelden als leidraad; hoe zou je elk ervan kunnen verbeteren?)

Behoefte 7: *zingeving en doelgerichtheid*

Ik doe het **Heel goed Gemiddeld Benedengemiddeld Slecht**

Ik kom op de volgende manieren aan deze behoefte tegemoet:

(Voorbeelden: een visie hebben en deze volgen, spiritualiteitbeoefening, je verbonden voelen met een hogere macht, filantropie, liefdadigheid, iets van jezelf aan anderen geven.)

Ik kan deze behoefte op de volgende manieren beter vervullen:

(Gebruik bovenstaande voorbeelden als leidraad; hoe zou je elk ervan kunnen verbeteren?)

Bewaar de inventaris en kijk er elke maand een keer naar. Zet de verbeteringen die je hebt bedacht om in daden. Pas tegelijk de beoordeling van jezelf aan de vooruitgang die je maakt aan en wees je jezelf dankbaar voor de manier waarop je een bijdrage levert aan je eigen welzijn.

Het is belangrijk te beseffen dat je persoonlijke keuzen zwaarder wegen dan welke andere factor dan ook. Dit wordt door onderzoek naar geluk bevestigd. Geluk is geen gegeven en ook niet vooraf bepaald. Ons bewustzijn kan zich grenzeloos uitbreiden. Met die wetenschap kan de positieve psychologie een grote bijdrage leveren, maar op dit moment heb je het bereiken van een staat van welbevinden in eigen hand. Zie dit niet als een last. We volgen allemaal van nature onze verlangens en hoewel genot aantrekkelijk is, voelen we intuïtief aan dat het leven veel meer is dan het af en toe ervaren van een golf van euforie. In het volgende hoofdstuk beschrijf ik een visie op zelfbewustzijn waarmee je de hoogste vorm van vreugde kunt bereiken. Het bewustzijn waarmee je een gelukkig leven kunt creëren is hetzelfde bewustzijn dat het leidende licht was voor elke wijsheidsleer die we kennen.

Persoonlijke invulling: emotionele vrijheid

Het hebben van emoties is een natuurlijk onderdeel van het leven en iets waarmee we blij zouden moeten zijn. Het hebben van emotionele bagage is een ander verhaal. We zijn in het verleden allemaal wel eens gekwetst. Als de wonden uit het verleden ons blijven aankleven, creëren we een emotionele schuld die moeilijk af te lossen is; dat is onze emotionele bagage die wordt gecreëerd door vroegere ervaringen. Het is van cruciaal belang dat je je van dat dode gewicht bevrijdt, want je druk maken om het verleden blokkeert je deelname aan het heden. Bijna iedereen die ik ooit heb ontmoet en die te veel eet, doet dat ten behoeve van een vroeger zelf (een ontmoedigd kind, een niet zo populaire tiener, een verlegen jongvolwassene) dat niet meer bestaat.

Om deze vroegere versies van jezelf uit te bannen, moet je de emotionele schuld aflossen. Na jaren ervaring met patiënten heb ik gemerkt dat dit mogelijk is zonder de pijn die veel mensen voelen als ze overwegen de confrontatie met hun ergste innerlijke pijn aan te gaan. Het is niet nodig om als een gek door een mijnenveld te lopen; je hoeft jezelf niet schrap te zetten voor een volgende ronde van emotionele pijn. Het proces kan zich op natuurlijke wijze ontvouwen en als dat gebeurt, ervaar je opluchting en een golf van welbevinden.

Dit proces heet 'Emotionele vrijheid' en bestaat uit zeven stappen. Neem voor elke stap voldoende tijd en ga pas door naar de volgende stap als je tevreden bent over de huidige stap. (Voor de meeste mensen helpt het om het proces samen met iemand anders te doorlopen. De aanwezigheid van de ander geeft je de geruststelling dat je er niet alleen voorstaat en dat je wordt gesteund.)

Stap 1: roep de herinnering aan een emotie op

Met je ogen dicht denk je terug aan een emotionele ervaring die ongemak veroorzaakt. Roep een duidelijk beeld van de omstandigheden op. Het kan bijvoorbeeld een gênante ervaring betreffen of een persoonlijke afwijzing; het gevoel kan te maken hebben met verlies of falen. Generaliseer niet, wees specifiek. Je roept een emotionele trigger op. Als de herinnering te pijnlijk is, doe je je ogen open en haal je een paar keer diep adem. Als je je minder overweldigd voelt, doe je ogen weer dicht en ga je verder.

Stap 2: voel de emotie in je lichaam

Voel waar deze emotionele herinnering in je lichaam vastzit. De meeste mensen ervaren bij het terughalen van een verontrustende emotie een fysieke sensatie van gespannenheid, stijfheid, ongemak of zelfs pijn in de maagstreek of hartstreek. Een kleinere groep mensen ervaart een dergelijke sensatie in de keel of in de vorm van hoofdpijn. Ga na waar jij het voelt.

Voel je aanvankelijk niets, ontspan je dan, haal diep adem en stem je af op je lichaam. In zeldzame gevallen kan iemand zich verdoofd voelen, wat een teken is van een diepe emotie die is gerelateerd aan angsten. Iedereen voelt tijdens deze oefening uiteindelijk wel iets in zijn of haar lichaam. (Ik zeg vaak tegen mensen dat een emotie een gedachte is die gekoppeld is aan een gewaarwording.)

Stap 3: benoem je emotie

Geef je emotie nu een naam. Is het angst of boosheid, verdriet of wrok? De meeste mensen zijn verbaasd als ze ontdekken dat ze hun emoties in het verleden eigenlijk nooit hebben benoemd. Ze komen vaak niet verder dan 'ik voel me slecht' of 'ik heb geen goede dag'. Als je meer specifiek bent, kun je veel gerichter aan de slag gaan met de emotionele bagage waarvan je jezelf wilt bevrijden, dus neem de tijd om precies te omschrijven wat je voelt.

Om je hierbij te helpen staan hieronder de meest voorkomende negatieve emoties die mensen met zich meedragen:

boosheid, vijandigheid, woede
bedroefdheid, rouw, verdriet
afgunst, jaloezie
angst, bezorgdheid, ongerustheid
wrok
vernedering
afwijzing
schaamte

Stap 4: verwoord de ervaring

Pak pen en papier. Schrijf op wat er tijdens de betreffende ervaring met je gebeurde. Schrijf in detail op hoe je je voelde, wat andere mensen deden en hoe je na afloop reageerde.

Als je de ervaring naar eigen tevredenheid hebt verwoord, pak je een ander vel papier en beschrijf je de hele situatie vanuit het perspectief van de ander. Doe net alsof jij die persoon bent. Schrijf op wat die ander voelde, waarom hij of zij deed wat hij of zij deed en hoe hij of zij na afloop reageerde. Dit is moeilijker dan het beschrijven van de situatie vanuit je eigen perspectief maar houd vol; dit is een grote stap op weg naar het kwijtraken van je bagage uit het verleden.

Als je tevreden bent over wat je hebt opgeschreven pak je nog een vel papier en beschrijf je de hele situatie zoals een journalist dat zou doen, in de derde persoon. Hoe zou een objectieve waarnemer de gebeurtenis aan de lezers beschrijven? Geeft de details zo objectief en onpartijdig als je kunt weer.

Deze stap kost meer tijd dan de vorige stappen maar de meeste mensen vinden hem erg leuk. Ze ontdekken dat ze niet meer vastzitten in hun eigen gezichtspunt. Ze kunnen plotseling een beroep doen op andere stemmen in hun hoofd, nieuwe ogen en een sterker gevoel van onthechting. Dit werkt zeer bevrijdend.

Stap 5: deel de ervaring

Deel de ervaring nu door je drie beschrijvingen aan iemand anders voor te lezen. Meestal doe ik deze oefening met een groep en de deelnemers willen hun verhaal altijd graag met de rest van de groep delen. Dit zorgt voor een positieve sfeer, iedereen is opgetogen en er wordt veel gelachen. Het vooruitzicht op emotionele bevrijding van het verleden werkt zeer stimulerend. Dus als je de oefening thuis doet, kun je veel meer uit deze stap halen door hem te doen met een partner of met een groepje mensen.

Je kunt de oefening natuurlijk ook in je eentje doen, als je een goede vriend of vriendin of een familielid hebt die je kunt opbellen. Lees je drie beschrijvingen aan de betreffende persoon voor en zorg ervoor dat de ander begrijpt waarom je dat wilt doen. Bel niet met de persoon die de emotionele pijn waarover je hebt geschreven heeft veroorzaakt. Hij of zij zal het waarschijnlijk niet begrijpen en meestal ook niet willen meewerken. In 90 procent van de gevallen zal hij of zij het niet met jouw versie van de betreffende situatie eens zijn en mogelijk zelfs ontkennen dat die ooit heeft plaatsgevonden. Dus werk met iemand samen die begrip voor je heeft en het beste met je voorheeft.

Stap 6: creëer een ritueel

Nu is het tijd om je pijnlijke ervaring officieel los te laten. Pak je geschreven verhalen erbij en laat ze letterlijk los. Dat doe je via een ritueel waarin je je verleden bijvoorbeeld overdraagt aan vuur of symbolisch aan de hogere macht die jij erkent: de kosmos, God of de goden, je hogere zelf. Voel je vrij om je eigen ritueel te bedenken. Verbrand je papieren en laat de as door de wind of de zee meevoeren. Sommige mensen spoelen de as door de wc of ze scheuren de papieren in stukjes en begraven die in de achtertuin.

Het ritueel is belangrijk omdat het een lijn trekt tussen je verleden en wie je nu bent. Als je je vroegere emotie volledig hebt verwoord, voelt het loslaten zeer bevredigend. Maar probeer niet aan een of andere norm te voldoen. Loslaten kost tijd en er is vaak meer dan één poging voor nodig omdat sommige gevoelens stevig vastzitten. Maar je kunt je ervan bevrijden; wees geduldig en volhardend. Laat vandaag los wat je kunt loslaten.

Stap 7: wees blij over wat je hebt bereikt

Als je je oude verhaal aan de kosmos hebt overgedragen, kun je dit moment van vrijheid vieren. Dit kun je alleen of met anderen doen, zolang je je maar trots voelt over de stappen die je hebt gezet. Ik heb gemerkt dat mensen deze stap vaak overslaan tenzij ze eraan worden herinnerd. Ze willen aan hun emoties niet te veel belang toekennen maar in werkelijkheid hebben ze dat wel. Emoties kunnen je gevangen en geketend houden maar ze kunnen je ook bevrijden en je toekomst veranderen.

Als je een emotie loslaat, is het net alsof je een bekende doodlopende weg verlaat. Je moet een nieuwe weg in kaart brengen of, in dit geval, een nieuw pad in het brein creëren. Eén poging brengt je niet meteen aan het einde van de nieuwe weg, maar is wel een begin. Elke reis begint met de eerste stap. Het is aan jou om aan de reis te beginnen.

Lichtheid van de ziel

Kernpunten

- Spirituele ervaringen zijn afhankelijk van de connectie tussen lichaam en geest. Een spirituele terugkoppellus stuurt berichten naar het brein en elke lichaamscel.
- De eenvoudigste definitie van spiritualiteit is zelfbewustzijn. Binnenin jezelf bevindt zich de innerlijke vrede, liefde en waarheid die eigenschappen zijn van God. Als je hiermee in verbinding treedt, ontmoet je je ware zelf.
- Je ware zelf bestaat hier en nu. Als je het wilt ontmoeten, hoef je alleen maar aanwezig te zijn.
- Het huidige moment eindigt nooit, dus keuzen die je nu maakt zijn op alle facetten van je leven van invloed; het leven is een ononderbroken reeks 'nu'-momenten.
- Om aanwezig te kunnen zijn, kun je bepaalde bewustzijnsvaardigheden aanleren en toepassen.
- Als je bewustzijn springlevend en volledig ontplooid is, kun je de ultieme spirituele ervaring hebben: 'Ik ben het universum'. Je wezen smelt samen met het Zijn. Je geest raakt de geest van God.

Nadat elke andere hunkering is bevredigd, is er nog steeds een spiritueel verlangen in je aanwezig. Ook dat verlangen kan worden bevredigd als je weet waar je de juiste voeding kunt vinden. De sleutel ligt in inspiratie. Als je je geïnspireerd voelt, zorg je voor bezieling. Als je bezield bent, voel je je geïnspireerd. Dit is de meest subtiele terugkoppellus, maar hij verbindt lichaam en geest op dezelfde manier als andere terugkoppellussen dat doen. Als je brein spirituele input ontvangt, stuurt het boodschappen naar elke lichaamscel. Dit zijn chemische boodschappen die innerlijke vrede en liefde decoderen tot de taal die wordt begrepen door hartcellen, het spijsverteringskanaal, de huid en elk ander orgaan.

Het is onjuist spiritualiteit en het lichaam te zien als gescheiden van elkaar. Als je nadenkt over God of de ziel (of hoe je deze ook definieert), stel je biljoenen cellen bloot aan een vleugje spirituele ervaring. De ervaring wordt dieper als gedachten direct in contact komen met:

de ervaring van het je geliefd voelen;
gemeenschap met de natuur;
fysieke gewaarwordingen van lichtheid;
innerlijke vrede;
het opengaan van het hart;
een gevoel van onbegrensdheid en grenzeloosheid;
een gevoel van eenheid met alle dingen;
een golf van ontzag en verwondering;
de ervaring van gelukzaligheid.

Iedereen heeft wel eens een glimp van dergelijke ervaringen opgevangen. Denk maar aan de laatste keer dat je helemaal opging in de schoonheid van een zonsondergang of de weidsheid van de zee; toen voedde je de terugkoppellus van spiritualiteit. Ik ben ervan overtuigd dat iedereen van nature zijn of haar spirituele honger probeert te stillen en dat dit de reden is waarom we van nature tot deze dingen worden aangetrokken.

Soms is er een ongeval voor nodig om je innerlijke natuur bloot te leggen. Toen ik als jongetje in India woonde, viel ik een keer tijdens het spelen. Daarbij stootte ik mijn hoofd en verloor ik het bewustzijn. Toen ik weer bijkwam, bevond ik me in een vreemde realiteit; de omgeving was hetzelfde maar ik voelde overal waar ik keek een immense weidsheid (zonder het te weten ervoer ik iets wat Don Juan zegt in een van de boeken van Carlos Castenada: dat voor een tovenaar – iemand die echt ziet – elke richting de oneindigheid bevat). De vreemde uitbreiding van bewustzijn duurde maar even en een ander jongetje had het wellicht meteen vergeten. Maar op mij maakte het een diepe indruk. Als ik erop terugkijk, besef ik dat ik voor het eerst had ervaren wat ontzag is. De rationele geest is verbijsterd door ontzag en medisch gezien was ik dan misschien wel niet volledig bij bewustzijn of had ik een lichte hersenschudding. Maar rationeel of niet, ontzag verrijkt het leven van binnenuit en doet dat samen met verwondering, verbondenheid, liefde en inspiratie.

Het spoor van hormonen en stoffen in het brein dat we tot nu toe hebben gevolgd vervaagt hier. Maar we weten dat spirituele ervaringen niet zichtbaar zijn. Er is iets wat echt is en niet slechts een geest in de machine. Onderzoek naar het brein van Tibetaanse boeddhistische monniken wijst uit dat jaren van meditatie over de waarde van mededogen fysieke sporen achterlaat: er was een toename van de activiteit in de frontale kwabben, de zetel van hogere waarden zoals liefde en mededogen. Er was ook een verandering van de frequentie in het gebied van de deltagolven die hun brein produceerde. Deltagolven worden geassocieerd met diepe slaap. Meditatie is niet hetzelfde als slaap maar een toestand die in zoverre paradoxaal is dat diepe rust samengaat met alertheid. Het chemische spoor van meditatie leidt ook naar andere bevindingen, zoals een lagere hartslag, de aanwezigheid van minder stresshormonen en een genormaliseerde bloeddruk. Tot de veranderingen in het brein behoren een toename van het aantal alfagolven, die gerelateerd zijn aan creativiteit en 'aha'-momenten.

Deze fysieke sporen geven aan dat de terugkoppellus voor spiritualiteit echt bestaat. Maar voetafdrukken zijn niet hetzelfde als het daadwerkelijk ervaren van de reis. Om dat te doen moet je je staat van bewustzijn transformeren. Als bewustzijn volledig tot leven komt en de meest subtiele ervaringen van liefde en vreugde mogelijk maakt, heb je het domein van spiritualiteit gevonden. Dit is de meest inspirerende toestand om in te leven. De realiteit verschuift dan op radicale manieren waarvan we in de dagelijkse werkelijkheid slechts een glimp opvangen. Een treffend beeld uit de Indiase vedische traditie geeft ons een idee van wat het betekent om getransformeerd te zijn. Dit is het beeld van een aarden kruik, het soort dat dorpsvrouwen naar een waterbron droegen (wat ze op het platteland van India nog steeds doen).

De buitenkant van de kruik bepaalt de ruimte aan de binnenkant; die is niet zo groot terwijl buiten de kruik de ruimte immens is. Breek de kruik nu. De wanden worden vernield maar de binnenruimte is er nog steeds. Nu is die ruimte echter niet langer afgescheiden van de ruimte eromheen; de ruimte in de kruik gaat over in de oneindige ruimte. Op dezelfde wijze nemen mensen aan dat ze worden omsloten door de muren van een afzonderlijk lichaam en een beperkte geest. Maar in werkelijkheid is dit een kunstmatige scheiding. Het is letterlijk zo dat de oneindigheid zich rondom ons uitstrekt ook al kiezen we er niet voor om dat te zien. Niets scheidt ons van deze oneindigheid. Iedereen gaat op in het geheel en de dingen waaraan we in ons leven waarde hechten – liefde, creativiteit, intelligentie en waarheid – kunnen zich grenzeloos uitbreiden. Volgens elke mystieke traditie in elke cultuur heeft het menselijk bewustzijn dit vermogen en de weg is altijd open.

Iedereen leeft binnen een begrenzing en tegelijkertijd willen we diep vanbinnen dat dit niet nodig was. De grootste mystieke dichter, Rumi, zag dit bijna duizend jaar geleden al:

Heb je het soort gezien
Dat met minder genoegen neemt?
Dat in hoeken kruipt
Die net groot genoeg zijn voor één?
Dat zijn ongeopende brieven
Met deze boodschap:
Leef! Leef! Leef!

Dit gedicht is een hartstochtelijk aan de lezer gericht pleidooi dat vraagt om transformatie, het soort transformatie dat van een leven met lage verwachtingen gaat naar een onbegrensd leven met onbeperkte vrijheid. Als je Rumi leest, voel je een tinteling die aangeeft hoe graag jij en ik net zo vrij willen zijn als hij, net zo gepassioneerd en vreugdevol. Tegelijkertijd weet Rumi dat de stem die ons roept zwak en kwetsbaar is:

Door de nacht klinkt een zwak, weifelend lied.
Op het moment dat ik het kan horen,
Ben ik verdwenen.

Hij heeft het hier over onze verbinding met de bron van de geest en het lichaam. Op het diepste niveau bevindt zich een staat van zuiver bestaan, of zijn, die het doel is van de spirituele weg. Als je verbonden bent met je eigen wezen, geeft het leven zelf vervulling en voldoening en kan inspiratie worden gevonden in elk moment. Ik zal dit nader uitleggen.

Spiritueel bewustzijn

Bij spiritualiteit gaat het erom opnieuw in verbinding te treden met wie je werkelijk bent. Op het niveau van de bron ervaart iedereen het pure zijn. Dit is puur doordat het geen inhoud kent. Het 'is' gewoon. Maar je ervaart dit niet als een lege toestand zoals de koude leegte in het heelal. Puur zijn is juist een vol gevoel. Het heeft oneindige mogelijkheden. Op dit moment praat je niet, maar als je besluit dat wel te doen is er geen grens aan het aantal zinnen dat je uit zou kunnen spreken. Deze zinnen zitten niet in je geprogrammeerd. Ze bestaan als mogelijkheden en of je nu zegt: 'Te zijn of niet te zijn, dat is de kwestie' of 'Zullen we naar National Geographic kijken?', je put uit het reservoir van oneindig potentieel dat in je bewustzijn bestaat. Uit datzelfde reservoir kun je meer dan woorden putten. Je kunt een oneindig aantal ontdekkingen doen en er bestaat een oneindig aantal toepassingen van creativiteit en intelligentie.

Als je eenmaal ontdekt dat je een spiritueel wezen bent, zie je jezelf nooit meer als iets anders. Er wordt een nieuw zelf onthuld. Dit zelf is perfect en heeft geen gebrek aan liefde, schoonheid en wijsheid. Een dergelijk zelf lijkt wellicht ongelooflijk vanuit je huidige situatie; scepsis is heel natuurlijk voordat de spirituele reis een belangrijk onderdeel van je leven wordt. Op de spirituele weg ontdek je waarheden die in het leven van alledag voor je verborgen zijn. Als je je bewustzijn voor minder gebruikt, doe je tekort aan je ware zelf.

Tot nu toe heb ik het gehad over de vraag hoe je je bewustzijn kunt gebruiken om je leven te verbeteren. Maar bewustzijn is niet slechts een hulpmiddel, het is je essentie. Mensen zijn geen machines die geleerd hebben te denken. We zijn gedachten die geleerd hebben een machine te maken. Met andere woorden, het brein staat in dienst van de geest en op natuurlijke (maar nog altijd wonderbaarlijke) wijze kun je een spiritueel brein creëren. Hoe verheven het ook moge klinken een plotselinge openbaring te ervaren, voor het ontvouwen van subtielere niveaus van de werkelijkheid heb je hetzelfde brein nodig dat je gebruikt voor het leren van een vreemde taal. Deze niveaus zijn geen onbekende gebieden; ze bestaan hier en nu maar ons brein is er niet op afgestemd en kan ze dus niet waarnemen. De volheid van je leven hangt af van je bewustzijn. Als je je aandacht richt op spiritualiteit, zie je een glimp van het ongeziene; dat is geen wonder, maar een meeromvattende blik in jezelf.

Een obstakel voor het overstijgen van beperkingen is het woord God. Vandaag de dag beschrijven steeds meer mensen zichzelf als spiritueel maar niet religieus. Ze hebben om de een of andere reden de georganiseerde religie de rug toegekeerd. Een geïrriteerde interviewer heeft me ooit uitgedaagd door te stellen dat 'spiritueel maar niet religieus' nergens op slaat.

'Maar het slaat wel degelijk ergens op,' wierp ik tegen, 'als je spiritualiteit definieert zonder over God te twisten, zoals alle religies doen.'

'Wat is dan uw definitie van spiritualiteit?' vroeg hij.

'Die is heel eenvoudig,' zei ik. 'Zelfbewustzijn. Alle beloften van religies komen in ons innerlijk uit. Spirituele ervaringen bestonden al lang voordat er religies omheen werden georganiseerd. Je innerlijk is nog steeds de plek waar je heen moet.' Daarop had hij geen weerwoord.

Binnen elke aloude wijsheidsleer bevindt de ziel zich op een subtiel niveau van bewustzijn. De grovere niveaus van bewustzijn zijn gewijd aan objecten en gebeurtenissen buiten ons. Je gebruikt je vijf zintuigen om je weg in de fysieke wereld te vinden. Maar er bestaat een fijner soort bewustzijn dat gericht is op je innerlijk. Aan het begin van het boek was je zelfbewust toen je deze vraag stelde: 'Waar hunker ik naar?' Elke keer als je je de vraag stelt wat er in je innerlijk gaande is, gebruik je zelfbewustzijn. Het antwoord dat vervolgens komt, is wie jij op dat moment bent. De innerlijke wereld bestaat om antwoorden te geven die buiten ons niet te vinden zijn. Fundamentele vragen zoals 'Wie ben ik?', 'Waarom ben ik hier?' en 'Wat is de zin van het leven?' boren het diepste niveau aan. Die vragen gaan over je ware zelf, wat betekent dat je je zelfbewustzijn aanspreekt.

We hebben de neiging te veronderstellen dat spiritualiteit iets is voor heiligen en toegewijde gelovigen, mensen die hun hele wezen aan God overgeven. Maar zelfbewustzijn is universeel. Een spirituele ervaring vindt plaats als je je bewust bent van je ware zelf, dat liefdevol en medelevend is. Je ware zelf voelt zich veilig in de wereld. Het ziet in alle richtingen uitsluitend vrede. De voortdurende ervaring van het ware zelf is gelukzaligheid. Dus elke keer als je een opwelling van vreugde voelt is dat je ware zelf en zolang het vreugdevolle gevoel aanhoudt, ben je direct in contact met je ware zelf. Zoals we allemaal weten neemt vreugde geleidelijk af maar dit is geen blijvend verlies. Je bent dan even losgeraakt van je ware zelf en het is altijd mogelijk het contact te herstellen. Elke ervaring van liefde, gelukzaligheid, verbondenheid, inspiratie, intuïtie, inzicht en vrijheid biedt je de gelegenheid terug te keren naar je ware zelf.

Spiritualiteit is hier en nu

Om terug te keren naar je ware zelf hoef je geen lange reis naar een onbekende bestemming te maken. De plek die je wilt bereiken is net zo dichtbij als het huidige moment. Als je ware zelf niet hier en nu bestaat, zal het nooit bereikbaar zijn. Alle keuzen vinden plaats in het huidige moment, wat betekent dat hetgeen je nu doet de belangrijkste daad is die je kunt doen, belangrijker dan de daden die je hoopt te doen of die waarvoor je bang bent of waarvan je spijt hebt. De rest van je leven is een reis van huidige momenten.

Het huidige moment is mysterieuzer dan mensen beseffen. Ten eerste kun je het niet vastpinnen. Ter illustratie: het leidt geen twijfel dat je in de komende seconden een nieuwe gedachte zult hebben (onze denkgeest heeft naar schatting elke drie seconden een 'gedachtemoment' of 'gevoelsmoment'). Als je volgende gedachte komt, vult ze het huidige moment. Je denkt bijvoorbeeld iets banaals als 'ik heb honger' of iets serieus als 'mijn baan past niet echt bij me'.

Doe als experiment je ogen dicht en zeg wat je volgende gedachte zal zijn. Als je dat probeert, zul je merken dat je geest leeg wordt. Je kunt het huidige moment niet grijpen tot het er is en als je probeert het te laten komen krijg je een black-out: het huidige moment weigert zich in een net te laten vangen. Het mysterie van het 'nu' is niet slechts een filosofisch raadsel. Het is praktisch, omdat in het 'nu' slechts twee dingen kunnen gebeuren:

Je bent volledig aanwezig. Je ware zelf is jij. Je voelt je vrij en levend.

Of

Je bent niet volledig aanwezig. Oude herinneringen, gewoonten en conditionering blokkeren je. Je zit vast in een mentale nevel.

Het is zeer wenselijk dat je in staat bent de eerstgenoemde toestand te ervaren, omdat je je leven het best kunt leiden als je ware zelf. De tweede toestand is helaas de toestand waarin de meeste mensen verkeren. Ze dénken alleen maar dat ze aanwezig zijn. Ter illustratie: onlangs ontving ik een vrouw, Nina, die in de 40 en vijftien jaar getrouwd was. Ze was te zwaar en haar man vond haar niet meer aantrekkelijk. Het verbaasde me dat hij meegekomen was maar hij besloot in de wachtkamer te blijven terwijl zij alleen mijn spreekkamer binnenkwam.

'Hij vindt dat ik me om al dat gedoe niet zo druk moet maken,' zei Nina. Met 'gedoe' bedoelde ze haar voortdurende strijd met haar gewicht.

'Heeft hij dat vandaag tegen je gezegd?' vroeg ik.

Nina schudde haar hoofd. 'Dat hoefde niet. Ik weet wat hij denkt. We praten er niet over.'

'Praten jullie überhaupt met elkaar?' vroeg ik.

Ze haalde haar schouders op. 'We zijn al erg lang getrouwd. We hebben niet zoveel gespreksonderwerpen meer, denk ik.'

'Zo te zien word je daar niet bepaald gelukkig van,' bracht ik naar voren.

Nina liet haar hoofd hangen. Ik zei dat ik het gevoel had dat haar huwelijk in een impasse terecht was gekomen, dat er een blokkade was die alles tegenhield. Nina knikte en ze vertelde meer over hun leven thuis dat draaide om maaltijden, tv-kijken en hun kinderen. Met haar echtgenoot deed ze eigenlijk niets. Het was duidelijk dat ze een blok aan elkaars been waren.

Ze zat vast op een vertrouwde plek, bekend als het verleden. Het huidige moment bestond niet echt. Het kon ook niet bestaan zolang zij en haar echtgenoot het vulden met ballast uit het verleden: oude ruzies die niet uitgesproken waren, emoties die niet waren geuit, meningen die terzijde werden geschoven enzovoort. Ze hadden hun 'problemen' opgelost door van het huidige moment een dode zone te maken. Het voelde leeg, maar ze voelden in ieder geval niet zoveel pijn.

'Je kunt jezelf uit deze val bevrijden,' zei ik. 'Je hebt hem namelijk zelf opgezet.'

Nina protesteerde. 'Jij hoeft niet met hem samen te leven.'

'Klopt. Ik heb je man zelfs nog nooit ontmoet. Als je tegen hem zou zeggen wat er allemaal mis is met hem, je huwelijk en al die andere dingen, dan zitten we hier nog wel een paar uur. Maar de oplossing ligt bij jou,' zei ik. 'Je bent nu eigenlijk afwezig in je eigen leven terwijl je juist dringend aanwezig moet zijn.' Ik vroeg Nina haar ogen dicht te doen en rustig te blijven zitten. Vervolgens leidde ik haar door een eenvoudige oefening.

'Stel jezelf de vraag of je op dit moment bewust aanwezig bent. Ben je dat?' Nina knikte. 'Oké,' zei ik. 'Waar ben je je bewust van? Druk het niet in woorden uit. Ga het gewoon bij jezelf na. Richt je aandacht op je lichaam. Voel je iets? Richt je aandacht op je stemming. Kijk rustig naar je geest. Als je hiermee klaar bent, kun je je ogen weer opendoen.'

Even later keek ze me weer aan. Ik vroeg haar te beschrijven hoe haar innerlijke inventaris eruitzag. Nina zei dat ze zich niet zo vrolijk voelde maar dat haar lichaam wel goed voelde. Er was nog iets mooiers. Het was een prachtige lentedag en het raam in mijn praktijk stond open. Er kwam een zeebries naar binnen en we roken de geur van de oceaan.

'Ik was zo verstrikt in mijn problemen,' zei Nina, 'dat ik niet eens in de gaten had wat een mooie dag het is. Maar toen ik de wind langs mijn huid voelde strijken ontspande ik me en toen had ik het wel in de gaten.'

'Perfect,' zei ik enthousiast. 'Om in het huidige moment aanwezig te kunnen zijn moet je aanwezig zijn. Alles wat het leven te bieden heeft, komt via ons bewustzijn tot ons. Als je aanwezig bent, neem je alles wat je geest, lichaam en omgeving tegen je zeggen in je op. Zonder bewustzijn zegt je leven niets tegen je, omdat je je dan alleen bewust bent van je alledaagse gewoonten en rituelen.'

Er viel nog meer te vertellen, maar het belangrijkste is dat Nina met de belofte vertrok dat ze aan de slag zou gaan met de eenvoudige bewustzijnsoefening die ze zojuist had geleerd. Haar huwelijk en een aantal andere kwesties konden worden verbeterd, mits ze zou leren aanwezig te zijn. Er zou echter niets veranderen als ze haar innerlijk bleef afvallen.

Je ware zelf wil met jou in verbinding treden. Als je niet in contact zou kunnen komen met je ware zelf, zou er geen magie in het huidige moment te vinden zijn. Dan zou het huidige moment de zoveelste tiktak van de klok zijn, het zoveelste stille cijfer op je digitale horloge. Je kunt alleen liefhebben, vreugde ervaren en geïnspireerd worden in het hier en nu; zo weet je dat het huidige moment magisch is. De intensiteit van het leven ervaar je uitsluitend in het heden.

Treur er niet over dat je tot nu toe niet zo vaak in het heden hebt geleefd. Het universum zit zo in elkaar dat het een waarheid illustreert die de grote kwantumfysicus Erwin Schrödinger aldus onder woorden heeft gebracht: 'Alleen het heden kent geen einde.' Dit is meer dan een interessant punt binnen de natuurkunde; het is de poort naar een soort praktische onsterfelijkheid, het tijdloze domein waar elke mogelijkheid hier en nu bestaat.

Vaardigheden in bewustzijn

Het huidige moment vereist dat je je ervan bewust bent maar is dat voldoende? Mensen die hun geheugen kwijt zijn geraakt als gevolg van de ziekte van Alzheimer of amnesie kunnen niet in contact komen met hun verleden. Ze leven in het heden zou je kunnen zeggen, en toch lijden ze. Het is waar dat een leeg bewustzijn niets te bieden heeft. Je moet deelnemen aan je eigen bewustzijn. De meeste mensen brengen nauwelijks tijd door in de diepe stilte en vrede die zich in hen bevinden; voor hen is dat onbekend terrein. Maar alle vormen van wijsheidsleer ontdekten dat bewustzijn verborgen voordelen bezit. Deze voordelen zitten verborgen in stilte maar iedereen heeft ze.

Als je je in je eigen bewustzijn verdiept, merk je het volgende op:

- Sinds je kindertijd geeft je geest de voorkeur aan vooruitgang in plaats van niets doen. Je geest houdt er niet van om vast te zitten.

- Als evolutie eenmaal begint, verhoogt ze haar tempo.
- Bewustzijn bereidt zich van nature uit. De weg van verlangen wordt gevoed door meer te willen.
- Hoe beter je jezelf kent, hoe mooier je leven wordt.
- Positieve intenties worden sterker ondersteund dan negatieve intenties.
- Individueel bewustzijn is verbonden met een hoger bewustzijn, dat wij ervaren als het gevoel onderdeel te zijn van een hoger doel.

Jij bent de enige verkenner van je innerlijke wereld. Het testen of deze voordelen daadwerkelijk bestaan is de weg van zelfbewustzijn. De terugkoppellus is wellicht nog zwak als je begint. Je hebt er nog niet over nagedacht hoe je moet groeien en evolueren; je was te veel tijd kwijt met het verdienen van geld, het opvoeden van je kinderen en het verkennen van de wereld om je heen. Toch heb je je leven lang al gewerkt aan het opbouwen van een zelf en dit proces vond plaats in bewustzijn. Nu kun je vaardig worden in het opbouwen van het zelf dat je echt wilt zijn. Dat heeft een positieve invloed op alles wat op de lijst staat:

Elke dag geef je de voorkeur aan vooruitgang.
Je persoonlijke groei versnelt.
Hoe beter je jezelf kent, des te beter je je leven zult koesteren.
Je wordt positiever naarmate je minder over jezelf oordeelt en deze positieve houding zal in je uiterlijke realiteit worden weerspiegeld.
Je voelt je verbonden met een hogere levensvisie en een hogere macht die ervoor zorgt dat jouw visie uitkomt.

Dit zijn praktische dingen, herkenningspunten op de spirituele reis die je in het echte leven bereikt. Ik meet mijn vooruitgang elke dag af aan deze herkenningspunten. Ik ga vooruit als ik meer mededogen, minder schuld en meer kalmte voel. Mijn persoonlijke groei gaat sneller als ik een doel waarvan ik dacht dat het jaren zou vergen veel eerder bereik, zoals niet toegeven aan de drang boos te worden. Ik geloof sterk in een nuchtere levenshouding. Er zijn momenten geweest waarop ik in de sneltrein van New York naar Boston het grijze landschap voorbij zag suizen; ik smolt ermee samen en had het gevoel dat Deepak was verdwenen en er alleen nog maar het Zijn was, de vredigheid van het zuivere bestaan. Deze bevoorrechte momenten zijn het soort herkenningspunten waarover ik het heb.

Spiritualiteit is te lang veronachtzaamd als een verzameling mooie idealen. Spiritualiteit is alleen maar nuttig als je er echte verandering mee kunt creëren. Bewustzijn ondersteunt het leven van nature. Onze miraculeuze geest komt voort uit een orgaan dat 1400 gram weegt en de consistentie heeft van koude havermout. Hij is verantwoordelijk voor basisbehoeften zoals het in stand houden van het lichaam en het waarborgen van je overleving. Het grootste geschenk dat je jezelf kunt geven is aanwezig zijn, omdat dan de perfecte verbinding tussen bewustzijn en het 'nu' wordt gemaakt.

Ik heb hierboven een positief beeld geschetst maar wat moet je nu in de praktijk doen?

Als je de waarde van het aanwezig zijn eenmaal inziet, kun je de vaardigheden verwerven om daar te komen. Deze vaardigheden trainen je brein om aanwezig te zijn en terwijl je nieuwe paden versterkt, wordt het steeds gemakkelijker om aanwezig te zijn tot het op een dag volledig natuurlijk voelt; aanwezig zijn is zelfs een stuk gemakkelijker dan je omgeven met een nevel van illusie. Blijven stilstaan bij het verleden of vooruitlopen op de toekomst is compleet zinloos. Het verleden en de toekomst bestaan niet. Alleen het 'nu' bestaat en is daarom het thuis waartoe je geboorte je heeft voorbestemd.

Actiepunt:
zo verwerf je de vaardigheden om bewust te zijn

Je brein is gemaakt om te reageren op spirituele ervaringen. Als je je geïnspireerd voelt of vol verwondering bent, wordt die ervaring in het brein verwerkt. Maar je kunt je brein ook leren meer ontvankelijk te worden voor spirituele input. Hieronder beschrijf ik vier van de belangrijkste vaardigheden die horen bij bewust zijn:

bij jezelf blijven
oplettend zijn
de aandacht vasthouden
dieper graven

***Vaardigheid** 1: bij jezelf blijven*

Bij jezelf blijven is de meest fundamentele bewustzijnsvaardigheid. De meeste mensen kunnen niet in het heden aanwezig zijn omdat ze te druk met andere dingen bezig zijn. Ze worden afgeleid door de wereld om hen heen, die met voortdurende activiteit is gevuld. Maar ken je niet ook mensen die de volgende eigenschappen hebben?

Ze weten wie ze zijn.
Ze richten hun aandacht sterk op datgene waarmee ze bezig zijn.
Ze komen beheerst over en lijken vrede te hebben met wie ze zijn.
Ze luisteren aandachtig.
Ze zijn niet afhankelijk van de goedkeuring van anderen en niet bang voor afkeuring.
Tijdens een crisis blijven ze kalm; ze worden niet zenuwachtig en raken ook niet in paniek.

Zo iemand blijft bij zichzelf. Hij of zij voelt zich prettig bij waar hij of zij is zonder ergens anders te willen zijn. In een maatschappij waarin iedereen wordt overspoeld door allerlei soorten afleiding, kost het moeite om bij jezelf te blijven. Je moet jezelf aanleren je niet te laten afleiden. Als je dat niet lukt, is er altijd wel iets nieuws (een telefoontje, een film, een crisis thuis, een deadline op het werk) wat je bij jezelf wegtrekt. Maar als je bij jezelf en in jezelf blijft, kun je het leven beter aan, met inbegrip van de dingen die om je heen gebeuren en roepen om oplossingen en antwoorden.

Loop je door dit alles het gevaar dat je egocentrisch wordt? Er zijn critici die dat denken, hoewel ik niet denk dat de geest van de 'ik'-generatie boven ons zweeft. Egocentrisch zijn is hetzelfde als ongebreideld egoïsme waarbij ik en wat ik wil altijd op de eerste plaats komen. Uiteindelijk is een dergelijke toestand een vorm van onzekerheid terwijl bij jezelf blijven het tegenovergestelde is. Zelfverzekerde mensen zijn op emotioneel vlak meestal flexibel en zorgzaam voor anderen. Egoïsten hebben breekbare grenzen; ze kunnen geen verbinding aangaan met anderen (en doen daardoor alsof dat niet de moeite waard is).

Bij jezelf blijven bespaart je een hoop ellende. Ik zal je een recent praktijkvoorbeeld geven. Iemand uit mijn vriendenkring ging naar een geldautomaat om geld op te nemen. Ze had echter onvoldoende saldo op haar bankrekening staan. Ze was verbijsterd en enigszins geschokt, maar ze was al laat voor een afspraak dus haastte ze zich naar huis, zocht het chequeboekje van een andere rekening op en ging weer snel terug naar de bank, die inmiddels gesloten was. Ze stopte de cheque in een envelop van haar bank om geld op haar bankrekening te storten en ging snel op weg naar haar afspraak.

De volgende dag ging ze opnieuw naar de geldautomaat om geld op te nemen maar er stond nog steeds te weinig geld op de rekening. Ze was woedend over de fout van de bank en confronteerde de manager ermee. Die liet haar de cheque zien die ze in de bus had gegooid. Ze was vergeten hem te ondertekenen. Ze voelde zich opgelaten een ondertekende de cheque alsnog en zo eindigde het incident. Het lijkt normaal dat je even geschokt bent als er onverwacht onvoldoende saldo op je bankrekening staat, maar als deze dame niet zo gehaast was geweest zou ze de cheque hebben ondertekend en alle stress en tijdverlies hebben vermeden. Ze bleef niet bij zichzelf. Een klein incident, maar tel alle keren dat je niet bij jezelf blijft maar eens bij elkaar op. Voor de meeste mensen is hun alledaagse stress voldoende om hen uit evenwicht te brengen. Ze hebben vaak niet eens door wat er is gebeurd omdat ze eraan gewend zijn geraakt dat hun aandacht door externe gebeurtenissen alle kanten op getrokken wordt.

Bij jezelf blijven gebeurt vanzelf als je je aandacht erop richt. Om te beginnen moet je ermee stoppen dingen te doen die maken dat je niet bij jezelf blijft:

- Multitasking. Richt je aandacht op het huidige moment.
- Weersta afleiding. Als iemand je bijvoorbeeld op het werk wil spreken, doe dan de deur dicht, zet je telefoon uit en laat je computerscherm zwart worden. Laat de ander zien dat je met je

aandacht volledig bij hem of haar bent. Mensen hebben het door als je niet in hen geïnteresseerd bent en een van de duidelijkste signalen daarvan is zwijgend ongeduld terwijl je wacht tot je kunt zeggen wat je te zeggen hebt. Vermijd ook de andere duidelijke signalen van een gebrek aan interesse, zoals het tikken met een potlood, friemelen met je vingers, de ander onderbreken voordat hij of zij is uitgepraat of door het raam naar buiten staren.

- Verstrooi je aandacht niet lukraak. Ga zorgvuldig en efficiënt met je mentale tijd om zodat je alleen kunt zijn als je goed moet nadenken. Besteed tijd aan anderen zonder het gevoel te hebben dat je wordt weggetrokken van dingen waarin je echt geïnteresseerd bent.

Als je deze misstappen en slechte gewoonten vermijdt, komt dat je relatie met anderen zeer ten goede. Maar je hebt ook de positieve ervaring nodig van het bij jezelf blijven. Die begint als je alleen bent. Zoek een rustige ruimte op, doe je ogen dicht, haal diep adem en keer je naar binnen. Richt je aandacht op je hart, in het midden van je borstkas. Blijf rustig zitten en blijf met je aandacht op die plek. Als je merkt dat je gedachten afdwalen richt je je aandacht direct weer op je hart. Na een aantal minuten doe je je ogen weer open. Ga gedurende het daaropvolgende halfuur na of je bij jezelf blijft. Ga niet meteen in op allerlei eisen die aan je worden gesteld.

Als je deze oefening meermalen per dag herhaalt, leer je het verschil tussen bij jezelf blijven en niet bij jezelf blijven. Zodoende train je je brein en je onwillekeurige zenuwstelsel en kies je voor een kalme, rustige toestand waarin je bij jezelf blijft. Deze keuze zorgt voor een lagere bloeddruk, minder stressreacties en een tragere hartslag. Je bent dan niet passief of afwerend en je dwingt jezelf ook niet met je aandacht bij het midden van je borstkas te blijven. De toestand waarnaar je streeft, levert eigenlijk een betere vorm van reageren op: je bewustzijn zit dichter bij je kern waardoor je zonder afgeleid te worden toegang hebt tot antwoorden.

Vaardigheid 2: aandacht geven

Aandacht geven is belangrijk want datgene waarop je je aandacht richt, groeit. Richt je je aandacht op je werk, je relatie of een favoriete hobby, dan voedt je aandacht die terugkoppellus. (Als een ongelukkige echtgenote klaagt dat haar man geen aandacht aan haar schenkt, begrijpt hij niet wat zij bedoelt als hij antwoordt: 'Maar ik heb dit huis voor je gekocht en ik geef je alles wat je wilt hebben.' Aandacht is het meest persoonlijke en waardevolle wat je kunt geven.) Aandacht kan niet worden geveinsd of geforceerd. Als een docent een tegendraadse klas berispt door te zeggen: 'Even opletten, mensen!' dan werkt dat misschien twee minuutjes, maar het effect van zijn opmerking verdwijnt al gauw. Een rusteloze geest vragen om te kalmeren en op te letten is nog zinlozer. Het geheim is weten hoe aandacht werkelijk werkt.

Aandacht is gericht bewustzijn. Daarvoor moet je eerst bij jezelf blijven, zoals we zojuist hebben gezien, omdat je eerst hier moet zijn. In de tweede plaats richt je bewustzijn zich vanzelf als je een verlangen hebt. We richten onze aandacht op wat we willen. Ten derde werkt aandacht het best als ze wordt gecombineerd met intentie, het vinden van een manier om je verlangens te bevredigen. Als deze drie ingrediënten samenkomen (je blijft bij jezelf, je hebt een verlangen, je hebt de intentie je verlangen te vervullen) wordt je aandacht zeer krachtig. Vraag dat maar aan iemand die weet wat liefde op het eerste gezicht is; dan is je aandacht net een laserstraal. Maar voor sommige mensen heeft gerichte aandacht betrekking op hun ambitie, het verdienen van geld en het verwerven van macht.

Aandacht wordt spiritueel als je je richt op innerlijke verlangens. Bijna iedereen heeft zich wel eens afgevraagd: 'Wie ben ik?' maar degenen die daar daadwerkelijk achter komen worden gedreven door een verlangen om het antwoord te achterhalen. Dit verlangen is net zo sterk als het verlangen van anderen naar meer geld, status en macht. Als je spirituele vragen op een achteloze manier stelt, stellen ze niet veel voor. God zou je een sms'je kunnen sturen met de antwoorden maar dat zou je leven niet veranderen. De gehele spirituele weg moet worden gedreven door verlangen. Laten we zeggen dat je een moment van innerlijke vrede ervaart zonder dat je het verwachtte. Het is er gewoon en het verschijnt midden op een gewone dag.

Wellicht merk je het terloops op of ontstaat er een bepaalde gedachtegang:

> Ik voel me vredig. Dat ben ik niet gewend. Ik vind het wel prettig.
> Ik vraag me af waar dat ineens vandaan kwam.
> Daar wil ik wel eens achter komen, want het zou goed zijn me vaker zo te voelen.
> Ik ga me in deze ervaring verdiepen. Ze is veel te waardevol om te vergeten.

Dit is een natuurlijke gedachtegang zoals elke spirituele persoon die ik ken wel eens heeft gehad, hoewel niet altijd als gevolg van een moment van innerlijke vrede. Sommigen van hen ervoeren een plotselinge vreugde; anderen voelden zich beschermd en gekoesterd; een kleine groep voelde een goddelijke aanwezigheid waardoor ze volledig werden verrast. Wat ze met elkaar gemeen hadden was dat ze met hun volle aandacht bij hun ervaring waren. Het proces kan tot drie eenvoudige stappen worden vereenvoudigd. Heb je weer eens een innerlijke ervaring van vrede, vreugde, liefde, inspiratie of inzicht, neem dan even de tijd voor het volgende:

Stap 1: let op wat er gebeurt. Blijf rustig zitten en laat je nergens door afleiden. Geniet van de ervaring zonder deze te becommentariëren of te onderbreken.

Stap 2: als de ervaring langzaam wegebt, maak je je er niet overhaast van los. Besef hoe betekenisvol ze is. Plaats de betekenis in de juiste context en sta stil bij het verschil tussen hoe je je nu voelt en hoe je je normaal gesproken voelt.

Stap 3: maak de ervaring waardevol. Bedenk hoe anders je leven zou zijn als je deze ervaring zou kunnen herhalen. Denk na over een leven dat gevuld is met vreugde, vrede en liefde. Zie dat leven met je geestesoog; voel hoe prachtig je leven dan zou zijn.

In deze drie stappen activeer je het emotionele brein en de cortex (het hogere brein). Het emotionele brein activeer je door volledig in je ervaring op te gaan, de cortex door erover na te denken en erop te reflecteren. Zo komen dromen uit. Je combineert fysieke mogelijkheden met het soort gerichte aandacht waarmee nieuwe paden in het brein worden gecreëerd. De innerlijke wereld is altijd verbonden met de uiterlijke wereld. Je kunt geen kans grijpen zonder dat je je van die kans bewust bent; je kunt geen nieuwe mogelijkheid voeden zonder dat te willen. Als bewustzijn, verlangen en intentie samenkomen, beheers je de vaardigheid van aandacht geven.

Vaardigheid 3: de aandacht vasthouden

Als je ergens naar verlangt, is het niet zo moeilijk om je aandacht vast te houden. Maar het is moeilijker om in spirituele termen over aandacht te praten. God, de ziel of een hogere macht zijn vage begrippen voor de meeste mensen. Zij zitten vast aan een beeld van God dat de zondagsschool hun heeft bijgebracht: een aartsvader met een witte baard die ergens boven de wolken troont. Dit komt voornamelijk doordat het een visueel beeld is dat duidelijk te zien is. Maar als je God ziet als persoon ga je voorbij aan de realiteit. Hetzelfde geldt als je je ziel ziet als een sliertige geest die zich ergens in de buurt van je hart bevindt. Spirituele waarden zijn onzichtbaar en ontastbaar maar ze komen wel tot leven in je bewustzijn.

Om spirituele waarden echt te maken, heb je een andere vorm van aandacht nodig die 'duidelijke intentie' wordt genoemd. Weten wat je wilt zonder dat dit door verwarring wordt gecompliceerd is een duidelijk intentie. Je lichaam gehoorzaamt duidelijke intenties gemakkelijker dan verwarde intenties. Vergelijk de lichaamstaal van iemand die niet kan wachten tot hij de golfbaan op kan stappen maar eens met die van iemand die wordt meegesleept naar de kerk. Elke keer als je aarzelt of gemengde emoties ervaart, is je intentie niet meer helder. Dat is het verschil tussen het lopen van een marathon met het brandende verlangen om te winnen en het lopen van dezelfde marathon terwijl je bang bent halverwege in te storten. Het brein raakt in de war door tegenstrijdige boodschappen, ook al zijn ze subtiel. Als je bijvoorbeeld weet hoe je een omelet moet maken, heb je daar meestal minder dan twee minuten voor nodig. Maar probeer het maar eens als je er een kookwekker naast zet en je er niet langer dan twee minuten over mag doen. Dan zul je merken dat bepaalde handelingen ineens niet meer zo automatisch gaan; in elk geval is je aandacht verdeeld over het maken van de omelet en het in de gaten houden van de klok.

Het probleem van gemengde motieven is van toepassing op spirituele zaken en leidt tot frustratie. Neem bijvoorbeeld bidden. Mensen bidden onder heel verschillende omstandigheden. Sommigen doen het tamelijk wanhopig, als hun geest onrustig is, en anderen bidden heel kalm, als hun geest zich in alle rust tot God wendt. Er zijn gebeden voor verlossing, vergeving of genezing; of, als je tien jaar oud bent, voor een nieuwe fiets. Mensen proberen in hun gebeden ook te onderhandelen: 'God, als u me geeft wat ik wil hebben, beloof ik dat ik me goed zal gedragen' is een beproefde formule. Het feit dat sommige gebeden worden verhoord terwijl veel andere worden genegeerd leidt tot enorme verwarring en frustratie. Maar in termen van bewustzijn kun je van gebeden niet verwachten dat ze werken als je intentie niet helder is. Op elk levensvlak worden intenties vaag als je:

niet echt weet wat je wilt;
denkt dat je niet verdient wat je wilt;
sceptisch bent met betrekking tot de gewenste resultaten;
gemengde motieven hebt;
een innerlijk conflict ervaart.

Het gebed is een veelomvattend onderwerp en ik geef geen oordeel over de vraag of het al dan niet werkt (als je met je ware zelf verbonden bent geloof ik wel dat gebeden, of duidelijke intenties, uit kunnen komen). Maar de communicatielijnen worden doorgesneden als je een verwarrende boodschap verstuurt. Als je duidelijk bent, ben je in staat je aandacht te richten en als je je aandacht richt, wordt de kracht van bewustzijn geactiveerd.

De sleutel tot het vasthouden van je aandacht is dat je het moet maken tot iets wat moeiteloos gaat. Het beeld van een genie met gefronste wenkbrauwen die zich als een gek concentreert, is het verkeerde beeld. Bewustzijn laat zich graag richten als het verheugd is; dat is de reden waarom mensen die verliefd op elkaar zijn hun ogen niet van elkaar af kunnen houden. Ze nemen elkaar als het ware in zich op en dat kost hun geen moeite. Dus richt je aandacht op de dingen die je in het spirituele leven aanspreken. Ik vind de poëzie van Rumi al dertig jaar fascinerend omdat ik houd van het gevoel dat ze me geeft. Inspirerende spirituele geschriften hebben allemaal hetzelfde effect op mij, net als op de meeste anderen die ervoor kiezen dit soort teksten te lezen. Als je de definitie van spiritueel genot verbreedt, kun je het eigenlijk overal vinden: een tropische zonsondergang, de aanblik van spelende kinderen, de rust in het gezicht van iemand die slaapt.

Het richten van je aandacht is moeiteloos, maar niet passief. Als je je aandacht werkelijk op een spirituele ervaring richt, gebeurt het volgende:

Je ontspant je zodanig dat je in een ontvankelijke staat terechtkomt.
Je hebt innerlijke rust.
De ervaring kan echt bezinken.
Je bent vervuld van een subtiel gevoel van schoonheid, genot, verwondering of liefde.
Je waardeert dit gevoel en laat het voortduren.

Kortom, dit is een van de meest rustgevende vaardigheden met betrekking tot bewustzijn en een van de meest aangename.

Vaardigheid 4: dieper duiken

Als ik aan mijn geest denk, zie ik het beeld van een rivier. Aan de oppervlakte is er het gekabbel van de golven en stroomt het water snel. Onder het wateroppervlak stroomt dezelfde rivier langzamer. Er zijn geen golven die het water in beweging brengen. Als je nog dieper duikt beweegt het water nog langzamer, tot je op de bodem komt en er nauwelijks beweging waarneembaar is. Toch is het dezelfde rivier. De meeste mensen brengen 90 procent van de tijd dat ze wakker zijn door aan de oppervlakte van de geest, die in beroering wordt gebracht door de dagelijkse gebeurtenissen. Je zou gemakkelijk kunnen denken dat deze rusteloze activiteit de geest *ís*. Er is niets anders tot je dieper duikt en het ervaart.

We hebben allemaal momenten meegemaakt waarop onze geest rustiger werd; miljoenen mensen gaan op vakantie louter om dit te kunnen ervaren. Maar de diverse vormen van wijsheidsleer zien innerlijke rust en kalmte niet als een vakantie. Zij onderwijzen dat de aard van de geest stil, veelomvattend en kalm is. De activiteit van de geest, dat wil zeggen alle gedachten en gevoelens die je mogelijkerwijs kunt hebben, is van secundair belang. De stille geest is het belangrijkst. Maar waarom? Je zult de waarde van stilte nooit kennen tot je de vaardigheid hebt ontwikkeld om die toestand te bereiken en zelf te verkennen. Op sommige Amerikaanse kleuterscholen moeten kinderen elke middag een paar minuten lang hun hoofd neerleggen. Als jij dit ook hebt meegemaakt, herinner je je misschien nog wel hoe ongeduldig je hiervan werd, hoe snel je weer wilde gaan spelen en rondrennen.

Bij volwassenen heeft dit ongeduld een diepe groef gecreëerd. We verzetten ons tegen stil zijn omdat we eraan gewend zijn iets te doen, voortdurend mentaal actief te zijn. Als de aard van de geest stilte, kalmte en rust is, dan ervaren we dat niet. Miljoenen mensen in het Westen hebben inmiddels van meditatie gehoord. Een groot aantal heeft het zelfs geprobeerd. Het leven is zo stressvol en hectisch dat het best aantrekkelijk klinkt om elke dag eventjes tot rust te kunnen komen. Maar de spirituele leraar J. Krishnamurti zei iets heel belangrijks toen hij verklaarde dat werkelijke meditatie 24 uur per dag duurt. Werkelijke meditatie vindt plaats als je dieper in je geest duikt en daar blijft.

Als je dieper duikt, kom je dichter bij je bron. Bij de bron van de geest vind je creativiteit, intelligentie, vrede en gelukzaligheid. Je hoeft geen inspanning te leveren om deze dingen te bereiken. Ze zijn onderdeel van het geestelijke landschap en meditatie helpt je dit te vinden. Het is niet zo moeilijk een glimp van dit landschap op te vangen en als je maar lang genoeg blijft mediteren, wordt de glimp al gauw een vollediger beeld. Het zal je geest bevallen wat hij ziet waardoor het verlangen om dieper te duiken vanzelf groter wordt.

Als je nu meteen dieper wilt duiken, volgt hier een eenvoudige ademmeditatie. Ga rustig zitten. Zorg ervoor dat je niet wordt gestoord. Doe je ogen dicht om je geest leeg en ontvankelijk te maken. Richt je aandacht nu op het puntje van je neus. Voel hoe de lucht zachtjes via je neus naar binnen en naar buiten gaat terwijl je ademhaalt. Doe dit tien minuten. Als je aandacht verslapt, wat van nature zal gebeuren, breng je hem terug naar het puntje van je neus. Forceer je aandacht niet; probeer je ademhaling niet te regelen. Laat alles natuurlijk en gemakkelijk gebeuren.

Sta er voordat je je ogen opendoet even bij stil hoe je je innerlijk voelt. Laat het gevoel bezinken en wees gewoon aanwezig bij het gevoel. Doe nu je ogen open en ga verder met je dag. Bijna iedereen merkt dat het effect van deze eenvoudige meditatie een tijdje aanhoudt. Kleuren lijken een beetje levendiger of geluiden lijken duidelijker. Er is een gevoel van innerlijke rust en de neiging om uit die rust te stappen en actief te worden is kleiner. Als je een hectische dag hebt en je meteen weer verdergaat met waar je mee bezig was, is het effect van de meditatie van korte duur. Maar als je twee keer per dag tien tot twintig minuten mediteert, merk je op gegeven moment dat het effect van de meditatie blijvend is.

Stilte zou weinig nut hebben als ze je uiterlijke leven niet zou veranderen en alleen zou dienen als een soort innerlijke vakantie. Verandering van je uiterlijke leven is uiteindelijk de graadmeter. Als je je een maandlang trouw aan een meditatieschema houdt, verkeer je in de positie dat je jezelf de volgende vragen kunt stellen:

Een meditatie-inventaris

Voel ik me lichter?
Heb ik meer energie?
Zit ik lekkerder in mijn vel?
Worden de moeilijke dingen gemakkelijker?
Heb ik een beter humeur?
Voel ik minder stress?
Heb ik een aantal inspirerende momenten gehad?
Voel ik meer dankbaarheid?
Heb ik meer waardering voor mijn leven?
Sta ik dichter bij de mensen van wie ik houd?
Heb ik een gevoel van verbondenheid?
Veroordeel ik mezelf en anderen minder dan voorheen?

Voel ik me vanbinnen prettiger?
Ervaar ik innerlijke rust?

Deze inventaris is gedetailleerd. Dat moet ook wel, want telkens als iemand zegt: 'Ik heb een poosje gemediteerd, maar ik heb het laten versloffen,' hebben ze meestal geen specifieke reden voor het feit dat ze met mediteren zijn gestopt. Een nieuwe gewoonte was niet blijvend, oude gewoonten wel. Maar als je bovenstaande lijst item voor item langsloopt, zul je beseffen dat meditatie veel meer behelst dan tot rust komen. Bij meditatie gaat het om de activering van de gehele geest en de gehele geest is op elk aspect van je leven van invloed.

Met behulp van deze vier vaardigheden kun je het spirituele pad praktisch maken.

Transformatie komt binnen bereik en is niet langer een droom of slechts een vage visie die geïnspireerd is op geschriften en poëzie. De grootste wonderen vinden plaats door aanvaarding van het geschenk van bewustzijn waarmee je geboren bent. Het lijkt wellicht zo dat we flink zijn afgedwaald van waar we begonnen. Het oorspronkelijke probleem was overeten. Voor de meeste mensen is dit probleem waarschijnlijk belangrijk genoeg om op te lossen, maar is het ook een alledaags probleem. Toch was de oplossing, bewust eten, verreikend. Het breidde zich uit tot bewust leven en we hebben gezien dat de meest inspirerende manier om te leven spiritueel van aard is. De thema's lichtheid, puurheid, energie en balans zijn van toepassing op de lichtheid van de ziel en de puurheid van het hart, op de balans tussen het innerlijke en het uiterlijke en op de energie om je hoogste vervulling na te streven.

Het is zonde om als een van Rumi's ongeopende brieven maar in een hoekje te blijven zitten. Om terug te keren naar de zin van het leven heb ik alleen maar een geheugensteuntje van Rumi nodig:

Deze dag kent zichzelf
Beter dan woorden kunnen vertellen,
Zoals het doorgeven van een drinkbeker waarop staat geschreven:
Het leven behoort mij toe, maar is niet van mij.

Het leven is van ons allemaal, maar wij horen ook tot het leven. Elk moment waarop je je vervuld voelt, laat je een kosmische impuls tot bloei komen. In het huidige moment wordt een drinkbeker heen en weer doorgegeven. Je houdt hem even in de hand voordat je hem teruggeeft aan het universum. Het grootste wonder is dat als je de beker opnieuw krijgt aangereikt, hij altijd halfvol is zodat je er opnieuw van kunt genieten.

Persoonlijke invulling: zo kun je heel zijn – een zevendaagse meditatie

In het begin van het boek sprak ik over het meegaan met een vloedgolf van verandering. Toen ik besloot met die vloedgolf mee te gaan, veranderde er heel wat in mijn levensstijl: ik ging bewuster eten en die kleine stap leidde tot een beter begrip van wat 'voeding' daadwerkelijk betekent voor de geest, het lichaam en de ziel.

Er is echter nog een andere vloedgolf van verandering die nog verder reikt, verder dan de begrenzing van je persoonlijke leven, namelijk het proces om een holistische manier van leven te vinden. Dit proces is overal ter wereld gaande en raakt iedereen; door de precaire situatie waarin de ecologie zich bevindt en de druk van overbevolking is het immers niet langer mogelijk te leven zoals we dat in het verleden hebben gedaan. Het leven houdt zichzelf in stand maar de mens is de hoeder van het leven. Het is aan ons het milieu in stand te houden maar de weg vooruit is zeker niet duidelijk.

Holistisch leven betekent dat je je met alles verbonden voelt. Een boom in het Amazonegebied scheidt zuurstof uit die jij nodig hebt om te kunnen leven. Jij ademt kooldioxide uit die de boom nodig heeft om te kunnen leven. Het virus dat in China een kind ziek maakt, reist per straalvliegtuig naar het huis van een ander kind elders in de wereld. Water, voedsel en lucht zijn niet langer lokale behoeften. Ze voeden het lichaam van de planeet. Voor het individu moet een holistische levensstijl nog steeds geluk brengen. Het is niet de bedoeling dat we monniken en nonnen worden die zich hun welbevinden ontzeggen opdat Moeder Aarde beter kan worden. Beide vullen elkaar aan. Je kunt tegelijkertijd gelukkig zijn én het welzijn van alle leven bevorderen.

De meeste thema's waarmee je in dit boek hebt geoefend zijn van toepassing op een holistische levensstijl, in het bijzonder puurheid en balans. Het opslokken van de beperkte hulpbronnen van onze planeet is een voorbeeld van onbalans. Het vervuilen van de atmosfeer met schadelijke stoffen is onzuiver. Waarom gaan we door met iets waarvan we weten dat het verkeerd is? Omdat we zijn gehecht aan gelukkig zijn en omdat het oude model voor geluk zegt dat je een consument moet zijn die van alles meer wil hebben, afvalproducten achteloos weggooit, zich richt op 'ik, mij en van mij' zonder rekening te houden met de menselijke familie in haar totaliteit, alleen naar de korte termijn kijkt en het aan de toekomst overlaat om voor zichzelf te zorgen.

Ik geloof dat je een even gelukkig leven kunt leiden als je naar iets hogers streeft. Vervulling is altijd de sleutel. Maar innerlijke vervulling geeft veel meer voldoening dan de belofte van geluk gebaseerd op eindeloze consumptie. Ik zou graag een nieuw model voor geluk naar voren willen brengen dat het oude model vervangt. Binnen dat model wordt je gevraagd elke dag vervulling te vinden en daartoe in jezelf te beginnen. Je hoeft niet mee te doen aan een kruistocht of je in te zetten voor een of ander verheven doel. In plaats daarvan maak je een connectie. Deze connectie begint met jezelf en breidt zich vervolgens uit naar buiten.

Hieronder beschrijf ik een zevendaagse meditatie die je geen moeite zal kosten maar wel vol betekenis zit. De meditatie is zeer populair bij de honderden mensen die haar via het Chopra Center zijn gaan doen. Lees de visie voor elke dag en doe vervolgens de meditatie voor die dag. Elke dag heeft een aparte mantra die afkomstig is uit de Indiase vedische traditie. Je hoeft die mantra niet per se te gebruiken hoewel ik het je wel aanraadt, omdat mantra's de geest naar een dieperliggende plek brengen.

Je bent al verbonden met al het leven op aarde, dat is een gegeven, en nu is het tijd om die verbinding daadwerkelijk te voelen en in je bewustzijn te laten bezinken. Veel mensen vragen om een bewustzijnsverschuiving en een nieuw paradigma voor de toekomst. Wat volgt is een manier om persoonlijk op die oproep te reageren.

Zondag, dag één
Perfecte gezondheid

In ieders bewustzijn bevindt zich een plek die vrij is van ziekte, die nooit pijn voelt, die vreugdevol en vitaal is. Als je naar deze plek reist, houden de beperkingen die we normaal gesproken accepteren op te bestaan. Als de connectie tussen lichaam en geest sterk is, kan bewustzijn worden omgezet in perfecte gezondheid. Dit is geen droom. In de terugkoppellus van het lichaam worden elke ontastbare gedachte en gewaarwording en elk gevoel omgezet in chemische of elektrische signalen. Bewustzijn beïnvloedt het lichaam constant. Daarom is het niet meer dan redelijk te geloven dat negatieve boodschappen negatieve effecten en positieve boodschappen positieve effecten op de gezondheid hebben.

Perfecte gezondheid is de norm voor elke cel. Onvolkomenheden worden geheeld of de cel sterft af. Als de cel wordt gedwongen te leven in een onvolmaakte toestand kan hij zich met een buitengewone flexibiliteit aanpassen; zo krijgt het hart het voor elkaar jarenlang te functioneren al is er bijvoorbeeld sprake van een verminderde zuurstoftoevoer als gevolg van dichtgeslibde kransslagaders. Maar als de onbalans maar lang genoeg voortduurt sterven cellen, weefsels en organen af. Aangezien perfecte gezondheid de norm is voor je cellen zou ze ook de norm voor jou moeten zijn, omdat jij degene bent die de boodschappen naar die cellen stuurt. Jouw invloed is afhankelijk van de keuzen die je maakt. Elke positieve actie ondersteunt de perfecte gezondheid van het lichaam; elke negatieve actie zet het lichaam onder druk en duwt het beetje bij beetje in de richting van een slechte gezondheid.

Het heeft tientallen jaren geduurd voor de reguliere geneeskunde erkende dat er een connectie tussen lichaam en geest bestaat en aangezien artsen nog steeds worden opgeleid om geïsoleerde delen van het lichaam te behandelen, is je gezondheid je eigen verantwoordelijkheid. Als je perfecte gezondheid wilt bereiken moet je bewuster worden. In dit boek staat beschreven wat bewuster leven voor jou kan betekenen. Het is belangrijk dat je de benodigde hulpmiddelen hebt, maar je moet ze dan wel gebruiken. Het is al te gemakkelijk met minder genoegen te nemen. Als je minder grote verwachtingen hebt, verval je in oude patronen omdat dat de weg van de minste weerstand is.

Bewust leven wordt gevoed door inspiratie en inspiratie komt van binnenuit. Ze komt niet in de vorm van opbeurende boodschappen, hoewel die ook hun waarde hebben, maar vanuit een evenwichtige gemoedstoestand waarbij je dicht bij jezelf blijft en innerlijke rust kent. Je bent dan beschermd tegen de onrust van stress en druk van buitenaf, zodat het gemakkelijker is om je nieuwe levensvisie te volgen. Een kalme stem laat je weten hoe je datgene moet doen waarvan je weet dat het goed voor je is. Dit wordt de weg van de minste weerstand, zonder dat je terugvalt in oude gewoonten. In de meditatie van vandaag en in alle daaropvolgende meditaties is het doel eenvoudig: wat je wilt doen is telkens het beste wat je voor jezelf kunt doen.

Als je met je eerste meditatiedag begint, moet je deze gedachte eens overpeinzen: *ik leg me erop toe te leven in perfecte gezondheid*. Deze gedachte brengt je dichter bij jezelf.

Om te beginnen ga je in een comfortabele houding zitten en leg je je handen rustig in je schoot. Doe je ogen dicht. Richt je aandacht op je ademhaling. Bij elke in- en uitademing ontspan je je meer, voel je je steeds prettiger en word je steeds rustiger.

De mantra: nu kun je de mantra erbij betrekken. Die stelt je in staat je te verbinden met deze herinnering aan heelheid. Herhaal de mantra in gedachten en laat hem moeiteloos stromen: *Om Bhavam Namah*; dat betekent: 'Ik ben het absolute bestaan. Ik ben een veld van alle mogelijkheden'.

Herhaal de mantra in gedachten met je ogen dicht. Als je met je gedachten afdwaalt of wordt afgeleid door gewaarwordingen in je lichaam of geluiden in je omgeving, richt je aandacht dan gewoon weer op het in gedachten herhalen van de mantra.

Ga door met de meditatie. Denk je dat er ongeveer tien minuten zijn verstreken, kijk dan even op je horloge of klok. Als er nog tijd over is doe je je ogen dicht en ga je door met de mantra. Als de tien minuten voorbij zijn is het tijd om de mantra los te laten. Kom met je bewustzijn weer rustig in je lichaam. Neem even de tijd om tot rust te komen en adem hiervoor langzaam en diep in en uit. Als je er klaar voor bent, doe je je ogen rustig open.

Vervolg: draag gedurende de rest van de dag de wetenschap met je mee dat je door verandering van je geest je leven kunt veranderen. Ga af en toe terug naar deze gedachte: *Met elke keuze die ik maak, creëer ik een perfecte gezondheid. Met elke keuze die ik maak, creëer ik een perfecte gezondheid*.

Maandag, dag twee
De wijsheid van je lichaam

We hebben allemaal een innerlijke wijsheid die niet wordt weerspiegeld in onze dagelijkse gedachten, die immers meestal bezig zijn met de dingen die het leven ons voorschotelt. Onze innerlijke wijsheid is geworteld in het lichaam. Terwijl je als mens vaak vecht en ruziet, synchroniseren biljoenen cellen elk biologisch proces tot op de duizendste seconde nauwkeurig. Hoewel het ego ons ertoe aanzet egocentrische ambities na te streven, werken alle delen van het lichaam instinctief in harmonie met elkaar en houden ze altijd het grote geheel in de gaten. Cellen weten niet hoe ze egoïstisch moeten zijn en als ze dan toch het welzijn van het hele lichaam vergeten, worden cellen kwaadaardig. Ze streven koste wat kost hun eigen uitbreiding na en dringen andere delen van het lichaam binnen, waar ze uiteindelijk alleen maar de dood wacht.

Ik heb je verteld hoe je gehoor kunt geven aan de wijsheid van je lichaam. Als je je lichaam volledig vertrouwt, bemoei je je niet meer met zijn wijsheid. Je overlaadt je lichaam dan niet langer met stress, slaaptekort, een slecht dieet en per dag uren van totale inactiviteit met af en toe een uitspatting van overdreven activiteit. We hebben allemaal te maken met een materialistisch wereldbeeld en lange tijd werd een begrip als 'wijsheid van het lichaam' van de tafel geveegd (en in sommige kringen gebeurt dat nog steeds) omdat het niet wetenschappelijk zou zijn. Maar het is niet nodig het daar nog eens over te hebben. De connectie tussen lichaam en geest is een wetenschappelijke zekerheid. De grote doorbraak kwam toen onderzoekers aantoonden dat de chemische boodschappen die door hersencellen heen en weer worden gestuurd 'teruggevonden' werden in het spijsverteringskanaal, het immuunsysteem en de huid. Het brein was niet meer de enige zetel van intelligentie. Intelligentie kon worden vergeleken met een rivier die door elk weefsel stroomt. Het immuunsysteem kon met recht een drijvend brein worden genoemd en een onderbuikgevoel was net zo legitiem als emoties 'in je hoofd'.

De biochemie van intuïtie en inzicht heeft zich nog niet ontpopt en hetzelfde geldt voor de innerlijke rivier die mensen zo nieuwsgierig en creatief maakt. Maar het is zeker dat de connectie tussen lichaam en geest erbij betrokken is; we hebben gewoon een subtielere manier van observeren nodig.

Binnen elke wijsheidsleer die we kennen hoeft de wijsheid van het lichaam niet te worden gerechtvaardigd, alsof het bestaan ervan betwijfeld zou kunnen worden. Wijsheid bestaat al in een toestand van eenheid. Het lichaam wordt gezien als een component in de kosmische dans en de intelligentie die het tentoonspreidt, komt voort uit een veld van intelligentie dat de gehele schepping organiseert. Dit is een spirituele zienswijze, maar als je een cel zou kunnen vragen waar hij vandaan komt, zou hij naar het hele lichaam wijzen; een hartcel of levercel gelooft geen moment dat zijn leven geïsoleerd, afgezonderd of toevallig is. Iedereen is een cel in het lichaam van het universum en heeft daarom dezelfde basis. Als je net zo wijs als je lichaam zou kunnen zijn, zou alles in je leven in harmonie met al het andere zijn. Meditatie is een krachtige manier om de kloof tussen ons onvolmaakte zelfbeeld en de moeiteloze perfectie van ons lichaam te overbruggen.

Als je met mediteren begint moet je gedachte eens overpeinzen: *ik vertrouw de wijsheid van mijn lichaam*. Deze gedachte brengt je dichter bij jezelf.

Begin met je meditatie volgens de instructies die bij dag één staan.

De mantra: nu kun je de mantra erbij betrekken. Dit is het geluid *Shyam*, dat is geassocieerd met intuïtie en innerlijke wijsheid. Het wordt uitgesproken als '*shi-am*'.

Vervolg: luister gedurende de rest van je dag naar je intuïtie en overpeins deze gedachte, die je dichter bij de kern brengt: *Mijn geest en lichaam zijn perfect in harmonie. Mijn geest en lichaam zijn perfect in harmonie.*

Dinsdag, dag drie
Herstel van het evenwicht

De sleutel tot het herstellen van evenwicht en het vasthouden van ons ideale gewicht is het uitbreiden van ons bewustzijn van onbewuste gewoonten tot zelfbewuste keuzen. Telkens als we een ervaring hebben, bevindt de geest zich in een van drie toestanden: onbewust, bewust of zelfbewust. De twee belangrijkste toestanden, onbewust en bewust, zijn sterk ontwikkeld. In de onbewuste staat weet het brein zonder specifieke gedetailleerde instructies te zorgen voor het lichaam. Hiertoe verwerkt het brein de input die via de vijf zintuigen binnenkomt om ons bewust te houden van onze innerlijke en uiterlijke wereld. In deze onbewuste toestand worden gezondheid en welzijn echter over het algemeen aan het toeval overgelaten en de cruciale terugkoppellus tussen lichaam en geest werkt op de automatische piloot.

Kijk eens naar dit voorbeeld: als je op je werk naar de kantine gaat en je derde kopje koffie van de dag inschenkt zonder erbij na te denken, doe je dat onbewust. Dat is de geestestoestand die aan gewoonten ten grondslag ligt. Als je ziet hoe je de koffiepot pakt, ben je bewust. Dan zie je de laatste muffin liggen. Nu kan zelfbewustzijn een rol spelen. Op dat moment kun je je afvragen: wat levert dit me op? Als we onszelf vragen gaan stellen, reflecteren op ons gedrag, naar het grotere geheel kijken en vervolgens de antwoorden toelaten, zijn we zelfbewust. Als je zelfbewust bent, heb je aandacht voor het ware zelf. Waarden, betekenissen, doelen en antwoorden komen van het ware zelf.

Zelfbewustzijn zorgt ervoor dat we los kunnen komen van de oude, platgetreden paden in het brein die vastgeroeste, onbewuste gewoonten in stand houden. Stel je een situatie voor waarin je boos bent. Als je denkt 'Ik ben boos', dan heb je een bewuste gedachte. Maar weten waar je boosheid vandaan komt, vereist zelfbewustzijn. Hierdoor kun je een gedragspatroon herkennen. Je beseft dat oude gewoonten, zoals woede-uitbarstingen, je niet veel positiefs hebben opgeleverd en je gaat stappen zetten om je van die gewoontereacties te bevrijden.

De werkelijkheid verandert door zelfbewustzijn en met behulp van onze geest nemen we het heft weer in eigen hand. Als je zelfbewust wordt, open je de deur naar blijvende verandering en geef je jezelf de kracht om op elk willekeurig moment de meest voedende keuzen te maken.

Hier is de gedachte voor de meditatie van vandaag: *door bewust te zijn, creëer ik gezonde gewoonten*. Deze gedachte brengt je dichter bij jezelf.

Begin met je meditatie volgens de instructies van dag één.

De mantra: nu kun je de mantra erbij betrekken. De mantra is *Om Kriyam Namah* en betekent 'mijn daden zijn in overeenstemming met de kosmische wetten'.

Vervolg: overpeins gedurende de rest van je dag deze gedachte, die je dichter bij jezelf brengt: *Door bewust te zijn, creëer ik gezonde gewoonten. Door bewust te zijn, creëer ik gezonde gewoonten*.

Woensdag, dag vier
Ademhalen voor balans

Alle levende wezens worden gestimuleerd door hun ademhaling, de uitwisseling van levensondersteunende atomen in de atmosfeer of oceaan. Binnen de Indiase traditie heeft ademhaling een subtieler niveau dat verbonden is met de levenskracht of *prana*. In dit eeuwenoude model pulseert prana door het lichaam en geeft ons leven. In het Sanskriet betekent *prana* gewoon 'adem' en op basis daarvan, zonder de noodzaak het onderliggende idee van levenskracht te accepteren, is een groot aantal oefeningen in het leven geroepen waarbij gebruikgemaakt wordt van de ademhaling om iemand tot rust te laten komen en dichter bij zichzelf en in balans te brengen. Deze subjectieve gevoelens worden ook wel geassocieerd met positieve fysieke effecten zoals een lagere bloeddruk en een lagere hartslag.

Sommige mensen zeggen ook dat prana-oefeningen hun tijdens de dag meer energie geven. In het Westen is nog maar weinig onderzoek gedaan naar het 'fijnstoffelijke lichaam', omdat er geen overeenkomst bestaat tussen eeuwenoude en moderne modellen. Niettemin is yoga gebaseerd op een eeuwenoud model en duizenden mensen hebben profijt van de beoefening van yoga zonder dat ze daarvoor een ander wereldbeeld hoeven te hebben. Van prana wordt verondersteld dat ze alle levenskrachten in het lichaam activeert. En terwijl prana ons energie geeft in de vorm van adem, wordt ook elke andere vorm van energie, zoals licht, warmte en elektriciteit, met prana geassocieerd. Op dezelfde manier hangt binnen de moderne geneeskunde de activiteit van het brein af van het samengaan van chemische en elektrische processen, waarbij voedsel en zuurstof zorgen voor de nodige voeding.

In de yogatraditie bestaan complexe oefeningen voor het beheersen van de pranastroom, maar in westerse termen gaat het om het creëren van een betere input in de connectie tussen lichaam en geest. Geestelijke helderheid en energie zijn essentieel voor het luisteren naar je lichaam. Dus prana functioneert in het Indiase systeem als een vorm van biofeedback. Zoals je in dit boek hebt ontdekt, heeft bewustzijn hetzelfde doel. Er is hier een verband met meditatie. Hoe meer je je oefent in het maken van een connectie met je adem, hoe spontaner je in een rustige toestand van bewustzijn terechtkomt. Bewust ademhalen zorgt ervoor dat de geest terugkomt bij zichzelf.

Hier is de gedachte voor de meditatie van vandaag: *ik ben één met de levensadem*. Deze gedachte brengt je dichter bij jezelf.

Begin met de meditatie en volg de instructies die staan bij dag één.

De mantra: nu kun je de mantra erbij betrekken. De mantra is *So Hum* en betekent 'ik ben'.

Vervolg: overpeins gedurende de rest van je dag deze gedachte, die je dichter bij jezelf brengt: *Ik word ondersteund door de levensadem. Ik word ondersteund door de levensadem.*

Donderdag, dag vijf
Eten voor balans

Eten is een dagelijkse activiteit maar voeding heeft een diepere betekenis. In het Westen wordt voeding bestudeerd in termen van meetbare voedingswaarde in de vorm van calorieën, eiwitten, vetten, vitaminen enzovoort, terwijl je vanuit een holistisch gezichtspunt zou kunnen zeggen dat je bent wat je eet. Voeding is eigenlijk de energie die ons lichaam eruit haalt. Het lichaam zet voedsel om in gedachten, gevoelens, gewaarwordingen, stemmingen en alle andere facetten van het complexe mind/body-systeem. Daardoor smelt voedsel samen met ons bewustzijn, onze intelligentie en elke keuze die we op een dag maken. Als je natuurlijke, onbewerkte producten eet en schoon, vers water drinkt, versterk je de levenschenkende energie die duizenden processen tot een compleet persoon maken.

Binnen de ayurvedische geneeswijze wordt voeding holistisch bekeken als hulpmiddel voor het bereiken van een staat van dynamisch evenwicht. Eeuwen later heeft westers onderzoek bevestigd dat er een chemisch verband bestaat dat voedsel en het brein met elkaar verenigt. Dit vormt het fysieke bewijs dat, gelet op de boodschappen die door je lichaam circuleren, de stelling 'je bent wat je eet' al die tijd juist is geweest. De meest fundamentele boodschap die door voedsel wordt verzonden is afkomstig van eten als handeling. Als je gehaast eet en geen aandacht hebt voor het voedsel, geen dankbaarheid uit maar alleen je motortje probeert draaiende te houden, heeft dat geen effect op de calorieën en voedingsstoffen die in het voedsel zitten. Het geeft echter wel een grote verandering in je ervaring. Als je de eerste hap neemt, ontvangt je lichaam een vloed aan informatie, vooral via de smaak maar ook via je gedachten, gevoelens, stemming en verwachtingen. 'Ik zou dit eigenlijk niet moeten eten' is een andere boodschap dan 'Ik doe echt iets goeds voor mezelf'. Je kunt van eten een optimale ervaring maken en als je dat doet, wordt niet alleen je voedsel maar de hele ervaring verteerd.

Het is belangrijk voedsel te waarderen en te huldigen vanwege de holistische waarde ervan. Als je bewust eet met geliefden in een warme sfeer en de maaltijd gebruikt als gelegenheid om positieve ervaringen uit te wisselen, creëer je de best mogelijke ervaring. De maaltijd is dan in harmonie met je lichaam. Dan eet je om vervuld te raken.

Hier is de gedachte voor de meditatie van vandaag: *ik kies voedsel dat me helpt te floreren*. Deze gedachte brengt je dichter bij jezelf.

Begin met je meditatie en volg de instructies die staan bij dag één.

De mantra: nu kun je de mantra erbij betrekken. De mantra is *Om Vardhanam Namah* en betekent 'ik voed het universum en het universum voedt mij'.

Vervolg: overpeins gedurende de rest van je dag deze gedachten, die je dichter bij jezelf brengt: *Ik eet om mijn geest, lichaam en ziel te voeden. Ik eet om mijn geest, lichaam en ziel te voeden*.

Vrijdag, dag zes
Bewegen voor balans

Je lichaam wil bewegen en als je beweegt in harmonie met je eigen natuur haal je daar vrijwel net zoveel profijt uit als uit lichaamsbeweging die door anderen is voorgeschreven. Beweging is persoonlijk. Het meest geavanceerde onderzoek op het gebied van de bewegingswetenschappen onthult dat niet iedereen evenveel profijt heeft van lichaamsbeweging; verbeteringen qua zuurstofgehalte in het bloed en toegenomen kracht variëren enorm van persoon tot persoon. Voor het grootste deel vertelt je lichaam je hoe je actief moet zijn. Mensen die graag naar de sportschool gaan zijn meestal degenen die daar ook het meeste profijt van hebben.

Toch zou iedereen minstens een uur per dag moeten bewegen. Als je een uur lang stilzit, stijgen het vetgehalte van het bloed en de bloedsuikerspiegel. Alleen al door op te staan en een beetje te bewegen draag je ertoe bij om beide weer in evenwicht te brengen. Als je ook nog een stukje gaat lopen, zelfs als je dit langzaam doet, zorg je er al voor dat je stofwisseling twee keer zo snel verloopt. Voeg je daaraan ook nog eens enkele minuten intensieve lichaamsbeweging toe, voldoende om je spieren warm te maken, dan doe je nog meer om de bloedsuikerspiegel te normaliseren. Met andere woorden, de medische wetenschap onderschrijft het feit dat een zittende levensstijl niet past bij hoe ons lichaam in elkaar zit.

Yoga, dat in het Westen populair is geworden, gaat veel verder dan fysieke oefeningen (hatha yoga). Het alles omvattende doel van yoga is de vereniging van lichaam, geest en ziel tot een harmonieus geheel. Je kunt overal binnen het systeem beginnen omdat alle facetten van yoga met elkaar verbonden zijn. Als je je geest tot rust brengt, breng je ook je lichaam tot rust en andersom. Zolang je aandacht schenkt aan het thema 'balans', doe je iets goeds voor elke cel en stel je elke cel in staat rust en activiteit, druk en ontspanning, hoge functie en lage functie op een evenwichtige manier af te wisselen. Stagnatie zorgt het meest voor onbalans. Het lijkt wellicht dat je niets doet als je stilzit, maar veronachtzaming is niet niets. Je dwingt je lichaam ertoe de hele dag een lage functie in stand te houden terwijl het een dynamisch evenwicht tussen activiteit en rust wenst.

Yoga kan als oefenprogramma voor het bereiken van balans elke activiteit omvatten die rust en eenheid in je leven brengt. Je verdient het te genieten van de ervaring dat je een lichaam hebt. Er zijn vele manieren om deze ervaring te verdiepen. Dansen, zwemmen, hardlopen, wandelen in het park: zolang je van deze activiteiten geniet, kunnen ze als bewegende meditaties voor je lichaam dienen. Sta jezelf toe de rijkdom van de natuur te ervaren, je cardiovasculaire systeem te versterken, endorfine in je hersenen uit te scheiden en je geest helderder te maken. Het uiteindelijke doel van yoga in al haar vormen is het stimuleren van je bewustzijn en het vergroten van je begrip van het ware zelf. Zie lichaamsbeweging dus niet als een plicht. Elke bewegingsvorm die ervoor zorgt dat je meer voeling met jezelf krijgt en je gelukkiger voelt, is prima.

Hier is de gedachte voor de meditatie van vandaag: *ik ben flexibel, sterk en in evenwicht*.

Begin met je meditatie en volg de instructies van dag één.

De mantra: nu kun je de mantra erbij betrekken: *Om Varunam Namah*. Dit betekent 'mijn leven is in harmonie met de kosmische wetten'.

Vervolg: overpeins gedurende de rest van je dag deze gedachte, die je dichter bij jezelf brengt: *Als ik beweeg, geniet ik van de fysieke activiteit en geniet ik van het welbevinden dat ik hierdoor ervaar. Als ik beweeg, geniet ik van de fysieke activiteit en geniet ik van het welbevinden dat ik hierdoor ervaar.*

Zaterdag, dag zeven
Jouw welbevinden

Gefeliciteerd! Je hebt zes dagen lang je bewustzijn naar een meer holistische kijk op het leven gebracht, niet slechts op intellectueel niveau maar ook in de praktijk. Het doel van de Indiase spirituele traditie is verenigbaar met een holistische levensstijl. Het woord *yoga* betekent 'eenheid' en toch is het concept achter het woord, één zijn, universeel. Ondanks de verschillen in taal en cultuur heeft elke generatie nagedacht over de vraag hoe ze vervulling kan bereiken. Het was de bedoeling dat de antwoorden die ze vonden werden gedeeld als gemeenschappelijk erfgoed. Het zou een triomf van de menselijke geest zijn als we muren en grenzen zouden negeren en *Aham Brahmasmi*, 'ik ben het universum', zouden zien als een visie die van toepassing is op iedereen, niet alleen op de vedische cultuur die duizenden jaren geleden floreerde. En Jezus' leerstelling dat je het koninkrijk der hemelen in jezelf moet zoeken, is een oplossing die het niet verdient opgeborgen te worden in een ruimte die alleen toegankelijk is voor christenen.

Je bent op zoek naar je eigen staat van welbevinden en toch ben je op talloze manieren niet alleen. Alle mannen en vrouwen die je zijn voorgegaan hebben je een stil geschenk gegeven: de evolutie van het brein. Er zijn tienduizenden jaren nodig geweest om de connectie tussen lichaam en geest zoals deze vandaag de dag bestaat tot stand te brengen. Daarbij is evenwicht geschapen tussen het oerinstinct dat we gemeen hebben met reptielen, de emoties die bij primaten en vroege mensachtigen voor het eerst de kop op staken en de rationaliteit en het inzicht van de neocortex, het meest recente stadium van het evoluerende brein.

In moderne termen waren deze dagelijkse meditaties een nieuwe manier om het brein te trainen maar uiteindelijk zijn de geest en de ziel het belangrijkst. Het brein is hun fysieke 'interface' die zorgt voor zin en betekenis in de fysieke wereld, zodat iedereen zijn of haar eigen verhaal kan schrijven. Meditatie is geen doel op zich. Ze brengt je bewustzijn op een plek waar je keuzen kunt maken die bepalen hoe jouw verhaal van dag tot dag verloopt. Als je wilt dat lichtheid, balans, energie en puurheid onderdeel zijn van jouw verhaal, begint hun rol in je verhaal nu; ze horen bij het huidige moment.

Je hebt nu alle hulpmiddelen die nodig zijn om je eigen vervulling te vinden. De toegevoegde waarde van deze dagelijkse meditaties is inspiratie. Vandaag voegen we er nog iets moois aan toe, namelijk dankbaarheid. Dankbaarheid is een belangrijk onderdeel van een evenwichtig leven. Als we dankbaar zijn voor alles wat we hebben, gaat het ego aan de kant en staan we volledig open voor de dynamische uitwisseling van het universum. Als je dat niet al doet, begin dan nu met het bijhouden van een dankbaarheidsdagboek en schrijf elke dag de dingen op waarvoor je dankbaar bent. Houd ook bij hoe bewust leven zich in jouw leven manifesteert. Stel jezelf de vraag hoe het maken van bewuste keuzen verschil in je leven heeft gemaakt. Bedank jezelf voor alle veranderingen die je hebt doorgevoerd, zowel de kleine als de grote, en voel waardering voor de manier waarop je van deze veranderingen profiteert.

Bedenk ook dat we het best gedijen als we in gemeenschap met anderen leven. Dus deel je nieuwe zelfbewustzijn met anderen, help anderen op hun weg en vraag steun op de jouwe. Je bent onderdeel van het collectieve bewustzijn, een golf in een weidse en prachtige oceaan. Erken en bejubel je heilige connecties.

Dit is de gedachte voor de meditatie van vandaag: *ik schrijf mijn levensverhaal. Ik creëer mijn welzijn.*

Begin met je meditatie en volg de instructies van dag één.

De mantra: nu kun je de mantra erbij betrekken. De mantra is *Sat, Chit, Ananda*, oftewel 'zijn, bewustzijn, gelukzaligheid'.

Vervolg: overpeins gedurende de rest van je dag deze gedachte die je dichter bij jezelf brengt: *mijn verhaal wordt op dit moment geperfectioneerd. Mijn verhaal wordt op dit moment geperfectioneerd.*

DEEL DRIE

RECEPTEN UIT DE KEUKEN VAN HET CHOPRA CENTER

Recepten voor puurheid, energie en balans

Voor dit deel van het boek heb ik de koks van het Chopra Center gevraagd enkele van hun favoriete recepten beschikbaar te stellen als voorbeelden van het soort maaltijden dat in het hoofdstuk 'Wat moet ik eten?' de revue passeerden. Elk recept is uitvoerig uitgeprobeerd en talloze mensen die ons centrum hebben bezocht hebben ervan genoten. Een van de hoogtepunten van hun verblijf is naar hun eigen zeggen het heerlijk eten.

De recepten zijn gebaseerd op ayurvedische principes. Sommige bevatten alle zes de smaken; die hoeven niet per se in één gerecht te zitten maar liefst wel in de maaltijd als geheel. Belangrijker is dat je pure, onbewerkte producten eet die je energie geven en je lichaam in balans houden. De drie begrippen puurheid, energie en balans kunnen door middel van allerlei menu's worden bereikt; we helpen je hier alleen maar op weg.

Ik besef dat de moderne mens een druk leven heeft, dus heb ik de koks gevraagd de optie in te bouwen om ingeblikte of diepvriesproducten te gebruiken als je geen tijd hebt om verse producten te kopen. Van eten moet je genieten. Jij, de kok, moet er niet door gestrest raken en zeker niet paniekerig worden als je denkt dat je het allemaal niet perfect doet. Zet jezelf niet onder druk. Het veranderen van je dieet is een marathon, geen sprint. Neem niet de slechte gewoonte aan jezelf verwijten te maken als je eens een keer zondigt of terugvalt in je oude eetpatroon; schrap deze woorden maar gewoon uit je woordenboek. De stress die je creëert door negatief over jezelf te oordelen is veel slechter voor je lichaam dan af en toe zondigen. Zolang je er maar van geniet.

Als je weinig tijd hebt, probeer dan ieder geval de verleiding van fastfood te weerstaan. Deze recepten bieden je de mogelijkheid je dieet zo te veranderen dat je je eigen repertoire van eenvoudige, gezonde gerechten opbouwt, ook al gebruik je daarvoor af en toe bijvoorbeeld diepvriesgroenten. Een andere opmerking van onze koks: als je sojaproducten koopt, zoals tofu of sojamelk, en maïs of producten op basis van maïs, zorg er dan altijd voor dat ze niet genetisch gemodificeerd zijn. Kijk altijd of dat op de verpakking vermeld staat.

In mijn eigen leven, waarin ik veel reis naar bestemmingen waarvan ik de lokale keuken niet ken, heb ik geleerd te genieten van de uitdaging om de meest verse, en meestal eenvoudigste, producten te vinden. Ik eet één volledige maaltijd per dag. 's Avonds heb ik genoeg aan een kop soep. Maar ik ervaar het als een hoogtepunt als het lukt om in het Chopra Center te eten. Als ik dan weer wegga, ben ik geïnspireerd door het goede gevoel dat wordt opgeroepen door de combinatie van smaak, de overvloed van de natuur en het soort welbevinden waarvan ik weet dat het mijn lichaam en geest mijn hele leven lang zal ondersteunen.

Licht ontbijt

Ochtendglorie-shake

Voor 1 persoon

5 hele amandelen, met schil, een nacht geweekt in 1/2 kopje water
2 tl biologische wilde honing of ahornsiroop
30 g soja-eiwitpoeder, naturel of met vanillesmaak
snufje gemalen kaneel
2,5 dl sojamelk met vanillesmaak
1 middelgrote banaan, gepeld en in plakjes
1 el aloë verasap

Laat de amandelen uitlekken en gooi het water weg. Doe de amandelen in een blender, voeg de overige ingrediënten toe en klop tot een glad mengsel. Neem 's morgens als eiwitsupplement en ter bevordering van de spijsvertering.

Roerbakschotel met tofu

Bereid met verse groenten, geurige kruiden en tofu, is dit recept op elk moment van de dag heerlijk en bevredigend. Om er een burrito van te maken die je kunt meenemen voeg je een beetje kaas en salsa aan het tofu-mengsel toe en gebruik je dit als vulling voor een volkorentortilla.

Voor 4 personen

450 g verse tofu, stevig of extra stevig, uitgelekt en verkruimeld
1 tl olijfolie
50 g fijngehakte prei of uien
1 el tamari
snufje zwarte peper
1 tl gemalen komijn
1 tl kerriepoeder
½ tl gemalen korianderzaadjes
½ tl dille
¼ tl nootmuskaat
120 g in blokjes gesneden tomaten
50 g in plakjes gesneden courgette
75 g verse spinazie
groentebouillon
4 el fijngehakte verse korianderblaadjes

Doe de verkruimelde tofu in een kom en zet apart. Verhit een grote hapjespan op middelhoog vuur en voeg de olijfolie, prei, tamari, peper en komijn, het kerriepoeder, de korianderzaadjes, de dille en de nootmuskaat toe. Bak 2 minuten.

Voeg de tomaten, courgette en spinazie toe en bak de groenten in ongeveer 5 minuten zacht. Voeg wat groentebouillon toe als het mengsel te droog wordt. Voeg de verkruimelde tofu toe en roer alles goed door elkaar. Garneer met de fijngehakte koriander.

Voorgerechten

Vegetarische loempia's

Voor 8 tot 10 stuks

1 krop botersla
100 g geraspte wortel
175 g geraspte jicama*
125 g komkommer, in dunne plakjes en fijngehakt
100 g courgette, in dunne plakjes en fijngehakt
15 g radijs- of zonnebloemspruiten
4 el fijngehakte verse koriander
4 el fijngehakte munt
4 el fijngehakt vers basilicum
75 g in smalle reepjes gescheurde rode kool (naar keuze)

Neem 8 tot 10 van de grootste slabladeren. Snijd de rest van de sla in dunne reepjes. Meng de gesneden sla met de wortel, jicama, komkommer, courgette en radijs- of zonnebloemspruiten in een kom. Voeg de verse kruiden en 120 ml dressing (zie onder) toe en hussel alles door elkaar.

Breng ongeveer 0,5 liter water in een steelpan aan de kook. Leg de slabladeren 10 tot 15 seconden in het water om ze te laten slinken. Leg ze dan 1 minuut in ijswater, haal ze eruit en dep ze droog. Spreid ze uit op keukenpapier of een vlakke ondergrond. Verdeel de groenten over de slabladeren. Rol de bladeren op tot rolletjes van ongeveer 2,5 cm breed en 7,5 cm lang. Leg ze op een bedje van rode kool (indien gebruikt) en serveer met dipsaus en extra dressing (zie onder).

* **Opmerking:** als jicama bij jou in de buurt niet verkrijgbaar is, kun je die vervangen door knapperige Aziatische peer, stevige appels, waterkastanjes, witte rapen of radijsjes.

Dressing

- 8 el appelsap
- 8 el rijstazijn
- 4 el ahornsiroop of honing
- 1 tl sesamzaadjes
- ½ tl gemberpoeder of verse fijngehakte gember
- 1 el tamari

Roer de ingrediënten door elkaar.

Pittige dipsaus met rode paprika en limoensap

Voor 4 personen

- 40 g geroosterde rode paprika, in blokjes
- 4 el vers limoensap (sinaasappelsap is ook goed)
- 2 el rijstazijn
- 2 el ahornsiroop
- 1 el tamari
- ½ tl cayennepeper
- 1 el fijngehakt vers basilicum
- 1 el pindakaas

Pureer de ingrediënten in een blender tot een glad mengsel. Je kunt een beetje sinaasappelsap of appelsap toevoegen als je het mengsel wilt verdunnen.

Soep

Tomaten-basilicumsoep

Voor 4 tot 6 personen

80 g kikkererwten, afgespoeld en uitgelekt
2 laurierblaadjes
1 tl olijfolie
100 g fijngehakte prei, sjalotjes of uien
1 el Italiaanse kruidenmix
½ tl zwarte peper
1 tl verse dille
1 el tamari
150 g rode paprika, in blokjes
100 g courgette, in de lengte gehalveerd en in plakjes gesneden
1 grote tomaat, fijngehakt
5 dl tomatensap
5 dl groentebouillon
75 g verse basilicumblaadjes

Spoel de kikkererwten af, laat ze uitlekken en doe ze in een soeppan. Voeg zoveel water toe dat de kikkererwten 5 cm onder water staan. Breng aan de kook, voeg de laurierblaadjes toe en laat alles op laag vuur zachtjes doorkoken. Kook de kikkererwten zacht in 40 tot 50 minuten. Giet af en zet apart.

Verhit de olijfolie in een soeppan. Voeg de prei, kruidenmix, zwarte peper, dille en tamari toe. Bak 3 tot 4 minuten. Voeg de paprika en courgette toe. Bak 5 minuten. Voeg de tomaat toe en bak 3 tot 4 minuten. Voeg dan de kikkererwten toe en laat alles onder regelmatig roeren 5 minuten zachtjes doorkoken. Voeg het tomatensap en de groentebouillon toe. Breng de soep aan de kook en draai dan het vuur laag. Snijd de basilicumblaadjes fijn, voeg ze aan de soep toe en laat die 4 tot 5 minuten zachtjes doorkoken. Verwijder de laurierblaadjes en serveer.

Vegetarische gerstesoep

Hoewel gerstesoep traditioneel met rundvlees wordt gemaakt, creëren in dit heerlijke recept groenten en linzen een rijke smaak en textuur zonder het extra vet. Dit recept is ook suikerarm en geschikt voor mensen met diabetes. Laat je niet intimideren door de lange lijst ingrediënten: de meeste zijn specerijen die tot een welriekende, smakelijke soep worden gemengd.

Voor 4 personen

1 tl olijfolie
1 tl bruine of gele mosterdzaadjes
snufje gekneusde rodepepervlokken of chilipoeder
½ tl zwarte peper
100 g fijngesneden prei of uien
120 g selderij, in plakjes van 0,5 cm dik
1 el tamari
200 g linzen
200 g parelgerst, afgespoeld en uitgelekt
1 tl gemalen komijn
1 tl gemalen korianderzaadjes
½ tl gemalen piment
125 g in blokjes gesneden wortel
150 g rode aardappel of russetaardappel, in kleine blokjes
1 tl gedroogde marjolein
1 tot 1,5 l groentebouillon
2 laurierblaadjes
100 g grof gescheurde spinazie of rucola of beide
4 el fijngehakte verse peterselie

Verhit de olijfolie op middelhoog vuur in een soeppan. Voeg de mosterdzaadjes toe en laat ze even springen in de hete olie. Voeg de rodepepervlokken, zwarte peper, prei, bleekselderij en tamari toe en vervolgens de linzen.

Bak alles 2 tot 3 minuten tot de prei glazig is. Voeg de gerst toe en roer tot alles goed gemengd is. Voeg de komijn, korianderzaadjes en piment toe en bak 2 tot 3 minuten, tot de gerst lichtbruin wordt. Roer alles regelmatig door. Voeg de wortel, aardappel en marjolein toe. Laat 3 minuten zachtjes doorkoken. Voeg een beetje groentebouillon toe als het mengsel te droog wordt.

Zijn de groenten mooi bruin, voeg dan 1 liter groentebouillon en de laurierblaadjes toe. Breng aan de kook, draai het vuur lager en laat de soep zachtjes doorkoken tot de wortel en aardappel gaar zijn en de gerst zacht is. Voeg de spinazie toe. De gerst neemt veel vocht op, dus voeg indien nodig meer groentebouillon toe. Verwijder de laurierblaadjes en serveer de soep met fijngehakte verse peterselie.

Mexicaanse tortillasoep met avocado en koriander

Bereid met pittige specerijen, verse groenten, knapperige tortillareepjes en een stevige bouillon, verwarmt de Chopra Center-versie van dit klassieke recept je van binnenuit.

Voor 4 personen

2 tl olijfolie
100 g fijngesneden prei of rode ui
1 tl tamari
1 tl zwarte peper
½ tl fijngestampte rodepepervlokken
1 tl mild chilipoeder
1 tl gemalen komijn
1 tl gemalen korianderzaadjes
1 tl gedroogde marjolein
125 g in blokjes gesneden wortel
75 g fijngesneden groene paprika
1 l groentebouillon
150 g maïskorrels, vers of uit de diepvries (liefst biologische)
40 g geroosterde rode paprika, fijngesneden
2 maïstortilla's, in reepjes van 2,5 cm gesneden

- 4 el fijngehakte verse korianderblaadjes
- 150 g in blokjes gesneden verse avocado
- enkele koriandertakjes (om te garneren)

Verhit 1 theelepel van de olijfolie in een soeppan en voeg de prei toe. Voeg de tamari, zwarte peper, rodepepervlokken, chilipoeder, komijn, korianderzaadjes en marjolein toe. Bak 1 minuut. Doe dan de wortel en paprika erbij. Bak 2 minuten en voeg dan 120 ml van de groentebouillon toe. Laat 4 tot 5 minuten zachtjes doorkoken. Voeg de maïs, geroosterde paprika en de rest van de groentebouillon toe. Laat de soep zachtjes pruttelen tot de wortel bijna zacht is.

Verhit in een kleine koekenpan de overgebleven olijfolie en voeg de tortillareepjes toe. Roerbak deze kort tot ze knapperig zijn. Haal van het vuur en roer de tortillareepjes en de korianderblaadjes door de soep. Verdeel de avocado over soepkommen. Schep de soep over de avocado en serveer direct met de koriandertakjes.

Mulligatawnysoep

Voor 4 personen

- 1 el olijfolie
- 1 tl bruine of gele mosterdzaadjes
- 150 g fijngesneden prei of ui
- 120 g fijngesneden selderij
- 1 l groentebouillon
- 1 el tamari
- ½ tl cayennepeper of fijngemalen rodepepervlokken
- 1 grote wortel, fijngesneden
- 1 grote aardappel, in blokjes gesneden
- 1 middelgrote rode paprika, fijngesneden
- 1 grote tomaat, in kleine blokjes gesneden
- 1 tl kurkuma
- 1 tl gemalen korianderzaadjes
- 1 el gemalen komijn

½ tl zout
1 tl zwarte peper
2,5 dl kokosmelk
2 tot 4 el citroensap
¼ bosje fijngehakte verse korianderblaadjes
40 g geroosterde kokosrasp (liefst verse)

Verhit de olijfolie in een grote soeppan. Laat de mosterdzaadjes springen in de hete olie en voeg de volgende ingrediënten toe in de aangegeven volgorde en om de 2 minuten, zodat ze even kunnen bakken: prei, selderij, 120 ml van de groentebouillon, de tamari en de cayennepeper. Voeg daarna de wortel, aardappel, paprika, tomaat, kurkuma, korianderzaadjes en komijn, het zout, de zwarte peper en de rest van de groentebouillon toe en bak alles kort. Laat de soep 20 minuten zachtjes pruttelen. Voeg de kokosmelk en het citroensap toe en serveer de soep met de korianderblaadjes en kokosrasp.

Zoete aardappelsoep met gember

Dit recept maakt gebruik van de natuurlijke zoete smaak van de zoete aardappel en versterkt die met de verfrissende smaak van gember en andere kruiden. Zoete aardappels zijn bijzonder voedzaam en bevatten veel ijzer, calcium, complexe koolhydraten en vitamine A, C en B6.

Voor 4 personen

1 tl olijfolie
snufje gemalen rodepepervlokken
100 g fijngesneden prei of ui
1 el fijngehakte gemberwortel of 1 tl gemberpoeder
2 tl tamari
750 g zoete aardappels, geschild en in blokjes gesneden
1 tl gemalen korianderzaadjes
1 tl garam masala
15 dl groentebouillon
4 el fijngehakte verse korianderblaadjes

Verhit de olijfolie op middelhoog vuur in een soeppan. Voeg de rodepepervlokken, prei, gember en tamari toe. Bak 2 tot 3 minuten. Voeg de zoete aardappels toe en bak tot de aardappels goed met het mengsel zijn bedekt en iets bruin beginnen te worden. Voeg de korianderzaadjes en garam masala toe. Bak alles 2 minuten. Voeg de groentebouillon toe tot de zoete aardappel onder staat en breng aan de kook. Draai het vuur omlaag en laat de soep zachtjes pruttelen tot je de zoete aardappel gemakkelijk door kunt prikken. Probeer dit na 5 minuten. Pureer de soep met een staafmixer of in de keukenmachine tot een glad mengsel en voeg indien nodig meer groentebouillon toe. Breng de soep weer op temperatuur en serveer met de korianderblaadjes.

Thaise pompoensoep

Voor 4 tot 6 personen

1 grote spaghettipompoen, ontpit en schoongemaakt (elke winterpompoen is geschikt)
1 tl olijfolie
200 g fijngesneden prei
½ tl gemalen rodepepervlokken
1 el fijngehakte gemberwortel
1 tl tamari
1,2 dl appelsap
2 middelgrote stengels citroengras, in stukken van 10 cm gesneden
2 tl gemalen korianderzaadjes
1 tl gemalen komijn
1 tot 1,5 l groentebouillon (genoeg om de groenten te bedekken)
1 blikje kokosmelk van 350 ml
4 el dun gesneden verse munt
4 el dun gesneden vers basilicum

Verwarm de oven voor op 175 °C.

Halveer de pompoen, verwijder de pitten en leg de pompoen met de gesneden kant naar beneden in een braadslede. Voeg een laagje water van ongeveer 2,5 cm toe en dek de braadslede af met aluminiumfolie. Bak ongeveer 1 uur in de oven tot de pompoen zacht is. Is de pompoen voldoende afgekoeld om hem te hanteren, verwijder dan de schil en snijd de pompoen in stukjes van 5 cm. (Je kunt de pompoen ook roosteren: verwijder de schil, snijd het vruchtvlees in stukjes van 5 cm, voeg 1 el sesamolie, 1 tl gemalen komijn en 1 tl korianderzaadjes toe en hussel alles door elkaar. Leg de stukjes op een bakplaat en bak ze 30 minuten. Laat afkoelen.)

Verhit de olijfolie in een soeppan. Voeg de prei, rodepepervlokken en gember toe en bak alles. Voeg de tamari en gebakken stukjes pompoen toe en laat alles pruttelen. Voeg het appelsap en citroengras, de korianderzaadjes en de komijn toe. Laat 3 minuten pruttelen. Voeg zoveel groentebouillon toe dat de pompoen net onder staat en laat de soep 10 tot 15 minuten zachtjes doorkoken. Verwijder het citroengras. Pureer de soep glad met een staafmixer of in de keukenmachine en voeg telkens wat kokosmelk toe. Verdeel de soep over kommen en serveer met de munt en het basilicum.

Zeer eenvoudige pompoensoep

Voor 4 tot 6 personen

Pompoenen hebben een zoete smaak. Het vrolijk ogende oranje vruchtvlees zit vol bètacaroteen, een antioxidant die het immuunsysteem stimuleert en de kans op kanker en hart- en vaatziekten verkleint. 225 g gekookte pompoen bevat slechts 49 calorieën, 2,7 gram vezels, 567 milligram kalium en 5,116 microgram vitamine A.

1 grote pompoen (ongeveer 1,4 kg) of 675 g pompoen uit blik
1 tl olijfolie
100 g fijngesneden prei of ui
½ tl zwarte peper
1 tl gemalen kaneel
1 tl gemalen komijn
1 tl kerriepoeder

½ tl gemalen kruidnagel
50 tot 75 dl groentebouillon
1 el tamari
2,5 dl sojamelk
½ tl vanille-extract (naar keuze)
gemalen nootmuskaat

Gebruik je verse pompoen, verwarm de oven dan voor op 175 °C. Was de pompoen, halveer hem en verwijder de pitjes (bewaar ze om ze te roosteren, zie 'Tip' hieronder. Leg de pompoenenhelften met de snijkant naar beneden in een braadslede. Voeg 360 ml water toe en dek de braadslede af met aluminiumfolie. Bak de pompoen 30 minuten tot een mes dat je in de pompoen steekt, er weer gemakkelijk uit komt. Laat de pompoen afkoelen en schraap dan het vruchtvlees met een lepel los van de schil. Doe het vruchtvlees in een kom en zet apart. Als het goed is, heb je ongeveer 675 g vruchtvlees.

Verhit de olijfolie op middelhoog vuur in een soeppan. Voeg de prei, peper, kaneel en komijn, het kerriepoeder en de kruidnagel toe. Bak 4 à 5 minuten tot de prei doorzichtig is. Voeg een beetje groentebouillon toe als het mengsel droog wordt.

Voeg de pompoen toe en bak die 3 tot 4 minuten. Voeg de tamari toe en bak de pompoen lichtbruin. Voeg dan zoveel groentebouillon toe dat de pompoen onder te zetten en breng de soep aan de kook. Draai het vuur laag en laat de soep ongeveer 10 minuten sudderen. Pureer de soep met een staafmixer of in de keukenmachine tot een glad en romig mengsel. Voeg telkens wat sojamelk en vanille-extract (indien gebruikt) toe. Doe de soep weer in de pan en warm hem indien nodig weer op. Serveer met een beetje nootmuskaat.

Tip: *gooi de pompoenpitten niet weg! Je kunt een lekkere snack maken door deze hartige pitten, die veel eiwitten, zink en andere vitaminen bevatten, te roosteren. Leg ze op een bakplaat en rooster ze bij 160 °C tot ze lichtbruin zijn, schep ze af en toe om zodat ze gelijkmatig bruin worden. Let op, want noten en zaden verbranden snel.*

Spinazie-linzensoep

Voor 4 personen

1 tl olijfolie
100 g fijngesneden prei of ui
120 g selderij, in plakjes van 0,5 cm
2 teentjes knoflook, fijngehakt, of ½ tl knoflookpoeder
1 tl fijngehakte gemberwortel
snufje gemalen rodepepervlokken
½ tl zwarte peper
1 tl fijngehakte verse rozemarijn
1 el tamari
125 g wortel, in blokjes
120 g bulgur (naar keuze)
1 tl gemalen komijn
½ tl gemalen piment
200 g bruine linzen, schoongemaakt, afgespoeld en uitgelekt
1,2 tot 1,5 l groentebouillon
2 laurierblaadjes
2 el tomatenpuree
250 g grof gehakte verse spinazie
4 el fijngehakte verse peterselie
225 g tomaten, in blokjes

Verhit de olijfolie in een soeppan. Voeg de prei, selderij, knoflook, gember, rodepepervlokken, zwarte peper en rozemarijn toe. Doe dan de tamari en de wortel erbij en bak alles 3 minuten. Voeg de bulgur (als je die gebruikt) toe en bak die goudbruin. Voeg onder regelmatig roeren de komijn en piment toe en daarna de linzen, 120 ml groentebouillon en de laurierblaadjes. Breng aan de kook, draai het vuur laag en laat de soep 30 tot 40 minuten pruttelen tot de linzen zacht zijn. Voeg indien nodig meer groentebouillon toe. Voeg de tomatenpuree en spinazie toe en laat de soep nog ongeveer 5 minuten zachtjes doorkoken tot de spinazie is geslonken. Verwijder de laurierblaadjes. Schep de soep in soepkommen en serveer met de verse peterselie en in blokjes gesneden tomaat.

Hoofd- en bijgerechten

Geroerbakte bladgroenten en kool

Voor 4 tot 6 personen

2 el olijfolie
1 tl fijngehakte gemberwortel
½ tl kurkuma
2 bosjes snijbiet of boerenkool
1 kleine kool
1 el gemalen korianderzaadjes
1 ½ tl zout
½ tl zwarte peper

Verhit de olijfolie in een wok en bak de gember en kurkuma 40 seconden. Voeg de snijbiet en kool toe en roerbak die ongeveer 4 minuten op hoog vuur. Bestrooi met de korianderzaadjes, zout en peper en roer alles goed door elkaar. Voeg 30 ml water toe, dek de pan af met een goedsluitend deksel en laat het gerecht in 5 tot 7 minuten zachtjes pruttelen tot alles gaar is.

Kicharee

Kicharee is een heerlijke lichte, voedzame en lichtverteerbare maaltijd die zorgt voor een goede balans.

Voor 4 tot 6 personen

75 g gespleten mungbonen
150 g basmatirijst of andere graansoort, zoals quinoa of gerst
½ tl gemalen kurkuma
1 el fijngehakte gemberwortel of ½ tl gemberpoeder
½ tl geroosterd komijnzaad
½ tl gemalen korianderzaadjes
75 tot 150 g seizoengroenten zoals boerenkool, snijbiet, spinazie, erw-

ten, zeewier of paddenstoelen
1 tl olijfolie of hennepolie

Doe de mungbonen, rijst en 0,75 tot 1 liter water in een middelgrote soeppan. Breng alles aan de kook en draai het vuur laag. Voeg de kurkuma, gember, komijn en koriander toe en laat het gerecht afgedekt pruttelen op zeer laag vuur. Roer regelmatig zodat de mungbonen niet aanbranden. De kooktijd hangt af van de leeftijd en droogheid van je bonen; begin na 15 tot 20 minuten te controleren of ze al zacht zijn. Voeg indien nodig extra water toe om de bonen en rijst vochtig te houden. Voeg, als de bonen en de rijst zacht zijn, de seizoengroenten toe en olie naar smaak.

Kerriegroenten

Voor 2 tot 4 personen

3 el vergine kokosolie of olijfolie
1 tl komijnzaadjes
1 tl korianderzaadjes
1 tl venkelzaadjes
1 tl bruine of gele mosterdzaadjes
1 el fijngehakte gemberwortel
snufje gemalen asafoetida
200 tot 300 g fijngehakte verse groenten naar keuze
gemalen komijn, kurkuma en kaneel naar smaak
kokosmelk of yoghurt (naar keuze)

Verhit de olie op middelhoog vuur in een grote pan. Voeg de komijn-, koriander-, venkel- en mosterdzaadjes toe en bak ongeveer 1 minuut tot de zaadjes lichtbruin zijn en een heerlijk aroma afgeven. Voeg de gember, asafoetida en fijngehakte groenten toe en bak enkele seconden tot er een laagje van de gekruide olie op de groenten zit. Voeg 120 ml water of groentebouillon toe en laat alles op laag vuur ongeveer 15 minuten pruttelen tot de groenten gaar zijn. Voeg fijngemalen komijnzaad, kurkuma en kaneel naar smaak toe. Voeg tot slot groenten met een korte kooktijd toe, zoals spinazie en erwten, en bak die 3 minuten mee. Je kunt ook kokosmelk of yoghurt toevoegen om een romiger saus te maken.

Ratatouille

Voor 4 personen

1 grote aubergine, geschild en in blokjes gesneden
1 tl olijfolie
2 grote preien of uien, fijngesneden
2 tl Italiaanse kruiden
1 tl gedroogde marjolein
1 tl gedroogde tijm
½ tl zwarte peper
1 tl knoflookpoeder
1 el tamari
2 grote courgettes, in plakjes
3 grote groene en rode paprika's, in blokjes
500 g tomaat, in blokjes
1 dl groentebouillon
8 el dun gesneden vers basilicum

Zet de blokjes aubergine in een kom onder water met een beetje zout erin. Zet apart. Verhit de olijfolie op middelhoog vuur in een grote soeppan. Voeg de prei, Italiaanse kruiden, marjolein, tijm en zwarte peper, het knoflookpoeder en de tamari toe en bak alles kort. Voeg de aubergine, courgette en paprika toe en bak die 4 tot 5 minuten. Doe de tomaat erbij en laat alles 3 tot 4 minuten pruttelen. Voeg de groentebouillon toe als het mengsel te droog wordt. Laat de stoofpot 20 tot 30 minuten pruttelen op laag vuur. Voeg vlak voor je serveert het verse basilicum toe.

Aloo Gobi

Aloo Gobi is een pittig Indiaas gerecht dat volgens de traditie wordt gemaakt met bloemkool en aardappel. Deze heerlijke versie bevat een verscheidenheid aan voedzame specerijen zoals kurkuma, gember en cayennepeper.

Voor 4 tot 6 personen

3 el olijfolie
½ tl fijngehakte gemberwortel
½ tl kurkuma
2 middelgrote aardappels, geschild en in stukjes van 2,5 cm gesneden
1 middelgrote bloemkool, in roosjes van 2,5 cm gesneden
1 tl gemalen komijn
1 tl gemalen korianderzaadjes
½ tl cayennepeper
1 tl zout
4 el fijngehakte verse korianderblaadjes

Verhit de olijfolie op middelhoog vuur in een grote pan. Voeg de gember en kurkuma toe en bak die ongeveer 40 seconden. Voeg de aardappel toe en bak die 4 minuten op hoog vuur. Doe dan de bloemkool, komijn, korianderzaadjes en cayennepeper plus het zout erbij en bak alles 8 minuten. Voeg 4 eetlepels water toe, dek de pan af met een goedsluitend deksel en stoom de groenten tot ze zacht zijn. Voeg vlak voor je serveert de korianderblaadjes toe.

Pittige kikkererwten

Voor 4 tot 8 personen

325 g gekookte kikkererwten, uitgelekt
1 el Thaise sambal
¼ tl citroengras

1 el tamari
60 ml magere kokosmelk
2 el fijngehakte verse korianderblaadjes

Verhit een koekenpan op middelhoog vuur. Voeg de kikkererwten, de sambal, het citroengras en de tamari toe. Bak al roerend ongeveer 10 minuten tot de sambal is opgenomen en de kikkererwten bruin beginnen te worden. Voeg de kokosmelk toe en laat ongeveer 5 minuten pruttelen tot het geheel wat dikker wordt. Haal de pan van het vuur. Hussel de korianderblaadjes erdoor en serveer direct.

Pilaf van quinoa

Voor 4 tot 6 personen

Serveer dit gerecht naast een hoofdgerecht of als het hoogtepunt van de maaltijd!

100 g quinoa, schoongemaakt en afgespoeld
6 dl groentebouillon of water
1 tl olijfolie
snufje gemalen rodepepervlokken
½ tl zwarte peper
100 g fijngesneden prei of ui
1 tl gemalen komijn
1 el tamari
2 teentjes knoflook, fijngehakt (naar keuze)
2 middelgrote courgettes, in de lengte gehalveerd en in plakjes
1 middelgrote gele pompoen, in de lengte gehalveerd en in plakjes
2 handen gemengde bladgroenten (snijbiet, spinazie, amsoi), gewassen en in reepjes gescheurd
3 el fijngehakte verse korianderblaadjes
1 tl verse oregano
1 tl chilipoeder of paprikapoeder
1 grote tomaat, in blokjes

Rooster de quinoa in een droge koekenpan onder regelmatig roeren ongeveer 2 minuten tot de korrels goudbruin zijn. Breng 5 dl van de groentebouillon aan de kook. Voeg de quinoa toe en laat die 15 tot 20 minuten zachtjes koken tot het vocht is geabsorbeerd. Doe de quinoa in een kom en maak de korrels los met een vork. Zet apart om af te koelen.

Verhit de olijfolie op middelhoog vuur in een koekenpan. Voeg de rodepepervlokken, zwarte peper, prei, komijn, tamari en knoflook (indien gebruikt) toe. Bak alles ongeveer 5 minuten, tot de prei aan de randjes bruin wordt. Voeg de courgette en gele pompoen toe en bak 3 tot 4 minuten tot de groenten net zacht zijn. Voeg de bladgroenten toe en bak die mee tot ze net geslonken zijn. Haal de pan van het vuur, giet af en zet hem apart.

Voeg de korianderblaadjes, de oregano, het chilipoeder en de tomaat toe aan de quinoa. Roer alles door elkaar en doe dan het groentemengsel erbij. Hussel alles goed door elkaar. Voeg desgewenst de overgebleven groentebouillon toe als het gerecht te droog is.

Je kunt dit gerecht als pittige pilaf serveren of als een heerlijke koude salade op een bedje van bladgroenten.

Noedels op Thaise wijze (Pad Thai)

In Thailand is pad Thai van oudsher een licht noedelgerecht met een complexe smaak door een mengsel van verse specerijen. De westerse variant is vaak een zwaar, vet gerecht met een sterke nadruk op de smaken zoet en zout. Dit heerlijke recept van het Chopra Center is gebaseerd op de originele, lichtere versie van het gerecht. De noedels worden niet gebakken in een grote hoeveelheid olie, maar gekookt met een beetje olijfolie, groentebouillon en een unieke mix van kruiden en specerijen gekookt.

Voor 4 personen

450 g gebakken gemarineerde tofu of tempeh (zie het recept op bladzijde 264) of 450 g gekookte kipblokjes (je kunt ook gewone tofu nemen).

Thaise saus

120 ml groentebouillon
4 el rijstazijn
2 el appelsap
2 tl citroensap
1 tl misopasta
1 tl paprikapoeder
1 tl Chinees vijfkruidenpoeder
1 el ahornsiroop
1 el tamari
2 el dun gesneden verse basilicumblaadjes

Noedels

225 g rijstnoedels of sobanoedels
1 tl olijfolie of sesamolie
50 g fijngesneden prei of ui
snufje gemalen rodepepervlokken
1 tl gemalen korianderzaadjes
2 el fijngehakte gemberwortel
1 teentje knoflook, fijngehakt (naar keuze)
2 el groentebouillon
2 el geroosterde geschaafde amandelen
25 g fijngesneden lente-ui, de witte en groene delen
140 g taugé, afgespoeld
75 g fijngesneden korianderblaadjes

Gebruik je gemarineerde tofu of tempeh, haal deze dan uit de marinade en snijd het blok in reepjes van 2,5 cm. Zet apart.

Doe alle ingrediënten van de saus in een keukenmachine en pureer ze tot een glad mengsel. Voeg na het pureren het basilicum toe. Zet apart.

Kook de noedels of laat ze weken in heet water volgens de instructies op de verpakking. Spoel ze af, doe ze in een grote kom en sprenkel er olie over opdat de noedels niet aan elkaar plakken.

Tip: week de noedels tot ze een beetje zacht en buigzaam maar niet helemaal gezwollen zijn. Als je ze weekt tot ze zacht genoeg zijn om te eten, ver-

anderen ze in een brij als je ze aan het gerecht toevoegt.

Verhit de olijfolie in een wok of grote koekenpan. Voeg de prei, rodepepervlokken, korianderzaadjes, gember en knoflook (indien gebruikt) toe en bak alles 2 minuten. Voeg na 1 minuut de groentebouillon toe. Voeg de tofu, tempeh-reepjes of kip toe. Dek de pan af, draai het vuur laag en laat het gerecht 3 tot 4 minuten pruttelen.

Voeg de amandelen, lente-ui, taugé en korianderblaadjes toe en laat alles 3 tot 4 minuten zachtjes doorkoken. Voeg dan de saus toe en laat het gerecht nog 2 tot 3 minuten pruttelen. Schenk het mengsel over de noedels en schep alles goed om. Serveer met gestoomde groenten.

Eenvoudige marinade voor tofu of tempeh

Voor 4 personen

1 pakje verse extra stevige tofu of tempeh à 450 g
180 ml tamari
180 ml rijstazijn
2 el balsamicoazijn
2 el ahornsiroop
1 tl gemberpoeder
1 tl gemalen komijn
½ tl gemalen rodepepervlokken
1 tl sesamolie

Snijd de tofu of tempeh in plakjes van ongeveer 0,5 cm of in blokjes. Doe de rest van de ingrediënten in een ondiepe braadslede. Voeg de tofu of tempeh toe en laat die een nacht marineren. Versnel het proces door de tofu of tempeh 20 tot 30 minuten te bakken in de oven op 175 °C en laat dan afkoelen. Haal de tofu of tempeh uit de marinade en gebruik hem in een verscheidenheid aan gerechten. Goed afgesloten bewaren.

Toffe tofuburgers

Voor 8 burgers

2-3 sneetjes gedroogd brood
2 el olijfolie
100 g fijngesneden prei of ui
½ tl zwarte peper
450 g verse magere tofu, stevig of extra stevig, uitgelekt en verkruimeld
40 g gemengde noten en zaden (bijvoorbeeld zonnebloempitten, walnoten, pijnboompitten, amandelen)
100 g geraspte courgette
100 g geraspte wortel
1 tl gedroogd basilicum
1 tl gedroogde oregano
1 tl gedroogde tijm
1 tl gedroogde dragon
1 tl fijngehakte knoflook of 1 tl knoflookpoeder
1 el tamari

Verwarm de oven voor op 175 °C. Doe het brood in de keukenmachine en maak er kruimel van. Zet apart. Verhit 1 eetlepel olijfolie op hoog vuur in een kleine koekenpan. Voeg de prei en peper toe en bak die 2 tot 3 minuten. Haal van het vuur en laat afkoelen. Doe de tofu, gemengde noten en zaden, courgette, wortel en prei in de keukenmachine en druk een paar keer op de pulseerknop. Voeg dan het basilicum en de oregano, tijm, dragon, knoflook en tamari toe. Klop alles glad; het mengsel moet dik en stevig zijn.

Gebruik een maatbeker van ongeveer 120 ml om er telkens de juiste hoeveelheid voor een balletje uit te scheppen. Draai de balletjes, druk ze plat tot burgers en bedek ze rondom met broodkruim. Verhit 1 eetlepel olie in een pan en bak de burgers kort tot ze goudbruin zijn. Voeg een beetje olie toe als er te weinig over is in de pan als je de andere kant wilt bakken. Leg de burgers op een ingevette bakplaat en bak ze 10 tot 15 minuten in de oven tot ze stevig zijn. Serveer op een broodje of als hoofdgerecht met een saus naar keuze.

Salades

Zonnesalade van zuur fruit

Voor 4 personen

2 sinaasappels, geschild en in partjes
140 g in plakjes gesneden aardbeien
140 g verse frambozen of bramen
140 g verse bosbessen

Spoel het fruit goed af en laat het uitlekken. Halveer de sinaasappelpartjes. Bereid de dressing (zie hieronder) en doe die in een grote kom. Doe de sinaasappel in de kom en schep er een laagje dressing over. Haal het fruit uit de kom en leg het op een schaal als onderste laag. Bewaar 10 stukjes om te garneren. Doe de aardbeien in de dressing en bedek ze met een laagje. Haal ze eruit en leg ze als zonnestralen rondom de stukjes sinaasappel. Bedek de frambozen met een laagje dressing en leg ze op de stukjes sinaasappel. Haal de bosbessen door de dressing en leg ze rondom de frambozen. Zo creëer je een stralende zon met het fruit. Sprenkel de dressing over het fruit en garneer het met de bewaarde stukjes sinaasappel.

Dressing

4 el rijstazijn
4 el ahornsiroop of biologische honing
1 el balsamicoazijn
1 tl tamari of lichte sojasaus
½ tl gemalen kaneel
½ tl gemberpoeder
120 ml appelsap

Meng de ingrediënten goed door elkaar.

Groentesalade met gorgonzola

Deze heerlijke salade koestert je liefde voor smaakgenot. De zoete, knapperige smaak van met honing geglaceerde walnoten contrasteert met de pittige gorgonzola en verse spinazie. Geniet van deze salade als voorgerecht of licht hoofdgerecht.

Voor 4 tot 6 personen

750 g verse spinazie, gewassen en zonder steeltjes
125 g met honing geglaceerde walnoten (zie onder)
60 g verkruimelde gorgonzola
150 g krenten
3 el maanzaaddressing (zie blz. 268)

Hussel alle ingrediënten door elkaar en schik ze op gekoelde borden.

Met honing geglaceerde walnoten

Voor 100 g of 4 tot 6 porties

½ tl olijfolie
125 g stukjes walnoot
1 el honing

Verhit de olijfolie op middelhoog vuur in een koekenpan (de olie mag niet gaan walmen). Stort de walnoten erin en bak ze in ongeveer 2 minuten goudbruin. Voeg de honing toe en bedek de walnoten rondom met een laagje honing. Laat ze voor gebruik volledig afkoelen.

Maanzaaddressing

Voor ongeveer 180 g

1 el dijonmosterd
1 el olijfolie
1 el honing
1 el tamari
1 el citroensap
120 ml sinaasappelsap
60 ml naturel yoghurt
1 el maanzaad

Doe alle ingrediënten in een kleine pot en schud die goed. De dressing kan enkele dagen in de koelkast worden bewaard.

Tabouli à la Chopra Center

De groenten, granen en bonen in deze smakelijke salade zorgen voor een gestage energiestroom die met name de balans herstelt bij mensen die snel prikkelbaar zijn en te veel eten als ze te hongerig worden.

Voor 4 personen

4,2 dl groentebouillon of water
140 g bulgur
1 tl olijfolie
50 g fijngesneden prei of ui
40 g geroosterde rode paprika, in stukjes gesneden (niet geroosterd kan ook)
100 g in blokjes gesneden courgette
80 g gekookte, gedroogde witte bonen of witte bonen uit blik (afgespoeld)
225 g in blokjes gesneden tomaat
20 g fijngehakte verse peterselie of ander vers kruid

2 el fijngesneden vers basilicum
20 g fijngehakte verse munt
2 el kalamata-olijven

Breng 3,5 dl van de groentebouillon in een kleine steelpan aan de kook en voeg de bulgur toe. Roer met een vork, haal de pan van het vuur en dek hem af met een goedsluitend deksel. Laat de bulgur 15 minuten weken. Haal de korrels dan los met een vork, doe de bulgur in een grote mengkom en laat afkoelen.

Verhit intussen de olijfolie op middelhoog vuur in een koekenpan. Voeg de prei toe en bak die kort. Voeg de paprika en courgette toe en bak die 2 minuten. Voeg dan de bonen toe en bak ze 2 minuten mee. Doe de overgebleven 70 ml groentebouillon erbij als het mengsel te droog wordt. Haal het gerecht van het vuur en laat het afkoelen. Doe de tomaten, de peterselie, het basilicum, de munt en de olijven bij de afgekoelde bulgur en meng alles goed door elkaar.

Schenk tot slot de dressing (zie hieronder) over het bulgurmengsel.

Dressing

2 el citroensap
1 el appelsap
1 el tamari
1 tl gedroogde dille
½ tl zout
½ tl zwarte peper
2 teentjes knoflook, fijngehakt, of ½ tl knoflookpoeder
2 tl olijfolie

Meng in een kleine kom alle ingrediënten behalve de olijfolie. Klop het mengsel en roer de olijfolie er beetje bij beetje doorheen.

Variaties

Met dit recept kun je eindeloos variëren. Je kunt de groenten die hier worden genoemd vervangen door je eigen fijngesneden, geraspte of in reepjes gescheurde groenten. Voor meer smaak en textuur kun je krenten, rozijnen, zonnebloempitten, pijnboompitten of fetakaas toevoegen. Eet smakelijk!

Kashi-salade

Voor 4 tot 6 personen

125 g in plakjes gesneden wortel
120 g in blokjes gesneden selderij
150 g geroosterde rode paprika, in blokjes
125 g gemengde bonen, gekookt en afgekoeld (je kunt allerlei soorten bonen en peulvruchten gebruiken: erwten, linzen, adzukibonen enzovoort)
800 g gekookte kashi (of andere granen)
40 g geroosterde pijnboompitten
75 g geroosterde zonnebloempitten
2 el rodewijnazijn
1 el sesamolie
1 tl mosterd
2 el tamari
¼ tl zwarte peper
1 el olijfolie

Doe de wortel, selderij, paprika, bonen, kashi, pijnboompitten en zonnebloempitten in een kom. Meng in een andere kom de azijn, sesamolie, mosterd, tamari, zwarte peper en olijfolie en hussel het mengsel door de salade.

Condimenten, dips en sauzen

Komkommerraita

Voor 4 personen

3 kleine komkommers, geschild, zonder zaadjes en in plakjes gesneden
2 el citroensap
1 tl gemalen komijn
½ tl gedroogde dille
snufje zout
2 tl fijngehakte verse koriander
2,5 dl gewone magere yoghurt

Doe de komkommer in een kleine kom. Voeg het citroensap, de komijn, de dille, het zout en de koriander toe en meng voorzichtig. Voeg de yoghurt toe en meng alles met een vork. Serveer als condiment of als dressing voor salades en wraps.

Humus van gekiemde kikkererwten

Voor 750 g

350 g gekiemde kikkererwten
1 el zonnebloemolie
3 el citroensap
½ tl versgemalen zwarte peper
½ tl paprikapoeder
55 g geraspte wortel
20 g fijngehakte verse peterselie
zout naar smaak

Doe de kikkererwten, de zonnebloemolie, het citroensap, de peper en het paprikapoeder in een keukenmachine met een roestvrijstalen mes. Pureer tot een redelijk glad mengsel. Doe het mengsel in een kom, roer de wortel en peterselie erdoor en breng het op smaak met zout.

Gemakkelijke curry masala

Voor 360 tot 480 g

Deze eenvoudige saus kan worden gebruikt bij veel groentecombinaties maar ook bij gegrilde tofu of als basis voor soep.

2 el olijfolie
100 g fijngesneden prei of witte ui
1 el fijngehakte gemberwortel of 1 el gemberpoeder
1 tl gemalen komijn
½ tl cayennepeper of gemalen rodepepervlokken
½ tl kurkuma
1 grote rijpe tomaat, fijngesneden
1 el tamari

Verhit de olijfolie op middelhoog vuur in een middelgrote pan. Bak hierin de prei en gember. Voeg de komijn, cayennepeper, kurkuma en tomaat toe en bak die 1 minuut. Voeg de tamari toe en laat alles nog 2 minuten pruttelen.

Pikante mango-tomatensalsa

Voor 360 tot 480 g

1 hele groene Spaanse peper, geroosterd en geschild, of gebruik 30 g milde groene Spaanse peper uit blik
1 rijpe mango, in blokjes
2 middelgrote rijpe tomaten, in blokjes
1 el tamari of sojasaus
1 middelgrote ui of prei, fijngehakt
2 teentjes knoflook, fijngehakt, of 1 tl fijngehakte gemberwortel
1 el citroensap
10 g gehakte verse korianderblaadjes
1 tl gemalen komijn
½ tl gemalen korianderzaadjes

Spaanse peper roosteren:
Houd de peper met een keukentang boven de vlam van een gasbrander tot de schil zwart wordt en er blazen ontstaan. Draai de peper voortdurend zodat een zo groot mogelijk oppervlak wordt geblakerd. Doe de peper in een papieren zak. De peper stoomt in de zak waardoor de geblakerde schil loskomt. Laat ongeveer 10 minuten stomen tot de peper voldoende is afgekoeld om vast te kunnen pakken. Pel de schil eraf onder stromend water.

De salsa samenstellen:
Snijd de Spaanse peper fijn en doe hem in een kom. Voeg de mango en tomaten toe en zet apart. Verhit de tamari in een middelgrote pan op laag vuur. Voeg de ui en knoflook toe en bak die kort. Doe dan het uimengsel bij het mangomengsel. Voeg het citroensap, de korianderblaadjes, de komijn en de korianderzaadjes toe en hussel alles goed door elkaar. Laat de salsa voor het opdienen 1 uur afkoelen. Voeg 1 tl tamari toe als een zoute smaak is gewenst.

Munt-chutney

Voor 2,5 dl

2,5 dl naturel yoghurt, bij voorkeur magere
bosje verse koriander
stukje geschilde gemberwortel van 5 cm
1 serranopeper
1 tl zout
1 tl gemalen komijn
½ tl kristalsuiker
20 g verse muntblaadjes (zonder steeltje)

Doe alle ingrediënten in een blender en pureer tot een mengsel met een fijne consistentie. Serveer op kamertemperatuur.

Verse pesto en amandelen

Voor 240 g

1 kleine prei
55 g amandelen
280 g verse basilicumblaadjes
120 ml olijfolie
120 ml citroensap
1 tl zwarte peper

Snijd het groene gedeelte en het kontje van de prei eraf. Snijd het witte deel in de lengte in vieren en was het grondig onder stromend water. Laat uitlekken. Snijd de prei in grove stukken. Doe de amandelen in een keukenmachine en druk enkele keren op de pulseerknop. Voeg de prei en overige ingrediënten toe en pureer alles tot een glad mengsel.

Serveertips
Hussel door verse pasta.
Gebruik als topping op een pizza.
Serveer met witte rijst.
Smeer op brood in plaats van mosterd of mayonaise.
Voeg toe aan Italiaanse soep voor extra smaak.

Desserts

Yoghurtparfait van bosvruchten

Voor 4 personen

250 gram verse bosvruchten of 275 g bosvruchten uit de diepvries
½ tl gemalen kruidnagel
½ tl gemalen kaneel
480 g naturel yoghurt, bij voorkeur magere
1 tl vanille-extract
2 el ahornsiroop of biologische honing

Verwarm de bosvruchten in een kleine pan en voeg indien nodig water toe om te voorkomen dat de ze aanbranden. Laat 1 tot 2 minuten zachtjes doorkoken. Voeg de kruidnagel en kaneel toe en laat de vruchten 3 tot 5 minuten pruttelen tot ze zacht worden. Haal ze van het vuur en laat ze in een mengkom afkoelen. Schep de bosvruchten met een schuimspaan in de kom als ze te veel vocht produceren.

Voeg de yoghurt en het vanille-extract toe en meng goed. Maak de smaak naar behoefte zoeter met ahornsiroop. Serveer met cruesli of warme ontbijtgranen of eet als licht dessert of tussendoortje.

De ongelooflijke dubbele chocoladecake van het Chopra Center

Appelmoes en tofu geven deze chocoladecake een rijke, vochtige textuur zonder de grote hoeveelheid verzadigd vet die in traditionele recepten zit. Het is een uitstekend dessert als je iets te vieren hebt met je dierbaren.

Voor 12 personen

340 g magere zijdetofu, stevig of extra stevig, verkruimeld en 20 minuten uitgelekt

60 ml koolzaadolie
2,5 dl ahornsiroop
180 g appelmoes
2 tl vanille-extract
120 g volkorenmeel
65 g ongezoet cacaopoeder
2 tl bakpoeder
1 tl natriumbicarbonaat
160 g chocoladesnippers

Verwarm de oven voor op 175 °C

Vet een ronde bakvorm met een diameter van 20 cm of een bakvorm van 22,5 x 32,5 cm in met olie en zet apart. Gebruik een keukenmachine of blender om de tofu, koolzaadolie, ahornsiroop en appelmoes en het vanille-extract tot een glad mengsel te pureren. Zet dit apart.

Zeef het meel, het cacaopoeder, het bakpoeder en de natriumcarbonaat in een grote kom. Giet de vochtige ingrediënten op de droge ingrediënten en meng. Spatel de chocoladevlokken er voorzichtig doorheen.

Giet het beslag in de bakvorm en zet die 30 tot 40 minuten in de oven tot een tandenstoker schoon uit de cake komt. Als de cake is afgekoeld, kun je hem bedekken met glazuur (zie recept hieronder).

Chocoladeglazuur

240 g ongezouten boter
650 g chocoladesnippers
1 pakje zijde-tofu à 350 g
4 el ahornsiroop

Smelt de boter en chocoladesnippers op laag vuur in een steelpan en roer tot een glad mengsel. Pureer de tofu en ahornsiroop in een keukenmachine of blender. Voeg de gesmolten boter en chocolade toe aan het tofumengsel. Laat het glazuur tot kamertemperatuur afkoelen voor je het op de staart smeert.

Veganistische havermoutkoekjes

Deze smakelijke koekjes hebben een heerlijk zachte textuur door de mango, het kokos, de haver en het gedroogde fruit.

Voor 20 tot 22 koekjes

120 g mangopuree
200 g rietsuiker
2 el ahornsiroop
1 tl vanille-extract
100 g havermout
125 g ongebleekt meel of speltmeel
140 g dadels of ander gedroogd fruit
150 g rozijnen
80 g kokosvlokken
½ tl natriumbicarbonaat
1 tl gemalen kaneel
1 tl gemalen piment

Verwarm de oven voor op 175 °C.

Vet bakplaten in of gebruik een spray van plantaardige olie. Meng de mangopuree, de suiker, de ahornsiroop en het vanille-extract. Meng alle andere ingrediënten in een aparte kom. Meng de vochtige ingrediënten met je blote handen met de droge ingrediënten.

Gebruik een maatbeker van 60 ml voor de juiste hoeveelheid deeg per koekje en rol het deeg in balletjes. Leg ze op de bakplaten en bak de koekjes in 15 minuten goudbruin.

Dranken

Gemberthee

Gemberthee is een sterk reinigende drank die gifstoffen verwijdert en de balans in het lichaam herstelt. Gemberthee heeft ook een positieve invloed op de spijsvertering en helpt de trek in zoete en zoute voedingsmiddelen te verminderen. Het Chopra Center adviseert twee tot drie kopjes hete gemberthee per dag te drinken.

Voor 1 liter gemberthee:
Snijd een ongeschild stukje gemberwortel van 5 cm in grove stukken en leg die samen met een liter gezuiverd water in een pan van 2 tot 3 liter. Breng aan de kook, draai het vuur laag en laat de thee 15 minuten zachtjes doorkoken. Zeef de thee en bewaar hem in een thermosfles of glazen pot.

Voor 1 kopje gemberthee:
Neem een stuk ongeschilde gemberwortel en rasp 1 volle theelepel. Roer de gember door een kopje heet water en laat 2 minuten trekken. Zeef de thee of laat de gember naar de bodem van het kopje zinken.

Zoete lassi

Lassi wordt traditioneel geserveerd aan het einde van de maaltijd ter bevordering van de spijsvertering en kan het best worden gedronken bij warm weer.

Voor 4 tot 6 personen

2,4 dl naturel yoghurt, bij voorkeur magere
50 g kristalsuiker of honing
4,8 tot 7,2 dl koud gefilterd water
¼ tl gemalen kardemom
2 tl rozenwater (naar keuze)

Doe alle ingrediënten in een grote pot en schud, of doe alle ingrediënten in een blender en meng 30 seconden.

Zet de lassi voor het serveren 30 minuten in de koelkast.

Dankwoord

Als ik een nieuw boek heb geschreven, besef ik altijd hoe gelukkig ik me mag prijzen dat mijn woorden worden gepubliceerd alsof daarvoor alleen een druk op de knop nodig was. Zo'n knop is er natuurlijk niet, maar het toegewijde werk van een groot aantal mensen achter de schermen wel. Hen hier bedanken is een klein blijk van de waardering die ze verdienen.

Het team van Harmony Crown heeft me bijgestaan en geloofde in mijn werk, zelfs nu de uitgeverswereld moeilijke tijden doormaakt. Tina Constable, uitgever bij Crown, Mauro DiPreta, Tara Gilbride, Meredith McGinnis en Ayelet Gruenspecht zijn onwankelbaar in hun steun geweest.

Gary Jansen heeft met de hulp van Amanda O'Connor meermalen bewezen wat het voor een schrijver betekent te worden gesteund door een getalenteerde, enthousiaste redacteur. Tussen ons is een relatie gegroeid van vertrouwen, genegenheid en wederzijds respect.

Het zaad voor dit boek is gezaaid door Bob Marty, die het verder heeft ontwikkeld tot een programma op PBS. Hartelijk dank voor je creativiteit en enthousiasme.

Mijn dagelijks leven wordt vakkundig in goede banen geleid door de medewerkers van het Chopra Center, die ik als familie beschouw, te beginnen met Carolyn en Felicia Rangel. Voor de speciale behoeften van dit boek ben ik ook dank verschuldigd aan Sara Harvey, Kathy Bankerd, Kyla Stinnett, Teresa Lange en Attila Ambrus. Jullie hebben me geleerd wat 'de geest in actie' betekent.

Sinds we als jonggehuwden in 1970 naar de Verenigde Staten kwamen, hebben mijn vrouw Rita en ik vol vreugde ons gezin zien groeien. Op dit moment bestaat het uit Mallika, Sumant, Tara, Leela, Gotham, Candice en Krishu.

Met deze korte dankzegging wil ik duidelijk maken hoeveel ik jullie verschuldigd ben en hoezeer ik jullie waardeer.

Register

Recepten

Zaken

Het credo van Uitgeverij Servire is het oeroude 'Ken uzelf'. Wij richten ons tot mensen die ernaar verlangen zich bewust te worden van zichzelf en hun unieke taak. Servire wil uitnodigen tot zelfinzicht en de mogelijkheid bieden hieraan vorm te geven in de dagelijkse praktijk door levende kennis en authentieke inspiratie aan te reiken.

Wilt u meer weten over de boeken van en de activiteiten rond Uitgeverij Servire? Neem dan een abonnement op ons gratis boekenmagazine *Troubadour*. Dit verschijnt twee keer per jaar en bevat onder andere interviews met auteurs, fragmenten uit hun boeken, een activiteitenagenda en overzichten van nog te verschijnen en reeds verschenen Servire-boeken.